이 책은 읽을 가치가 있습니다. 즐겁게 읽었습니다. 모든 예제가 매우 실용적이며 가볍고 쉽게 설명합니다. 많은 것을 배우고 코드가 눈에 띄게 향상되었습니다. 예제를 직접 시도하거나 프로젝트에서 작동시키세요.

— M. Wheaton

자바스크립트 코드를 단순화하는 방법에 대한 실용적인 조언들입니다. 개발자의 의도를 더 잘 표현하고, 코드를 더 읽기 쉽게 만드는 방법에 대한 팁들이 매우 유용합니다. 너무 간결하지 않은 명확한 코드 예제가 포함되어 있기 때문에 읽기 쉽습니다. 초보자, 중급자들에게 적합하지만, 고급 사용자 또한 이 책에서 많은 것을 배울 거라고 확신합니다.

— Cameron Rogers

깨끗하고 전문적인 자바스크립트를 작성하는 방법을 배웁니다. 최소 6개월간 자바스크립트를 연습했고 이미 구문을 알고 있다면 이 책이 큰 도움이 될 것입니다. 깨끗한 코드를 작성하고 최신 ES6 기능을 사용하는 방법을 알려주는데 이 책 내용의 반만 활용해도 코드가 많이 향상될 것입니다.

— Prana

최신 자바스크립트의 변경 및 모범 사례가 논리적으로 명확하게 정리되어 있습니다. 읽기 쉽고 간결하며 유용합니다. 추천합니다.

— Rohit Sharma

똑똑하게 코딩하는 법

자바스크립트 코딩의 기술

조 모건 지음 | 곽현철 옮김

길벗

자바스크립트 코딩의 기술

Simplifying JavaScript: Writing Modern JavaScript with ES5, ES6, and Beyond

초판 발행 • 2019년 12월 27일
초판 3쇄 발행 • 2024년 2월 20일

지은이 • 조 모건
옮긴이 • 곽현철
발행인 • 이종원
발행처 • (주)도서출판 길벗
출판사 등록일 • 1990년 12월 24일
주소 • 서울시 마포구 월드컵로 10길 56(서교동)
대표 전화 • 02)332-0931 | **팩스** • 02)323-0586
홈페이지 • www.gilbut.co.kr | **이메일** • gilbut@gilbut.co.kr

기획 및 책임편집 • 이원휘(wh@gilbut.co.kr) | **디자인** • 박상희 | **제작** • 이준호, 손일순, 이진혁, 김우식
마케팅 • 임태호, 전선하, 차명환, 박민영, 지운집, 박성용 | **영업관리** • 김명자 | **독자지원** • 윤정아

교정교열 • 전도영 | **전산편집** • 박진희 | **출력 • 인쇄 • 제본** • 북토리

- ▶ 잘못 만든 책은 구입한 서점에서 바꿔 드립니다.

- ▶ 이 책은 저작권법에 따라 보호받는 저작물이므로 무단전재와 무단복제를 금합니다. 이 책의 전부 또는 일부를 이용하려면 반드시 사전에 저작권자와 ㈜도서출판 길벗의 서면 동의를 받아야 합니다.

- ▶ 이 도서의 국립중앙도서관 출판예정도서목록(CIP)은 서지정보유통지원시스템(http://seoji.nl.go.kr)과 국가자료종합목록 구축시스템(http://kolis-net.nl.go.kr)에서 이용하실 수 있습니다.(CIP제어번호: CIP2019050385)

ISBN 979-11-6521-020-5 93000 (길벗 도서번호 007030)

정가 24,000원

독자의 1초를 아껴주는 정성 길벗출판사

(주)도서출판 길벗 | IT교육서, IT단행본, 경제경영서, 어학&실용서, 인문교양서, 자녀교육서 www.gilbut.co.kr
길벗스쿨 | 국어학습, 수학학습, 어린이교양, 주니어 어학학습, 학습단행본 www.gilbutschool.co.kr

페이스북 • www.facebook.com/gbitbook
예제 소스 • https://github.com/gilbutITbook/007030

든든한 토대가 되어준 밥과 에릭에게

잠에서 깨어나 보니 세상의 모든 것이 달라져 있다면 어떤 느낌일까요? 최신 자바스크립트를 살펴보면, 마치 모든 것이 달라진 새로운 세상에서 깨어난 것 같은 기분이 들지도 모르겠습니다.

가령 어제 간단한 jQuery 아코디언 메뉴를 수정했다고 합시다. 오늘 눈떠서 자바스크립트 코드를 살펴보니 그 많던 jQuery의 $ 연산자가 모두 사라지고 없습니다. 그 대신에 수상한 말줄임표(...)와 기호(=>)가 자리를 차지하고 있습니다(곧 배우게 될 펼침 연산자와 화살표 함수입니다). 물론 클래스처럼 눈에 익은 것도 있지만 클래스마저도 예측하기가 어렵습니다(비공개 메서드는 어디로 갔을까요?).

당황스럽죠. 혹시 좀 흥분했나요? 자, 한 가지 좋은 소식은 모든 것이 더 나아지기 위해 바뀌었다는 것입니다.

ES6라고도 부르는 ECMAScript 6 명세가 발표되면서 자바스크립트 코드에 극적인 변화가 일어났습니다. 변화가 상당히 크기 때문에 이 책을 읽고 나면 어떤 코드가 ES6 이전의 문법인지, 아니면 ES6 이후의 문법인지를 한눈에 맞출 수 있습니다. 최근의 자바스크립트는 과거의 자바스크립트와 다릅니다. 이처럼 ES6 이후의 문법으로 구성된 코드를 모던 자바스크립트(Modern Javascript)라고 합니다.

모던 자바스크립트를 작성하는 것은 즐겁습니다. 저는 그동안 자바스크립트에 부족한 점이 있음에도 자바스크립트를 꾸준히 사랑해왔지만, 사실 예전 문법이 다소 투박했다는 점은 인정합니다. 모던 자바스크립트는 예전의 자바스크립트보다 훌륭합니다. 그렇지만 많이 변했기 때문에 변화를 따라잡기 어려울 수 있습니다.

이 책의 활용법

이 책을 통해 여러분은 모던 자바스크립트를 작성하는 방법을 처음부터 다시 배우게 될 것입니다. 하지만 문법만 잔뜩 소개하지는 않습니다. 저는 여러분이 이 책을 통해 모던 자바스크립트 관점에서 생각하는 방법을 깨우쳤으면 합니다. 따라서 문법을 설명할 때는 단순히 사용해볼 것을 권하는 데서 그치지 않고 언제 사용해야 할지도 설명했습니다.

다만 자잘한 문법 변경을 일일이 살펴보지는 않을 것입니다. 여러분의 시간은 소중하므로 영향이 크고 반복해서 사용하게 될 문법만 소개합니다. 자잘하고 드문 사례는 문제가 발생했을 때 여러분이 직접 해결할 수 있을 것입니다. 이 책에서는 가장 중요하고 핵심적인 특징만 소개합니다.

이 책을 통해 문법 변경이 무작위로 이뤄진 것이 아니라 언어를 더 쉽게 읽고 쓰기 위해 고안된 간단한 원칙에 따라 이뤄졌다는 것을 알 수 있습니다. 모던 자바스크립트는 간결하고 예측 가능하며, 가독성이 높고 유연합니다. 이러한 특징은 새로운 문법을 평가하는 기준이 되기도 합니다. 명세에 아직 포함되지 않은, 검토 중인 문법도 같은 측면에서 바라봐야 합니다.

모던 자바스크립트는 패러다임이 크게 변화함에 따라 문법이 변경되었기 때문에, 모던 자바스크립트의 문맥에서 예전 자바스크립트 개념을 함께 사용하는 방법도 살펴봅니다. 예전 자바스크립트를 살펴보는 것이 중요한 까닭은 과거에는 주로 jQuery를 비롯한 라이브러리를 이용해 자바스크립트를 작성했기 때문입니다. 즉, 배경에 있는 개념을 이해하지 않고도 적당히 코드를 추가해 작동시킬 수 있었습니다. 최근의 개발 프로젝트는 플러그인을 잔뜩 사용하는 대신, 주요 기능의 일부로 자바스크립트를 포함하고 있기 때문에 예전에는 대충 얼버무렸던 개념들을 이해해야 합니다.

예를 들어 ES5의 문법 변경 사항을 무시해도 문제가 발생하지 않았을 것입니다. 이미 몇 년 전부터 배열 메서드인 map()이나 reduce()를 사용할 수 있었지만, 브라우저가 완전히 지원되지 않고 트랜스파일러에 부족함이 있었기 때문에 그동안 무시했을 것입니다. 현재 배열 메서드는 좋은 코드를 위한 필수 사항입니다. 따라서 배열 메서드를 다시 살펴봐야 합니다.

여러분에게는 매일 해야 할 일이 많을 것입니다. 그래서 이 책을 필요에 따라 마음대로 펼치거나 덮을 수 있도록 팁(tip) 형식으로 만들었습니다. 책을 처음부터 끝까지 읽을 필요가 없으며, 다른 팁의 문법을 틈틈이 참조하면서 설명하므로 필요에 따라 건너뛰어 책의 다른 부분을 읽어도 좋습니다. 책상에 복사본을 두고 쉬는 시간에 훑어보거나, 휴대폰에 저장해 병원 진료를 기다리면서 살펴볼 수도 있습니다.

새로운 문법을 배울 때는 무엇보다 코드를 읽는 것이 중요합니다. 가장 좋은 코드는 실제 코드입니다. 이 책은 foo-bar 예제 또는 수학 표현식만 잔뜩 다루지 않습니다. 그 대신에 문자열, 객체, 돈, 이메일 주소 등을 다룰 것입니다. 즉, 실무에서 볼 수 있는 코드 예제를 다룹니다. 이로 인해 예제가 다소 복잡해질 수 있지만, 결과적으로 개념을 더욱 쉽게 흡수해서 여러분의 코드에 빠르고 쉽게 적용하는 데 도움을 줄 것입니다.

끝으로 모든 예제 코드는 이 책의 저장소(repo)에서 확인할 수 있습니다. 코드는 거의 100%의 테스트 커버리지를 갖추고 있으므로 직접 수정해서 생각한 대로 시험해볼 수 있습니다. 테스트가 잘 작동하려면 Node.js를 8.5 이상 버전으로 설치해야 합니다. 또한, 가끔 브라우저에서 코드를 시험해보고자 하는 경우도 있을 것입니다. 이를 위해 크롬(Chrome), 엣지(Edge), 인터넷 익스플로러 11 이상의 최신 브라우저를 사용하길 바랍니다.

대상 독자

이 책은 프로그래밍 경험이 많지 않은 사람도 볼 수 있습니다. 자바스크립트 경험이 어느 정도 있다면 도움이 되겠지만 반드시 필요하지는 않습니다. 다만 반복문, 조건문, 함수, 클래스 같은 기본적인 프로그래밍 개념은 알고 있다고 가정합니다. 다시 말해 모던 자바스크립트를 본 적 있고 더 자세히 배우고 싶다면, 이 책을 추천합니다.

여러분은 이상하고 새로운 세상에서 눈뜬 것 같은 기분일 것입니다. 이 새로운 세상은 사실 환상적입니다. 따뜻한 커피가 있고 갓 구운 빵 냄새가 가득한 세상에서 눈을 뜬 것을 기뻐하게 될 것입니다. 자바스크립트는 훨씬 더 나아졌으며, 이제 즐겨볼 시간입니다.

온라인 자료

이 책에 사용한 코드는 깃허브(GitHub)에서 볼 수 있습니다.

- **저자 깃허브:** https://github.com/jsmapr1/simplifying-js

새로운 문법 변경 사항에 대한 최신 정보가 궁금하다면 트위터를 팔로우하거나 웹사이트를 방문하길 바랍니다.

- **저자 트위터:** https://twitter.com/joesmorgan
- **저자 웹사이트:** thejoemorgan.com

감사의 글

먼저 트위터, 블로그 게시물, 풀리퀘스트(pull request), 콘퍼런스 강연, 스택오 버플로우 응답을 비롯한 여러 가지 방법으로 더욱 훌륭한 자바스크립트 생태계 를 위해 공헌한 분들께 감사합니다. 커뮤니티 없는 좋은 언어란 있을 수 없습니 다. 자바스크립트 커뮤니티는 정말 최고입니다.

끔찍한 일정을 참고 기다려준 아내 다이언과 두 아이 테오, 비에게 감사합니다. 막대와 실, 접착 테이프를 마음껏 사용하며 개발과 탐험을 사랑하는 인생을 살 도록 만들어주신 부모님께도 감사합니다. 또한, 큰 도움을 준 마사 보겔에게도 감사를 전합니다. 덕분에 글을 쓸 시간을 벌 수 있었습니다.

위스콘신 대학교 호수과학 연구센터의 직원들께도 감사합니다. 위스콘신 대학 교 도서관의 사서들, MERIT 도서관의 직원들, 존슨 카운티 도서관의 사서와 직원들, 레드 노바 랩스(Red Nova Labs)의 엔지니어들, 캔자스 대학교의 마케팅 부서와 웹 팀, 빌더 디자인스(Builder Designs)의 엔지니어들, DEG의 직원들을 비롯해 프로그래밍과 아이디어 전달 방법을 가르쳐준 모든 분께 감사를 전합 니다.

책의 마케팅을 도와준 새라 하인스, 애쉴리 설린스, 아담 브라운, 케이티 맥커 리에게 감사합니다.

자바스크립트에 대한 책을 쓸 수 있도록 기회를 준 출판사의 훌륭한 분들께 감 사를 전합니다. 이 책을 시작하도록 도와준 브라이언 맥도날드에게도 감사를 전합니다. 또한, 나만의 어조를 찾도록 도와주고 모든 과정을 매끄럽게 진행해 준 편집자 안드레아 스튜어트에게 큰 감사를 전합니다.

끝으로 기술적 검토를 도와준 크레이스 헤스, 프랭크 루이스, 제시카 재니크, 마크 포코, 닉 맥기니스, 라이언 힙, 슈리랑 패트와단, 스테판 투랄스키, 비실레 보리스에게도 감사를 전합니다. 여러분 덕분에 진심을 담은, 더 나은 책을 쓸 수 있었습니다.

2018년 4월, 캔자스주 로렌스에서

조 모건

모던 자바스크립트의 시작이라 할 수 있는 ES6, 즉 ES2015가 빛을 본 지도 몇 해가 지났습니다. 이 책을 펼친 독자들 중에는 이제 막 자바스크립트의 세계로 손을 뻗은 분도 있고, 웹팩(webpack)이나 바벨(Babel) 같은 도구와의 씨름을 마치고 모던 자바스크립트가 일상이 된 분도 있을 것입니다.

이 책은 단순히 모던 자바스크립트의 사용법을 설명하는 데 그치지 않고, 새로운 문법을 사용해야 할 이유뿐 아니라 그것을 이용해 코드의 의도를 더 잘 표현하는 방법까지 살펴봅니다. 언뜻 다 알고 있는 이야기처럼 느껴질 수도 있지만, 이를 명확하게 설명하는 것은 쉽지 않은 일입니다. 저자의 설명을 들으면서 어렴풋이 알고 있던 내용을 정리하고, 잠시 코드에 대해 생각해보기를 권합니다.

예제 코드 실행 방법

이 책의 예제 코드는 브라우저 콘솔이나 Node.js REPL에서 실행할 수 있습니다.

10장의 예제 코드는 npm을 이용해서 실행하는 방법으로 설명하고 있습니다. 그리고 예제 코드 저장소에는 예제 코드를 위한 테스트 코드가 포함되어 있습니다. 파일명이 .spec.js로 끝나는 파일이 테스트 코드입니다. 테스트 코드를 실행하려면 예제 코드 저장소를 내려받고 명령줄에서 다음을 실행합니다. 먼저 테스트 코드 실행을 위한 의존 모듈을 설치합니다.

```
$ npm install
```

설치가 완료되면 테스트를 실행합니다.

```
$ npm test
```

다음은 명령줄에 출력되는 내용의 예시입니다.

```
> book@1.0.0 test simplifying-js
> mocha --require mock-local-storage --compilers js:babel-register
--require babel-polyfill

starting
ending?

(…생략…)

239 passing (1s)
```

끝으로, 부족한 원고를 검토하고 느릿느릿한 역자를 기다려준 이원휘 편집자님과 길벗출판사 관계자 분들께 감사드립니다. 그리고 철없는 저를 향해 늘 응원과 사랑을 보내주는 가족 모두와 영원이에게도 감사 인사를 전합니다.

곽현철

예제 파일 내려받기

책에서 사용하는 예제 코드는 길벗출판사 웹사이트에서 도서명으로 검색해 내려받거나 다음 깃허브 저장소에서 내려받을 수 있습니다.

- **길벗출판사 웹사이트**: http://www.gilbut.co.kr/
- **길벗출판사 깃허브**: https://github.com/gilbutITbook/007030
- **저자 깃허브**: https://github.com/jsmapr1/simplifying-js

예제 파일 구조

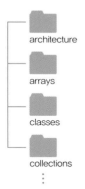

architecture

arrays

classes

collections

- 예제 파일은 책에서 소개하는 실습의 전체 코드입니다.

기술 베타 리더 후기

자바스크립트 ES5의 배열 메서드와 ES2015~ES2018을 모두 아우르는 문법 및 API 개선점을 상황별 조언 형식으로 엮은 덕분에 이펙티브 시리즈처럼 문제의식을 갖추고 읽게 되어 내용을 파악하기가 한결 수월했습니다.

꽤 친절하게 설명해주는 책이므로, 순서대로 읽는 것은 물론이고 최신 기술로 업데이트해야 하거나 새로 배워야 할 주제로 곧장 가서 읽기에도 무리가 없어 보입니다.

- **실습 환경** macOS Catalina, Node.js 13.0.1, Chrome 78.0.3904.108

신준호_5년차 Node.js 서버 개발자

편집자 실습 후기

본문 설명을 쉽게 이해하고, 예제 코드를 수월하게 따라갈 수 있었습니다. 본문에서는 간단한 상황을 제시하고 상황에 따라 논리적으로 설명하는데, 애완동물 분양 사이트나 온라인 쇼핑몰 같은 실제 접할 수 있는 사례를 들어서 설명한 점이 좋았습니다. 또 본문을 짧은 팁 형식으로 구성하여 부담 없이 볼 수 있고, 그때그때 필요한 팁을 쉽게 찾아볼 수 있습니다. 예제 코드는 가능한 한 짧게 제시되어 있어 본문 설명에 맞춰 직관적으로 이해할 수 있었습니다. (본문에서는 코드의 일부만 가져와 설명합니다.)

- **실습 환경** Windows 10, Node.js 10.14.1, Chrome 78.0.3904.108

1^장

변수 할당으로
의도를 표현하라

시작하기 전에 먼저 여러분에게 질문을 하나 하겠습니다. 어제 코드에 변수를 몇 개나 선언했나요? 어떤 언어로 작성했는지는 상관없습니다. 열 개, 아니면 100개쯤 될까요? 지난 주, 지난 달에 선언한 변수는 몇 개일까요? 아마도 엄청난 개수일 것입니다.

그러면 어제 읽은 변수가 몇 개인지 생각해봅시다. 직접 작성한 코드는 당연히 읽었을 테고, 다른 사람의 코드도 훑어봤겠지요? 살펴본 변수가 100개쯤, 또는 1,000개쯤 될까요? 아마 정확하게 기억할 수 없을 것입니다.

그럼 어제 커링(currying)을 이용한 함수는 몇 개나 봤나요? 이건 기억이 나죠? 저는 어제 커링을 이용한 함수를 딱 한 개 봤습니다. 자바스크립트 함수에 커링을 사용하는 방법을 설명하는 글이 많이 있지만, 커링은 단순한 변수 선언만큼 흔하지는 않습니다(**TIP 34 부분 적용 함수로 단일 책임 매개변수를 관리하라**에서 커링 함수를 다룹니다). 만약 여러분이 커링 함수에 대해 들어본 적이 없다면, 커링 함수가 단순한 변수 선언에 비해 그다지 중요하지 않다는 증거일 것입니다. 우리는 복잡한 개념을 생각하고 가르치기 위해 많은 시간을 쏟지만, 오히려 변수 선언처럼 간단한 것이 여러분과 다른 동료 개발자의 삶에 훨씬 큰 영향을 끼칩니다.

여러분은 이제 자바스크립트 코드를 처음부터 다시 생각하게 될 것입니다. 가장 기초적인 수준, 즉 변수에 정보를 할당하는 것부터 시작해야 한다는 뜻이며, 첫 번째 장의 주요 주제이기도 합니다.

모던 자바스크립트에는 변수를 선언하는 몇 가지 새로운 방법이 있습니다. 변수를 작성할 때는 다른 개발자가 봤을 때 읽기 쉽고 예측 가능한 변수인지 스스로 질문을 던져봐야 합니다. 실제로 이러한 사고방식이 여러분의 코드 작성 방식을 상당히 변화시킬 것입니다.

여기서는 두 가지 새로운 변수 선언 방법을 살펴봅니다. 첫 번째로 살펴볼 const는 변수를 재할당할 수 없는 방식입니다(좋은 방법이라는 것을 곧 알게 됩니다).

두 번째로 살펴볼 let은 재할당이 가능하지만 블록 유효 범위(block scope)가 적용되어 잠재적인 유효 범위 충돌이 발생하지 않도록 보호해줍니다. 이 두 방법을 살펴본 다음에는 선언한 변수를 사용해 새로운 문자열을 생성할 수 있는 템플릿 리터럴(template literal)의 사용법을 알아봅니다.

이 장에서 소개할 팁들은 여러분의 결정이 코드의 다른 부분은 물론, 여러분의 코드를 사용하거나 읽는 다른 개발자에게 어떤 영향을 끼치는지 이해하는 데 도움이 될 것입니다.

이 장을 읽으면서 매일 작성하는 자바스크립트를 비판적으로 검토하길 바랍니다. 그렇게 하면 몇 가지 팁만으로도 더 간결하고, 나의 의도를 더 잘 표현하는 자바스크립트 코드를 작성하는 방법을 터득할 수 있을 것입니다. 팁을 통해 익힌 변수 선언에 대한 사고방식이 여러분의 코드에 반영되어도 놀라지 마세요. 코드를 작성할 때 가장 흔한 결정이 바로 변수 선언이기 때문입니다. 여러분은 내일도 열 번, 스무 번, 100번 변수를 선언할 것이고 다음 주, 다음 달에도 계속 선언하겠죠.

그럼 준비되었나요? 좋습니다. 시작해봅시다.

const로 변하지 않는 값을 표현하라

이번 팁에서는 const를 이용해 재할당을 피하고 여러분의 의도를 다른 개발자에게 전달하는 방법을 살펴봅니다.

모던 자바스크립트는 훌륭하고 새로운 몇 가지 변수 선언 방법을 소개했습니다. 그렇지만 새로운 문제도 나타났습니다. 어떤 변수 선언 방식을 기본으로 선택해야 할까요? 다른 방식은 언제 사용해야 할까요?

과거에 전역변수가 아닌 변수를 할당하는 방법은 한 가지, var를 사용하는 것밖에 없었습니다. 이제는 var, let, const처럼 여러 가지가 있으며, 적절한 사용 방법도 다릅니다. 좀 더 간단히 이야기해보겠습니다. 대부분의 경우에는 const를 선택하는 것이 가장 좋습니다. const로 가장 많은 것을 할 수 있기 때문이 아니라 가장 적은 것을 할 수 있기 때문입니다. const는 코드를 읽기 쉽게 만드는 제약 사항을 가지고 있습니다.

> Note ☰ **ECMAScript 6**
>
> ECMAScript는 자바스크립트를 위한 공식적인 기술 명세입니다. 자바스크립트는 ECMAScript 5와 ECMAScript 6를 통해 주요한 문법 변경을 소개했으며 각각 ES5, ES6 라고도 부릅니다. 명세는 매년 갱신됩니다. 개발자들은 ES2017처럼 명세에 연도를 붙여 부르곤 합니다.

const는 블록의 문맥 내에서 재할당할 수 없는 변수 선언입니다. 즉, 한 번 선언하면 변경할 수 없습니다. 그렇지만 값이 변경되지 않는 것, 즉 불변값이 되는 것은 아닙니다. const에 배열을 할당하는 경우에도 배열의 항목은 바뀔 수 있습니다. 이 점에 대해서는 뒤에서 더 살펴보겠습니다.

상수 할당이 있는 다른 언어에 익숙하다면 const를 이용한 선언 방법을 추천하는 것이 이상해 보일 수도 있습니다. 상수 할당이 있을 경우 주로 상수는 모두 대문자로 작성하고, 파이의 3.14처럼 절대로 변경되지 않는 값이라는 것을 보여주기 위해 드물게 사용하기 때문입니다.

그러나 자바스크립트에서는 재할당할 수 없는 const를 기본으로 선택하면 좋습니다. 값을 할당한다는 것은 단순히 정보를 선언하는 것이 아닙니다. 무엇을 정보로 할지에 대한 신호를 보내는 것이기도 합니다. 값을 할당하고 변경하지 않을 것이라는 점을 표시하면, 미래의 개발자(여러분 자신이 될 수도 있습니다)에게 다음 사실, 즉 코드를 훑어볼 때 해당 변수를 신경 쓰지 않아도 된다고 알려줄 수 있습니다. 처음 보는, 그리고 양도 많은 코드를 읽을 때 읽은 내용의 일부를 잊어버려도 괜찮다면 행복하겠지요? const 덕분입니다.

코드에서 버그를 수정하고 있다고 가정해봅시다. 여러분은 코드가 어떻게 작동하는지 알기 위해, 그리고 문제가 있는 곳을 찾기 위해 훑어보고 있습니다. 다음 두 가지 프로그램을 생각해봅시다. 첫 번째 프로그램은 변수 할당에 const를 사용하고, 두 번째 프로그램은 var를 사용했습니다.

variables/const/const.js

```
const taxRate = 0.1;
const total = 100 + (100 * taxRate);
// 100행의 코드를 건너뛰었습니다.
return `구매 금액은 ${total}입니다.`;
```

variables/const/const.js

```
var taxRate = 0.1;
var total = 100 + (100 * taxRate);
```

```
// 100행의 코드를 건너뛰었습니다.
return `구매 금액은 ${total}입니다.`;
```

두 코드는 거의 유사해 보이지만, 첫 번째 코드가 훨씬 이해하기 쉽습니다. 코드가 100줄을 넘지 않는다는 점은 무시합시다. 변경이 많은 엄청난 양의 코드를 읽고 있다고 생각해야 합니다.

첫 번째 예제 코드에서는 "구매 금액은 110입니다."가 반환된다는 것을 정확하게 알 수 있습니다. total이 상수이며 재할당할 수 없다는 것을 알고 있기 때문입니다. 두 번째 예제 코드에서는 반환되는 값이 무엇일지 가늠할 수 없습니다. 반복문, 조건문, 재할당처럼 값을 변경할 수 있는 코드가 있는지 100줄의 코드를 살펴보면서 알아내야 합니다. 코드에서 배송비를 추가할지도 모릅니다. 추가 구매 금액을 total에 추가할 수도 있습니다. 할인이 적용되어 total에서 제외될 수도 있겠지요.

var를 이용해서 할당한 경우에는 total이 어떤 값이 될지 알 수 없습니다. 그렇지만 const를 이용해 변수를 할당하면 코드를 읽을 때 머릿속에 담고 있어야 할 추가 정보를 하나 제거해줍니다. 다음의 마지막 예제를 살펴봅시다.

variables/const/const.js
```
const taxRate = 0.1;
const shipping = 5.00;
let total = 100 + (100 * taxRate) + shipping;
// 100행의 코드를 건너뛰었습니다.
return `구매 금액은 ${total}입니다.`;
```

잠시 시간을 들여 이 코드에서 무엇을 확신할 수 있는지 생각해봅시다. total이 어떤 값이 될지는 확신할 수 없습니다. 이 코드를 작성한 개발자는 taxRate와 shipping이 변하지 않는다는 점을 알려줬지만, total은 계속 유지되는 값이 아닙니다. 따라서 total 값을 믿을 수 없다는 점을 알 수 있습니다.

가장 좋은 것은 할당이 변경되지 않는다는 점을 알 수 있는 경우입니다. 두 번째로 좋은 것은 변경될 수도 있다는 점을 알 수 있는 경우입니다. const를 자주 사용하고 let은 드물게 사용하면 변경되는 부분을 예측할 수 있습니다.

모든 변수 할당을 변경되지 않는다는 사실을 알 수 있는 것과 변경될 수도 있다는 사실을 알 수 있는 것으로 나눠봅시다.

자, const를 사용할 때 중요한 고려 사항이 하나 있습니다. const에 할당된 값이 불변값이 되지는 않는다는 것입니다. 즉, 변수를 재할당할 수는 없지만, 값을 바꿀 수는 있습니다. 모순되는 말처럼 들리겠지만 다음 사례를 보세요.

variables/const/const.js

```
const discountable = [];
// 코드를 몇 행 건너뛰었습니다.
for (let i = 0; i < cart.length; i++) {
  if (cart[i].discountAvailable) {
    discountable.push(cart[i]);
  }
}
```

완벽하게 유효한 코드입니다. discountable을 const로 선언했지만 여전히 배열에 항목을 추가할 수 있습니다. 이러한 특성은 앞서 살펴봤던 것과 같은 문제를 만들어냅니다. 코드의 뒷부분에서 어떤 값을 보게 될지 확신할 수 없습니다. 객체, 배열, 또는 다른 형태의 컬렉션에 대해서는 좀 더 까다롭게 살펴봐야 합니다.

무엇을 사용해야 할지 정해진 것은 없지만, 될 수 있으면 조작(mutation)을 피하는 것이 최선입니다.

위에서 살펴본 예제를 조작하지 않고 작성하면 다음과 같습니다.

variables/const/const.js

```
const discountable = cart.filter(item => item.discountAvailable);
```

결과는 같지만 조작을 사용하지 않았습니다. 만약 위의 코드가 혼란스럽게 느껴진다면, **5장 반복문을 단순하게 만들어라**에서 배열 메서드의 자세한 정보를 확인하세요.

일단은 const를 기본으로 사용합시다. 코드가 변경되어 더 이상 const의 사용이 적절하지 않은 때가 오면 다른 선언 방법을 사용하면 됩니다.

바로 다음 팁에서는 const가 적절하지 않을 때, 새로운 선언 방식인 let을 사용해야 하는 경우를 살펴보겠습니다.

2

let과 const를
유효 범위 충돌을 줄여라

이번 팁에서는 값이 변경되는 경우 가장 좋은 선택은 let이라는 점을 배울 것입니다.

이전 팁에서 변수를 다룰 때는 재할당을 피하는 것이 낫다고 배웠습니다. 그렇지만 변수를 반드시 재할당해야 하는 경우라면 어떻게 해야 할까요? 이 경우에 바로 let을 사용할 수 있습니다.

let은 재할당할 수 있다는 점에서 var와 유사합니다. 그렇지만 var는 어휘적 유효 범위(lexical scope)를 따르는 반면, let은 블록 유효 범위(block scope)를 따릅니다. 유효 범위에 대해서는 **TIP 3 블록 유효 범위 변수로 정보를 격리하라**에서 더 살펴볼 것입니다. 일단 블록 유효 범위 변수는 if 블록이나 for 반복문 같은 블록의 내부에만 존재한다고 알아두세요. 블록 밖에서는 블록 유효 범위 변수에 접근할 수 없습니다. 즉, 변수를 선언한 중괄호를 벗어나면 변수가 존재하지 않는다는 규칙입니다.

다음 예제를 통해 블록 유효 범위 또는 어휘적 유효 범위를 따르는 변수가 코드를 어떻게 바꾸는지 살펴봅시다. 다음은 가장 저렴한 상품을 찾는 코드입니다. 최저가를 찾기 위해 간단한 세 가지 검사를 거칩니다.

- 재고가 없으면 0을 반환합니다.

- 어떤 상품이 할인 중이고 재고가 있다면 할인 가격을 반환합니다.

- 어떤 상품이 할인 중이 아니거나 할인 중이라도 할인 상품의 재고가 없다면 정상 가격을 반환합니다.

```
01    function getLowestPrice(item) {
02      var count = item.inventory;
03      var price = item.price;
04      if (item.salePrice) {
05        var count = item.saleInventory;
06        if (count > 0) {
07          price = item.salePrice;
08        }
09      }
10      if (count) {
11        return price;
12      }
13
14      return 0;
15    }
```

코드에 버그는 없는지 잠시 살펴보세요.

각각의 경우 결과를 예측해보고 버그가 없는지 찾아봅시다. 혹은 테스트 꾸러미(test suite)를 실행해도 좋습니다.*

버그를 발견했나요? 변수를 같은 이름의 변수에 재할당한 것이 문제였네요.

어떤 상품이 할인 중이 아니고 재고도 없는 경우에는 item.salePrice와 count 조건문을 건너뛰고 0을 반환합니다.

---

* [역주] 책에서 사용하는 예제 코드는 길벗출판사 웹사이트나 깃허브 저장소에서 내려받을 수 있습니다. '이 책의 활용법'을 참고하세요.

```
const item = {
  inventory: 0,
  price: 3,
  salePrice: 0,
  saleInventory: 0,
};
```

다음으로 할인 중이고 할인 상품의 재고가 있는 경우에는 할인 가격을 반환합니다. 이 경우 2를 반환합니다.

```
const item = {
  inventory: 3,
  price: 3,
  salePrice: 2,
  saleInventory: 1,
};
```

끝으로 할인 중이지만 할인 상품 재고가 없는 경우에는 정상 가격인 3을 반환해야 합니다. 그렇지만 실제로 반환하는 값은 0입니다.

```
const item = {
  inventory: 3,
  price: 3,
  salePrice: 2,
  saleInventory: 0,
};
```

계속 혼란스러운가요? 괜찮습니다. 이 버그는 까다로우니까요. 2행에 선언한 변수 count가 문제입니다. 할인 가격이 있으므로 다음 if 블록으로 넘어갑니다. 이때 5행에서 변수 count를 다시 선언합니다. 여기서 문제가 되는 것은 할인 상

품 재고가 없기 때문에 count에 0이 할당된다는 점입니다. 10행의 다음 if 블록으로 넘어가면 재고에 오류가 발생합니다. 할인 상품과 정상 상품 모두 재고가 없는 것처럼 보입니다.

실제로는 정상 상품 재고가 있음에도 불구하고 할인 상품 재고를 확인하는 과정에서 실수가 있어 잘못된 값을 반환하고 말았습니다.

이런 오류는 사소한 것으로 무시할 수도 있습니다. 그렇지만 서비스가 운영되는 실제 환경에서 발생한다면 미묘하고 찾아내기 어려운 버그이기도 합니다.

다행히 let을 이용하면 이런 문제를 피할 수 있습니다. 사실 let으로 이 문제를 피하는 방법은 두 가지입니다.

let은 블록 유효 범위를 따르므로 블록 내부에 선언한 변수는 블록 외부에 존재하지 않습니다.

variables/let/let.js

```javascript
function getLowestPrice(item) {
  let count = item.inventory;
  let price = item.price;
  if (item.salePrice) {
    let count = item.saleInventory;
    if (count > 0) {
      price = item.salePrice;
    }
  }
  if (count) {
    return price;
  }
  return 0;
}
```

위의 경우, 변수 count를 선언하기 위해 if 블록 안에서 let을 사용했기 때문에 함수를 시작할 때 선언한 변수 count와 충돌하지 않습니다.

물론 let이 블록 유효 범위를 따르는 유일한 변수 선언 방법은 아닙니다. const 도 블록 유효 범위를 따릅니다. 여기서는 count를 재할당하지 않기 때문에 let 대신에 const를 사용하면 더 간결합니다. 가격이 변경되는 경우도 있으므로 계 속해서 let을 사용할 수도 있겠지만, 아예 다른 이름을 쓰는 편이 더 확실하겠 지요. 최종 코드는 다음과 같습니다.

variables/let/const.js

```javascript
function getLowestPrice(item) {
  const count = item.inventory;
  let price = item.price;
  if (item.salePrice) {
    const saleCount = item.saleInventory;
    if (saleCount > 0) {
      price = item.salePrice;
    }
  }
  if (count) {
    return price;
  }
  return 0;
}
```

한 가지 덧붙이면, let과 const는 새로운 보호 방법을 가지고 있습니다. let과 const는 같은 이름의 변수를 다시 선언할 수 없습니다. var를 사용하는 경우에 는 같은 유효 범위에서 같은 이름의 변수를 다시 선언할 수도 있습니다. 즉, 10 행에 var price = 1이라고 선언했다가 25행에서 var price = 5라고 다시 선언 해도 충돌이 발생하지 않습니다. 따라서 var를 사용할 때 의도치 않게 변수 이 름을 재사용하면 큰 문제가 발생할 수 있습니다. 그렇지만 let을 사용하면 이 러한 실수를 하지 않겠지요?

다음 코드를 실행하면 TypeError가 발생합니다.

```
function getLowestPriceDeclaration(item) {
  const count = item.inventory;
  let price = item.price;
  if (!count) {
    return 0;
  }
  // ...
  let price = item.saleInventory ? item.salePrice : item.
wholesalePrice;
  return price;
}
```

자주 발생하는 문제는 아니지만, 이 방법은 초기에 잠재적인 버그를 잡는 데 좋습니다.

다음 팁에서는 유효 범위를 더 깊이 살펴보고, let을 사용해 자바스크립트에서 발생하는 가장 흔하고 난처한 유효 범위 충돌을 해결하는 방법을 알아보겠습니다.

블록 유효 범위 변수로
정보를 격리하라

이번 팁에서는 for 문 또는 다른 반복문에서 let을 사용해 유효 범위 충돌을 방지하는 방법을 살펴봅니다.

때때로 개발자들은 for 문에서 잘못된 변수를 선택하는 실수를 저지르곤 합니다. 전통적인 해결 방법은 꽤나 수준 높은 자바스크립트 개념을 이해해야 사용할 수 있습니다. 그렇지만 다행히 let을 이용해 변수를 선언하면 이 복잡한 문제를 쉽게 풀 수 있습니다.

기억하나요? 블록 유효 범위 변수 선언을 이용하면 변수는 블록 내에서만 접근할 수 있습니다. if 블록 내부에 변수를 선언하면 중괄호 밖에서는 접근할 수 없습니다. for 문 내부에 선언한 변수도 for 문의 중괄호 밖에서는 접근할 수 없습니다. 그렇지만 반대로 함수 외부에 선언한 변수는 블록 내부에서 접근할 수 있습니다. 함수의 최상위에서 블록 유효 범위 변수를 선언한 경우에는 함수 내부의 if 문이나 for 문에서 접근할 수 있습니다.

반면에 어휘적 유효 범위를 따르는 변수를 선언한 경우에는 함수 내부 어디서든 접근할 수 있습니다. 이 경우 if 블록 내부에서 생성한 변수를 함수 내부의 다른 곳에서 접근할 수 있습니다. 사실은 호이스팅(hoisting)*이라는 컴파일 과정 덕분에 변수가 선언되기도 전에 접근할 수 있습니다.

설명이 너무 추상적이었나요? 예제를 보면 더 이해하기 쉽습니다. 혹시 어휘적 유효 범위로 인한 문제를 경험한 적이 있다면, 아마도 다음 예제처럼 여러 개의 DOM 요소에 클릭 함수를 연결하는 경우였을지도 모르겠습니다.

variables/scope/scope.html

```html
<!doctype html>
<html lang="ko">
    <body>
        <ul style="cursor:pointer">
            <li> 클릭하면 0 </li>
            <li> 클릭하면 1 </li>
            <li> 클릭하면 2 </li>
        </ul>
    </body>
    <script>
        const items = document.querySelectorAll('li');
        for(var i = 0; i< items.length; i++) {
            items[i].addEventListener('click', () => {
                alert(i);
            })
        };
    </script>
</html>
```

브라우저에서 코드를 열고 목록 요소를 하나씩 클릭해봅시다. 모든 요소가 동일하게 알림 창으로 3을 표시합니다.

---

* https://developer.mozilla.org/ko/docs/Glossary/Hoisting (단축 URL: https://mzl.la/36JekV1)

브라우저 버그라고 생각하기 쉽지만, 실제로는 자바스크립트가 변수를 할당하는 방법과 관련이 있습니다. 이러한 문제는 평범한 자바스크립트 코드에서는 물론이고 어디서든 발생할 수 있습니다. 다음 예제에서 DOM 조작이 없는 평범한 자바스크립트에 문제가 발생한 경우를 살펴봅시다.

다음 예제 코드를 브라우저 콘솔 또는 REPL에 복사해 넣으면 같은 문제를 확인할 수 있습니다.

---

variables/scope/problem.js

```
01    function addClick(items) {
02      for (var i = 0; i < items.length; i++) {
03        items[i].onClick = function () {
04          return i;
05        };
06      }
07      return items;
08    }
09    const example = [{}, {}];
10    const clickSet = addClick(example);
11    clickSet[0].onClick();
```

Note ≡ **REPL 사용하기**

REPL은 '읽기 평가 출력 반복(Read Evaluate Print Loop)'의 약자로, 코드를 다룰 때 사용할 수 있는 훌륭한 도구 중 하나를 가리킵니다. 즉, REPL은 코드를 입력하면 즉시 평가해서 결과를 반환하는 간단한 명령줄 인터페이스입니다.

예를 들어 2+2를 입력하면 4가 나옵니다. 문법이 잘 기억나지 않아서 빠르게 확인해보고 싶은 경우에 특히 유용합니다. 예를 들어, 문자열을 대문자로 만드는 메서드가 잘 기억나지 않아서 강조 표시를 할 수 없는 경우를 생각해봅시다. 메서드를 다시 기억해내기 위해 REPL에 'hi!'.upperCase()를 입력했더니 오류가 발생했습니다. 그래서 다시 'hi!'.toUpperCase(); //HI!를 입력해보니 잘 작동합니다.

그럼 REPL은 어떻게 사용할 수 있을까요? 컴퓨터에 Node.js가 설치되어 있다면 명령줄에 node를 입력하고 REPL을 사용할 수 있습니다.

○ 계속

브라우저에서 코드를 디버깅하는 경우에도 바로 REPL을 사용할 수 있습니다. 대부분의 브라우저에서는 REPL 대신 콘솔(console)이라고 부릅니다. 최신 브라우저는 개발자 도구에 콘솔을 포함합니다. 자바스크립트 코드를 입력하고 결과를 바로 확인해볼 수 있는 또 다른 공간이며, 콘솔을 통해 특정 브라우저에서 어떤 기능을 내장 기능으로 구현해뒀는지도 확인할 수 있습니다.

배열의 어떤 항목을 선택해도 결과는 같습니다.

왜 이렇게 작동할까요?

역시 유효 범위의 문제입니다. var로 할당한 변수는 함수 유효 범위를 따릅니다(엄밀히 말하면 어휘적 유효 범위를 의미합니다). 즉, 함수 내에서 마지막으로 할당한 값을 참조합니다.

앞 예제의 3행에서 추가한 새로운 함수는 코드를 호출한 시점의 i 값을 반환합니다. i 값을 설정한 시점이 아닙니다. 결과적으로 반복할 때마다 새로 생성하는 함수에 서로 다른 i 값이 전달됩니다.

다음 예제 코드의 전통적인 해결 방법은 너무 복잡해서 경험이 많은 자바스크립트 개발자라도 혼란스러울 수 있습니다.

variables/scope/curry.js

```
function addClick(items) {
  for (var i = 0; i < items.length; i++) {
    items[i].onClick = (function (i) {
      return function () {
        return i;
      };
    }(i));
  }
  return items;
}
const example = [{}, {}];
const clickSet = addClick(example);
clickSet[0].onClick();
```

전통적인 해결 방법은 클로저(다른 함수가 사용할 수 있도록 함수 내부에서 변수를 생성하는 것), 고차 함수(다른 함수를 반환하는 함수), 즉시 실행 함수가 조합되어 있습니다. 잘 이해되지 않아도 괜찮습니다. 고차 함수에 대해서는 **TIP 34 부분 적용 함수로 단일 책임 매개변수를 관리하라**에서 더 자세히 다룹니다.

다행히 아직은 이런 고급 개념을 이해하지 않아도 됩니다. 위 예제 코드를 let을 이용해 다시 작성하면, 코드를 어수선하게 만들지 않고도 같은 결과를 얻을 수 있습니다. 다음 코드를 브라우저 콘솔이나 REPL에서 확인해보면 예상한 결과가 나올 것입니다.

variables/scope/scope.js

```
01    function addClick(items) {
02      for (let i = 0; i < items.length; i++) {
03        items[i].onClick = function () {
04          return i;
05        };
06      }
07      return items;
08    }
09    const example = [{}, {}];
10    const clickSet = addClick(example);
11    clickSet[0].onClick();
```

2행을 보면, 코드에서 바뀐 것은 var 대신 let을 사용한 것뿐입니다. let은 블록 유효 범위를 따르므로, 블록 내에서 선언한 변수는 해당 블록에서만 유효합니다. 따라서 반복되어 값이 변경되더라도, 이전에 선언한 함수의 값은 변경되지 않습니다.

쉽게 말해 let을 이용하면 for 문이 반복될 때마다 값을 잠급니다.

var로 할 수 있는 거의 모든 것을 let으로 대체할 수 있으므로, var를 사용하려한 곳에 항상 let을 사용하는 것이 좋습니다.

이제 변수 선언에 대해 감이 좀 잡혔길 바랍니다. 이어지는 팁에서도 변수 선언은 매우 중요합니다. 팁을 살펴보다 보면 여러분의 코드를 재구성해 간결하고 예측 가능하게 변수를 선언하고 싶어질지 모릅니다.

다음 팁에서는 템플릿 리터럴(template literal)을 이용해 데이터를 읽을 수 있는 문자열로 변환하는 방법을 살펴보겠습니다.

4

템플릿 리터럴로 변수를 읽을 수 있는 문자열로 변환하라

이번 팁에서는 변수를 연결하지 않고 새로운 문자열로 만드는 방법을 살펴봅니다.

문자열은 너저분할 때가 많습니다. 문자열에서 정보를 찾아내려면 대문자, 구두점, 잘못된 철자가 가득한 못생긴 자연어와 씨름해야 합니다. 생각만 해도 골치가 아파옵니다.

문자열에 정보를 추가하는 것은 조금 낫지만 이 경우에도 금세 어수선해집니다. 자바스크립트에서 문자열을 연결하는 것은 특히나 골치 아픈 일인데, 변수에 할당한 문자열과 따옴표로 감싼 문자열을 연결해야 하는 경우에는 더욱더 그렇습니다.

여러분이 늘 겪는 한 가지 문제를 살펴봅시다. URL을 생성하려고 합니다. 클라우드 서비스에 올려진 이미지에 대한 링크를 생성하는 경우입니다. 클라우드 서비스는 꽤 훌륭합니다. 자원을 호스팅할 수도 있고, 쿼리 매개변수를 전달해서 자원을 원하는 형태(높이나 너비 등)로 변경할 수도 있습니다.

여기서는 상대적으로 간단한 URL을 생성해봅시다. 클라우드 제공업체의 URL과 이미지 ID를 조합하고, 여기에 이미지 너비를 쿼리 매개변수로 넘겨주는 형식의 URL을 생성할 수 있는 함수를 만들려고 합니다.

URL은 간단하지만 대신 문제를 복잡하게 하기 위해 일반적인 문자열, 함수에서 반환된 문자열, 변수에 할당된 문자열, 연결하기 전에 변환된 문자열을 연결해볼 것입니다. pragprog.com/cloud처럼 클라우드 제공업체의 URL을 반환하는 함수를 다른 곳에 구현해서 사용합니다. 함수의 매개변수는 이미지 ID와 너비이며, 너비의 경우 파싱하는 절차를 거쳐 정수로 만듭니다.

URL은 라우팅 사이에 슬래시를 넣고 쿼리를 위해 ?, =, & 기호를 넣어야 하므로 특히 어수선해 보입니다. 전통적인 방법은 각 부분을 + 기호로 연결하는 것입니다. 이렇게 작성한 함수는 다음과 같습니다.

variables/literals/problem.js

```javascript
function generateLink(image, width) {
  const widthInt = parseInt(width, 10);
  return 'https://' + getProvider() + '/' + image + '?width=' +
widthInt;
}
```

꽤 많은 일이 벌어지고 있지요? 정보를 조합하는 데 + 기호는 별 도움이 되지 않는 것처럼 보입니다. 게다가 이 URL은 아직 간단한 편입니다. URL은 금세 복잡해지기도 합니다. 라우팅이 더 길거나 매개변수를 네 개 더 추가해야 한다면 어떨까요? 함수가 더 길어질 것입니다.

다행히 템플릿 리터럴을 사용하면 복잡도를 줄일 수 있습니다. 템플릿 리터럴은 자바스크립트 표현식을 사용해서 문자열을 연결하고 새로운 문자열을 생성하는 간단한 문법입니다.

템플릿 리터럴을 이용하려면 두 가지만 기억하세요. 첫째, 템플릿 리터럴은 따옴표 또는 쌍따옴표 대신 백틱(back-tick)(`)을 사용합니다. 둘째, 변수에 할당한 문자열처럼 단순 문자열이 아니라면 특별한 지정자로 감싸야 합니다. ${stuff}처럼 $ 기호와 중괄호로 변수나 다른 자바스크립트 코드를 감싸는 것입니다.

템플릿 리터럴은 문자열과 변수를 연결할 때 가장 자주 사용합니다.

```js
function greet(name) {
  return `Hi, ${name}`;
}
greet('Leo');
'Hi, Leo';
```

그렇지만 자바스크립트 동작을 수행할 수도 있습니다. 예를 들어 객체의 메서드를 호출할 수도 있지요. 다음은 문자열을 대문자로 변환하는 경우입니다.

```js
function yell(name) {
  return `HI, ${name.toUpperCase()}!`;
}
greet('Pankaj');
'HI, PANKAJ!';
```

수학 계산과 연결해 더욱 복잡한 계산을 수행할 수도 있습니다. 사실 중괄호 안에서 어떤 작업이든 수행할 수 있지만, 문자열이나 정수를 반환하는 작업이 적절합니다.

```js
function leapYearConverter(age) {
  return `윤년에 태어났다면 ${Math.floor(age / 4)}살이야.`;
}
leapYearConverter(34);
// "윤년에 태어났다면 8살이야."
```

가급적이면 중괄호 내부에서 많은 것을 하지 않는 것이 좋습니다. 코드가 필요 이상으로 어수선해지기 때문입니다. 대규모 데이터 변환이 필요한 경우에는 템플릿 리터럴 외부에서 처리하고 결괏값을 변수에 할당해 사용합니다.

이제 앞서 작성했던 문자열 연결 코드를 템플릿 리터럴 한 줄로 정리할 수 있을 것입니다. 한번 작성해보세요.

작성한 코드는 아마 다음과 같을 것입니다.

variables/literals/literals.js

```
function generateLink(image, width) {
  return `https://${getProvider()}/${image}?width=${parseInt(width,
10)}`;
}
```

훨씬 더 깔끔하지 않나요? 템플릿 리터럴이 문자열 연결을 크게 개선했기 때문에 예전 방식으로 문자열을 연결하는 일은 거의 없을 것입니다. 예전 방법이 나은 경우는 추가 정보가 없는 두 변수를 연결하는 경우뿐입니다. 이때도 템플릿 리터럴을 사용할 수 있는데, 다른 개발자에게 문자열이 반환된다는 점을 알릴 수 있어 유용합니다.

다음 장에서는 데이터 컬렉션을 다루는 방법을 살펴보겠습니다. 이번 장에서 살펴본 여러 가지 개념을 이용해 새로운 컬렉션이나 기존의 컬렉션을 선택할 것입니다.

2^장

배열로
데이터 컬렉션을
관리하라

고대 그리스의 시인 아르킬로코스(Archilochus)는 "여우는 사소한 것을 많이 알지만, 고슴도치는 중요한 것 한 가지를 안다."라는 말을 남겼습니다. 위대한 역사가인 이사야 벌린(Isaiah Berlin)은 "생각하는 사람은 고슴도치 또는 여우로 나눌 수 있다."라고 말하기도 했습니다. 문법에도 같은 관점을 적용할 수 있습니다.

앞서 살펴본 const는 고슴도치입니다. const는 변경할 수 없는 선언을 하는, 단한 가지 일만 할 수 있습니다. 한 가지 기능만으로도 여러분의 코드를 읽기 쉽고 예측 가능하게 만들 수 있습니다. 앞으로 살펴볼 팁의 배열 메서드도 모두 고슴도치입니다. 각각의 배열 메서드는 배열에 한 가지 작업만 합니다. 하나뿐인 기능을 잘 수행하기 때문에 상세히 파고들지 않고도 안전하게 결과를 예측할 수 있습니다.

대부분의 경우 한 가지 기능을 잘하는 문법을 사용하는 것이 좋습니다. 그렇지만 때로는 유연함이 필요한 경우도 있습니다. 배열은 여러 가지 일을 해낼 수 있기 때문에 최고의 여우라고 할 수 있습니다. 사실 배열을 이용하면 정보 컬렉션에 필요한 거의 모든 작업을 처리할 수 있습니다. 더 중요한 것은 다양한 형태의 다른 컬렉션에서 배열과 관련된 개념을 사용한다는 점입니다.

예를 들어 'hedgehog'이라는 문자열이 있다면, 여기에 일반적으로 배열에 적용하는 기능들 중 상당수를 적용할 수 있습니다. 먼저 문자열의 길이를 알 수 있습니다. 'hedgehog'.length는 8을 반환합니다. 또한, 색인으로 특정 글자를 고를 수도 있습니다. 'hedgehog'[3]은 g를 반환합니다. 그 외에도 전부 설명할 수 없을 정도로 다양한 메서드를 사용할 수 있습니다.

이러한 메서드는 배열에만 있는 것이 아닙니다. 이 메서드들은 이터레이터(Iterator)라고 부르는 속성에 의존합니다. 그렇지만 직관적으로 배열에 가장 가깝게 연결되어 있습니다. 배열을 주의 깊게 공부하면 다른 데이터 구조에 대한 통찰도 많이 얻을 수 있습니다. 배열은 여우처럼 많은 것을 알고 있기 때문입니다.

이번 장을 통해 모던 자바스크립트의 배열이 그 어느 때보다 훌륭해졌다는 사실을 배우게 될 것입니다. 배열은 다양한 데이터 요구에 적합합니다. 이뿐만 아

니라 흔히 사용되는 기능을 한 줄로 줄여주고, 동시에 미묘한 버그를 낳는 조작을 줄여주는 새로운 문법도 갖추고 있습니다. 같은 개념이 이후 팁에도 적용되기 때문에 집중해서 보는 것이 좋겠습니다.

이번 장에서는 먼저 데이터를 언제든지 배열로 변환하는 방법을 살펴봅니다. 객체처럼 다른 형태의 컬렉션을 필요에 따라 배열로 변경하는 방법도 같이 살펴볼 것입니다. 배열 내 특정 항목의 존재 여부를 확인하는 새로운 문법인 includes(), 그리고 마침표 세 개(...)로 작성하는 가장 중요한 펼침 연산자에 대해 배울 것입니다. 펼침 연산자는 모던 자바스크립트에서 배열을 다루는 방법과 관련해 매우 중요하므로, 이어지는 팁 두 개에서 펼침 연산자를 이용할 때 배열을 다루는 방법이 어떻게 변화하는지를 살펴보겠습니다. 펼침 연산자는 이후 팁에도 자주 사용되므로 집중해서 보세요.

간단하고 예측 가능한 고슴도치의 방법을 따르면 코드를 읽기 좋게 만들 수 있습니다. 그렇지만 코드를 유연하게 하려면 배열이 데이터 구조를 넘나들어야 합니다. 양쪽의 균형을 맞추기는 쉽지 않지만 두 가지 모두 필요합니다. 배열을 확실히 이해하면 자바스크립트로 하는 모든 일이 한결 쉬워질 것입니다.

그러면 지금부터 다른 대부분의 컬렉션에서는 찾을 수 없는, 배열만이 제공하는 유연성을 살펴보겠습니다.

5

배열로 유연한 컬렉션을 생성하라

이번 팁에서는 배열의 유연성을 극대화하는 방법을 살펴보면서 다른 형태의 컬렉션을 이해하기 위한 토대를 다져보겠습니다.

원래 자바스크립트에는 데이터 컬렉션을 다루는 구조로 배열과 객체, 이렇게 두 가지가 있었습니다. 그런데 모던 자바스크립트에 새로운 구조가 등장했습니다. 이제는 맵(Map), 세트(Set), 위크맵(WeakMap), 위크셋(WeakSet), 객체, 배열을 사용할 수 있습니다.

컬렉션을 선택할 때는 정보로 어떤 작업을 할지 생각해봐야 합니다. 어떤 형태로든 조작(추가, 제거, 정렬, 필터링, 교체 등)해야 한다면 배열이 가장 적합한 컬렉션입니다. 또한, 배열을 사용하지 않는 경우에도 반드시 배열에 적용되는 개념을 빌리게 될 것입니다.

배열은 놀라운 수준의 유연성을 갖추고 있습니다. 배열은 순서를 갖기 때문에 이를 기준으로 값을 추가하거나 제거할 수 있고, 모든 위치에 값이 있는지 확인할 수도 있습니다. 배열을 정렬해서 순서를 새로 지정할 수도 있습니다. 정렬은 **TIP 9 펼침 연산자로 정렬에 의한 혼란을 피하라**에서 살펴보겠습니다.

```
const team = [
  'Joe',
  'Dyan',
  'Bea',
  'Theo',
];
function alphabetizeTeam(team) {
  return [...team].sort();
  // ['Bea', 'Dyan', 'Joe', 'Theo']
}
```

배열의 순서가 기술적으로 보장되지 않는다는 사실*은 흥미롭지만, 거의 모든 상황에서 동작한다고 봐도 무리가 없습니다.

map(), filter(), reduce() 등의 배열 메서드를 이용하면 코드 한 줄로 정보를 쉽게 변경하거나 갱신할 수 있습니다. 이에 대해서는 TIP 22 map( ) 메서드로 비슷한 길이의 배열을 생성하라에서 살펴보겠습니다.

```
const staff = [{
    name: 'Wesley',
    position: 'musician',
  },
  {
    name: 'Davis',
    position: 'engineer',
  },
];
function getMusicians(staff) {
  return staff.filter(member => member.position === 'musician');
  // [{name: 'Wesley', position: 'musician'}]
}
```

---

* https://stackoverflow.com/questions/34955787/is-a-javascript-array-order-guaranteed (단축 URL: http://bit.ly/36LC8YL)

혹시 예제를 보면서 문법에서 이상한 점을 발견했나요? 그 점에 대해서는 곧 알게 될 테니 걱정하지 마세요. ES5와 ES6의 새로운 문법 중 상당수가 배열과 관련되어 있습니다. 이는 자바스크립트 커뮤니티에서 배열이 높은 가치를 인정받고 있다는 증거이기도 합니다.

배열 외 다른 컬렉션도 사용하기는 해야 합니다. 그렇지만 먼저 배열을 깊이 이해하면 여러분의 코드를 상당히 개선할 수 있습니다. 인기 있는 여러 데이터 조작 방법에서 배열이 중심을 차지하고 있기 때문입니다. 예를 들어 객체를 순회하려면 먼저 Object.keys()를 실행해서 객체의 키를 배열에 담은 후 생성한 배열을 이용해 순회합니다. 배열을 객체와 반복문의 가교로 활용하는 것입니다.

arrays/arrays/arrays.js

```javascript
const game1 = {
  player: 'Jim Jonas',
  hits: 2,
  runs: 1,
  errors: 0,
};
const game2 = {
  player: 'Jim Jonas',
  hits: 3,
  runs: 0,
  errors: 1,
};
const total = {};
const stats = Object.keys(game1);
for (let i = 0; i < stats.length; i++) {
  const stat = stats[i];
  if (stat !== 'player') {
    total[stat] = game1[stat] + game2[stat];
  }
}
// {
//   hits: 5,
//   runs: 1,
//   errors: 1
// }
```

배열은 여기저기 어디에나 등장하는데, 배열에 이터러블(iterable)이 내장되어 있기 때문입니다.[*] 이터러블은 간단히 말해 컬렉션의 현재 위치를 알고 있는 상태에서 컬렉션의 항목을 한 번에 하나씩 처리하는 방법입니다. 문자열처럼 자체적으로 이터러블이 존재하거나 Object.keys()처럼 이터러블로 변환할 수 있는 데이터 형식이라면 배열에 수행하는 모든 동작(순회하면서 하는 작업)을 동일하게 실행할 수 있습니다.

펼침 연산자로 새로운 배열을 생성하는 방법을 알고 있다면 펼침 연산자를 이용해서 맵도 생성할 수 있습니다. 맵에도 내장 이터러블이 있기 때문입니다. 이에 대해서는 **TIP 7 펼침 연산자로 배열을 본떠라**와 **TIP 14 맵과 펼침 연산자로 키-값 데이터를 순회하라**에서 각각 살펴보겠습니다.

또한, 컬렉션 개념의 거의 대부분을 배열 형태로 표현할 수 있습니다. 즉, 배열을 특별한 컬렉션으로 쉽게 변환하거나 다시 배열로 만들 수 있습니다. 다음 예제와 같은 키-값 저장소(key-value store)의 경우를 생각해봅시다.

arrays/arrays/arrays.js

```
const dog = {
  name: 'Don',
  color: 'black',
};
dog.name;
// Don
```

키-값 저장소와 동일한 개념을 2차원 배열로 설명할 수 있습니다. 내부의 배열은 두 가지 항목만 갖습니다. 첫 번째 항목은 키이고, 두 번째 항목은 값입니다. 이 두 가지 항목으로 구성된 특별한 구조를 키-값 쌍이라고 부릅니다. 특정한 키의 값을 찾을 때는 먼저 일치하는 키 이름을 찾고 두 번째 항목을 반환하면 됩니다.

---

[*] https://developer.mozilla.org/en-US/docs/Web/JavaScript/Guide/Iterators_and_Generators# Built-in_iterables (단축 URL: https://mzl.la/36LCeQ7)

```
const dogPair = [
  ['name', 'Don'],
  ['color', 'black'],
];
function getName(dog) {
  return dog.find(attribute => {
    return attribute[0] === 'name';
  })[1];
}
```

너무 간단한 일에 코드를 많이 작성했다는 점은 인정합니다. 이 방법을 코드에 적용하지는 않겠지만, 객체를 키-값 쌍을 모은 배열로 바꿀 수 있다는 점은 알아두면 좋겠습니다.

실제로 키-값 쌍을 사용해 맵 객체와 배열 간의 데이터를 변환합니다. 그리고 현재 TC39 위원회(TC39 Committee)는 Object.entries()를 이용해서 객체를 키-값 쌍 배열로 변환하는 명세를 확정했습니다.* 따라서 객체를 빠르게 변환해서 배열에 사용하는 모든 기술을 객체에도 사용할 수 있습니다.

> Note ≡ **TC39 위원회**
>
> 확정된 명세란 무슨 뜻일까요? 자바스크립트 명세는 TC39라고 부르는 위원회에서 결정합니다. TC39는 공식적인 명세를 정의하기 전에 표준 절차를 따라 문법 변경에 대한 제안을 수렴합니다. 여전히 검토 단계에 있는 기능들을 스테이지 1(stage 1), 스테이지 2(stage 2) 등으로 부르는 것을 종종 듣게 될 것입니다. 이런 명칭은 해당 명세를 확정하기 위한 작업이 진행 중이지만, 아직 명세의 일부로 받아들여지는 과정에 있다는 의미입니다. 문법이 승인되면 브라우저 제작자들은 브라우저에 기능을 내장하기 위해 구현을 시작합니다.

○ 계속

---

* https://github.com/tc39/proposal-object-values-entries (단축 URL: http://bit.ly/2PXViEz)

즉, 언제나 새로운 문법 변경이 진행되고 있습니다. ES6까지는 이러한 문법 변경을 ES5 또는 ES6처럼 버전으로 불렀습니다. 이제부터는 문법 변경을 연도로 표시해 ES2017, ES2018 등으로 부릅니다. 또한, 복잡하긴 하지만 대부분의 자바스크립트 코드는 구형 브라우저에서 호환되는 예전 문법으로 변환할 수 있으므로, 새로운 문법이 확정되기 전에 먼저 사용할 수도 있습니다. 위험한 선택일 수도 있지만, 명세가 확정되기 전에 이미 커뮤니티에서 큰 인기를 끌어서 도입을 결정하는 경우도 가끔 있습니다. async/await나 객체 펼침 연산자도 공식적으로 확정되기 전부터 사용되었습니다.

배열, 그리고 프록시를 이용한 이터러블을 깊이 이해하면, 앞으로 살펴볼 ES6의 새로운 기능뿐만 아니라 ES6 이후에 소개될 수많은 새로운 기능도 확실하게 파악할 수 있을 것입니다.

다음 팁에서는 배열에서 존재 여부를 확인할 때 includes()를 이용해 문제를 좀 더 쉽게 해결하는 방법을 살펴보겠습니다.

6

Includes( )로
존재 여부를 확인하라

이번 팁에서는 배열에 있는 값의 위치를 확인하지 않고도 존재 여부를 확인하는 방법을 살펴봅니다.

보통 언어에서 이뤄지는 흥미진진하고 거대한 변화(곧 살펴볼 펼침 연산자 같은 경우)에는 관심을 갖기 쉬운 반면, 일상의 업무를 단순하게 만드는 작은 변화는 놓치기 쉽습니다.

배열을 다룰 때는 흔히 존재 여부 확인이 필요한데, 이를 쉽게 해결할 수 있는 방법이 생겼습니다. 존재 여부를 확인하는 것은 중요한 작업이며, 삼항 연산자 **(TIP 18 삼항 연산자로 빠르게 데이터를 확인하라)**와 단락 평가(**TIP 19 단락 평가를 이용해 효율성을 극대화하라**)를 비롯해 대부분의 조건문에서도 중요합니다.

자바스크립트 배열에서 존재 여부를 확인하는 것은 언제나 다소 번거로웠습니다. 예를 들어 배열이 특정 문자열을 포함하고 있는지 확인하려면 문자열의 위치를 찾아야 합니다(위치는 이터러블의 또 다른 기능이기도 합니다). 특정 문자열이 존재하면 해당 문자열의 색인으로 위치를 확인할 수 있습니다. 반대로 문자열이 존재하지 않으면 -1이 반환됩니다. 문제는 색인이 0이 될 수 있는데, 자바스크립트에서 0은 거짓(false)으로 평가된다는 것입니다. 따라서 실제로는 존재하는 값이라도 확인 결과가 false로 평가될 수 있습니다.

```
const sections = ['shipping'];

function displayShipping(sections) {
  if (sections.indexOf('shipping')) {
    return true;
  }
  return false;
}
// false
```

이런 안타까운 상황 탓에 찾는 값의 위치가 0번째라면 거짓으로 평가되므로 반환된 색인을 그대로 조건문에 사용할 수는 없고, 숫자와 비교하는 과정을 거쳐야 합니다. 대단한 문제는 아니지만 추가할 코드를 기억해야 합니다. 거짓 값은 **TIP 17 거짓 값이 있는 조건문을 축약하라**에서 더 자세히 다루겠습니다.

```
const sections = ['contact', 'shipping'];

function displayShipping(sections) {
  return sections.indexOf('shipping') > -1;
}
// true
```

다행히 ES2016에 추가된 새로운 기능을 이용하면 번거로운 비교 절차를 생략할 수 있습니다. includes()*라는 새로운 배열 메서드를 이용하면 값이 배열에 존재하는지 여부를 확인해서 불(boolean) 값으로 true 또는 false를 반환합니다.

앞서 살펴본 코드를 다음과 같이 간단하게 다시 작성해볼 수 있습니다.

---

* https://github.com/tc39/Array.prototype.includes (단축 URL: http://bit.ly/34vchSO)

```
const sections = ['contact', 'shipping'];

function displayShipping(sections) {
  return sections.includes('shipping');
}
```

이런 변화가 사소하게 느껴질 수도 있습니다. 하지만 코드에 -1을 반복해서 쓰거나 또 -1로 비교하는 것을 누락해서 색인이 0인 경우를 false로 처리해버리는 실수를 경험한 적이 있다면 반가운 변화일 것입니다.

지금까지 자바스크립트에서 배열이 얼마나 필수적인 요소인지 살펴봤습니다. 여기에 덧붙여, 배열을 더 재미있고 강력하게 만드는 몇 가지 새로운 기능을 좀 더 깊이 살펴볼 것입니다. 배열은 자바스크립트의 모든 곳에서 활용되므로 익숙해지는 것이 좋습니다. 또한, 배열을 직접적으로 사용하지 않더라도 배열에 대해 배운 많은 것이 다른 컬렉션에 적용되는 모습을 흔히 보게 될 것입니다.

다음 팁에서는 배열을 사용하는 새로운 기술 중 가장 흥미롭고 강력한 펼침 연산자를 살펴봅니다.

7

펼침 연산자로 배열을 본떠라

이번 팁에서는 펼침 연산자를 이용해 배열에 대한 작업을 단순하게 만드는 방법을 살펴봅니다.

앞서 살펴본 것처럼 배열은 데이터를 다룰 때 엄청난 수준의 유연성을 제공합니다. 그렇지만 배열에는 수많은 메서드가 있으므로 혼란스럽거나 조작(mutation)과 부수 효과(side effect)로 인한 문제에 맞닥뜨릴 수 있습니다. 다행히 펼침 연산자를 사용하면 최소한의 코드로 배열을 빠르게 생성하고 조작할 수 있습니다.

펼침 연산자는 마침표 세 개(...)로 표시하며, 아마 자바스크립트의 새로운 기능 중 가장 폭넓게 사용되고 있을 것입니다. ES6+ 문법을 따르는 거의 모든 파일에서 펼침 연산자를 찾아볼 수 있습니다.

이렇게 펼침 연산자를 흔하게 사용하기 때문에 펼침 연산자에 대해 심각하게 생각해보기란 쉽지 않습니다. 저도 처음에는 그랬습니다. 펼침 연산자의 기능은 단순합니다. 배열에 포함된 항목을 목록으로 바꿔줍니다. 목록은 매개변수 또는 새로운 배열을 생성할 때 사용할 수 있는 일련의 항목입니다. 이런 작은 기능이 여러 가지 이점을 가져다준다는 것을 알게 되었고, 그 이점을 다음 몇 개의 팁을 통해 살펴보려 합니다.

펼침 연산자의 이점은 단순히 배열에만 국한되지 않습니다. 이 책의 곳곳에서 펼침 연산자를 반복해서 보게 될 것입니다. 맵 컬렉션에도 펼침 연산자를 사용합니다. 이에 대해서는 **TIP 14 맵과 펼침 연산자로 키-값 데이터를 순회하라**에서 다룹니다. 함수에서는 펼침 연산자의 다른 형태인 나머지 매개변수를 사용할 수 있습니다. **TIP 31 나머지 매개변수로 여러 개의 인수를 변수로 전달하라**에서 자세히 살펴보겠습니다. 또한, 펼침 연산자는 제너레이터(generator)를 이용하는 데이터 구조나 클래스 속성에도 사용할 수 있는데, 이에 대해서는 **TIP 41 제너레이터로 이터러블 속성을 생성하라**에서 살펴봅니다.

이제 펼침 연산자에 대해 관심이 생겼지요? 우선 간단한 배열에 펼침 연산자를 사용해봅시다.

다음 배열을 보세요.

```
const cart = ['Naming and Necessity', 'Alice in Wonderland'];
```

이 배열을 펼침 연산자(...)를 이용해 목록으로 바꿉니다.

```
const cart = ['Naming and Necessity', 'Alice in Wonderland'];
...cart
```

REPL이나 브라우저 콘솔에서 위의 코드를 실행하면 오류가 발생합니다. 문법은 맞지만 펼침 연산자를 단독으로 사용할 수는 없습니다. 예를 들어 펼침 연산자의 결과를 변수에 할당할 수 없습니다. 정보를 어디든 펼쳐 넣어야 합니다.

```
const copyCart = [...cart];
// ['Naming and Necessity', 'Alice in Wonderland']
```

혹시 "펼침 연산자도 별것 아니네!"라면서 다음 팁으로 넘어가려고 했나요? 이해합니다. 저도 펼침 연산자를 여기저기서 보기 전까지는 대수롭게 여기지 않

앉거든요. 실제로 쓰기 전에는 마음에 들지도 않았습니다. 하지만 현재는 즐겨 쓰는 ES6 기능입니다.

펼침 연산자가 얼마나 강력해질 수 있는지 살펴보기 위해 간단한 작업부터 시작해봅시다. 배열에서 항목을 제거하려고 합니다. 반복문만 사용하면 다음과 같이 작성할 수 있겠지요?

arrays/spread/problem.js

```javascript
function removeItem(items, removable) {
  const updated = [];
  for (let i = 0; i < items.length; i++) {
    if (items[i] !== removable) {
      updated.push(items[i]);
    }
  }
  return updated;
}
```

그리 나쁘지는 않은 코드입니다. 그렇지만 코드가 꽤 많습니다. 가능하면 코드를 단순하게 유지하는 것이 좋습니다. 반복문이 늘어나고 어수선해질수록 코드를 읽고 이해하기가 어려워집니다.

혹시 코드를 단순하게 하려고 배열 메서드인 splice()를 사용할지도 모르겠습니다. 이 메서드로 배열에서 항목을 제거할 수 있는데, 바로 우리가 찾던 기능입니다! 위의 함수를 리팩토링을 거쳐 다음과 같이 단순한 함수로 수정합니다.

arrays/spread/splice.js

```javascript
function removeItem(items, removable) {
  const index = items.indexOf(removable);
  items.splice(index, 1);
  return items;
}
```

그렇지만 문제는 splice() 메서드가 원본 배열을 조작한다는 점입니다. 다음 코드에 문제가 있는지 살펴보세요.

```
arrays/spread/splice.js
const books = ['practical vim', 'moby dick', 'the dark tower'];
const recent = removeItem(books, 'moby dick');
const novels = removeItem(books, 'practical vim');
```

배열 novels에는 어떤 값이 포함되어 있을까요?

배열 novels에는 'the dark tower'만 포함되어 있습니다. 처음 removeItem() 을 호출할 때 배열 books를 전달하고 'moby dick'을 제거한 배열을 반환받습니다. 그렇지만 이 과정에서 배열 books도 변경되었습니다. 다음 함수에 배열 books를 전달했을 때는 배열에 두 가지 항목만 남아있습니다.

이래서 조작이 위험합니다. 특히 함수에서 사용할 때 위험하지요. 함수에 전달하는 정보가 근본적으로 달라지는 것을 예측할 수 없기 때문입니다. 위의 경우에는 books를 const로 할당하기도 했습니다. 따라서 조작되지 않을 것이라고 생각할 수도 있지만, 항상 그렇지는 않습니다.

splice() 메서드가 for 문의 괜찮은 대안처럼 보이겠지만, 조작은 너무나 많은 혼란을 가져오므로 가능하면 피하는 것이 좋습니다.

끝으로 방법이 하나 더 있습니다. 배열에는 slice()라는 메서드가 있습니다. slice() 메서드는 원본 배열을 변경하지 않고 배열의 일부를 반환합니다. slice() 메서드에 인수로 시작점과 종료점을 전달하면 그 사이에 있는 모든 항목을 반환합니다. 또는 종료점을 생략하고 시작점만 인수로 전달하면 시작점부터 배열의 마지막 항목까지 반환합니다. 그 후에 concat()을 이용해서 배열 조각을 다시 연결할 수 있습니다.

```
function removeItem(items, removable) {
  const index = items.indexOf(removable);
  return items.slice(0, index).concat(items.slice(index + 1));
}
```

이 코드는 꽤 훌륭합니다. 원본 배열을 변경하지 않고 새로운 배열을 생성했으며 코드도 많지 않습니다. 그렇지만 무엇이 반환되는지 정확하지 않습니다. 다른 개발자가 이 코드를 본다면, concat()으로 배열 두 개를 병합해서 배열 하나를 생성한다는 사실을 이해해야 합니다. 무슨 일이 일어나는지를 눈으로만 봐서는 정확히 어떤 작업을 하는 코드인지 알기 어렵습니다.

바로 이런 곳이 펼침 연산자를 사용하기에 적합합니다. 펼침 연산자를 slice() 메서드와 함께 사용하면 하위 배열을 목록으로 변환해 대괄호 안에 작성할 수 있습니다. 실제로 배열처럼 보이기도 합니다. 더 중요한 것은 원래 배열에 영향을 주지 않고 새로운 배열을 생성해준다는 점입니다.

```
function removeItem(items, removable) {
  const index = items.indexOf(removable);
  return [...items.slice(0, index), ...items.slice(index + 1)];
}
```

위 코드에서 살펴볼 점이 몇 가지 있습니다. 우선 조작이 없습니다. 또한, 읽기 쉽고 간결합니다. 재사용할 수 있으며 예측 가능합니다. 간단히 말해서 우리가 좋아하는 특징을 모두 갖추고 있습니다.

사실 이 코드를 더 개선할 수도 있습니다. **TIP 23 filter( )와 find( )로 데이터의 부분집합을 생성하라**에서 배열의 특정 항목을 제거하는 함수를 전달하는 방법을 살펴보겠습니다. 같은 작업을 수행하는 방법은 많습니다. 여러분의 의도를 가장 잘 전달하는 방법을 선택하세요.

이건 시작에 불과합니다. 펼침 연산자를 이용하면 몇 글자만으로 배열의 항목을 빠르게 꺼낼 수 있습니다. 그리고 여러분이 늘 쉽고 빠르게 인식할 수 있는 데이터 구조로 다시 넣을 수 있습니다.

앞서 살펴본 예제 네 개는 모두 잘 작동합니다. 그렇지만 펼침 연산자가 가장 읽기 쉽고, 결과를 예측하기도 가장 쉽습니다.

함수의 인수 목록을 생성할 때 펼침 연산자를 사용하는 것은 많이 사용하는 방법 중 하나입니다. 배열에 담긴 정보의 서식을 생성하는 간단한 함수를 만들어 봅시다.

arrays/spread/spread.js

```
const book = ['Reasons and Persons', 'Derek Parfit', 19.99];
function formatBook(title, author, price) {
  return `${title} by ${author} $${price}`;
}
```

함수에 어떻게 정보를 전달할 수 있을까요? 한번 해봅시다. 아마도 다음과 같이 작성했을 것입니다.

arrays/spread/spread.js

```
formatBook(book[0], book[1], book[2]);
```

그렇지만 책에 대한 정보의 양이 바뀌었을 때도 코드를 고치지 않아도 되는 더 간결한 방법이 있습니다. 예를 들어 출판 연도를 추가하는 경우를 생각해 봅시다.

다음과 같은 코드를 작성했다면 훌륭합니다. 매개변수는 인수의 목록이므로 펼침 연산자를 이용하면 배열을 인수 목록으로 빠르고 쉽게 변환할 수 있습니다.

arrays/spread/spread.js

```
formatBook(...book);
```

재미있는 점은 매개변수에서 배열의 정보를 빠르게 추출하는 다른 방법도 있다는 것입니다. 배열 해체 할당을 사용해서 정보를 직접 꺼낼 수도 있습니다. 해체 할당은 **TIP 29 해체 할당으로 객체 속성에 접근하라**에서 자세히 살펴보겠습니다.

여기서 끝난 게 아닙니다! 전개 구문을 이용하면 인수 여러 개를 하나의 변수에 담을 수 있습니다. 당장 알고 싶다면 **TIP 31 나머지 매개변수로 여러 개의 인수를 변수로 전달하라**로 넘어가보세요. 지금까지 살펴본 것처럼 펼침 연산자는 매우 유용합니다. 또한, 살펴봐야 할 것도 많이 남아있습니다.

우선 펼침 연산자의 기본적인 동작을 살펴봤습니다. 이어서 펼침 연산자로 배열에 수행하는 일반적인 작업을 다시 작성하고, 혼란스러운 문제인 조작과 부수 효과를 피하는 방법을 살펴보겠습니다.

push( ) 메서드 대신
펼침 연산자로 원본 변경을 피하라

이번 팁에서는 펼침 연산자로 새로운 배열을 생성해 배열에 대한 조작을 피하는 방법을 살펴봅니다.

앞서 살펴본 바와 같이 조작은 예상치 못한 결과를 낳을 수 있습니다. 코드의 앞부분에서 컬렉션의 무언가를 수정하면 훨씬 더 찾기 어려운 버그를 만들 수 있지요. 조작이 항상 골치 아픈 일을 만들어내는 것은 아니지만 잠재적으로 문제가 되는 것은 사실이므로, 가능하면 조작을 피하는 것이 좋습니다. 실제로 리덕스(Redux)를 비롯한 인기 있는 자바스크립트 라이브러리는 조작을 이용하는 함수를 허용하지 않습니다.

또한, 모던 자바스크립트의 상당수가 함수형 프로그래밍 형식을 취하기 때문에 부수 효과와 조작이 없는 코드를 작성해야 합니다. 함수형 자바스크립트에 대한 이야기는 이 책에서 모두 다룰 수 없을 정도로 많습니다. 함수형 자바스크립트에 관심이 있다면, 마이클 포거스(Michael Fogus)가 쓴 『함수형 자바스크립트(Functional JavaScript)』(한빛미디어, 2014)를 살펴보길 바랍니다.

조작이 왜 나쁜지 충분히 이해했나요? 그렇지만 조작이 실제로 무슨 의미가 있는지 궁금할 것입니다. 배열을 조작하기 위해 흔히 사용하는 push( ) 메서드를

생각해봅시다. push( ) 메서드는 새로운 항목을 배열 뒤에 추가해 원본 배열을 변경합니다. 즉, 항목을 추가하면 원본 배열을 조작하는 셈이지요. 다행히 펼침 연산자를 이용하면 원본 배열이 조작되는 부수 효과를 방지할 수 있습니다.

해결법을 알아보기 전에 먼저 push( ) 메서드로 인해 발생하는 문제부터 살펴봅시다.

장바구니 상품 목록을 받아서 내용을 요약하는 간단한 함수를 생각해봅시다. 이 함수는 할인 금액을 확인하고 할인 상품이 두 개 이상이면 오류 객체를 반환합니다. 만약 오류가 없다면 상품을 많이 구매한 사람에게 사은품을 줍니다.

arrays/push/push.js

```
const cart = [{
    name: 'The Foundation Triology',
    price: 19.99,
    discount: false,
  },
  {
    name: 'Godel, Escher, Bach',
    price: 15.99,
    discount: false,
  },
  {
    name: 'Red Mars',
    price: 5.99,
    discount: true,
  },
];
const reward = {
  name: 'Guide to Science Fiction',
  discount: true,
  price: 0,
};

function addFreeGift(cart) {
  if (cart.length > 2) {
    cart.push(reward);
```

```
    return cart;
  }
  return cart;
}

function summarizeCart(cart) {
  const discountable = cart.filter(item => item.discount);
  if (discountable.length > 1) {
    return {
      error: '할인 상품은 하나만 주문할 수 있습니다.',
    };
  }
  const cartWithReward = addFreeGift(cart);
  return {
    discounts: discountable.length,
    items: cartWithReward.length,
    cart: cartWithReward,
  };
}
```

장바구니는 일반적인 배열이며, 사은품은 단순히 배열에 추가하는 항목입니다. 문제는 이 코드가 오류를 일으키기 일보 직전이라는 점입니다. 코드를 살펴보면서 문제점을 찾아봅시다.

이 코드는 조작이 위험해 보이지 않는 경우를 보여주는 훌륭한 예시입니다. 만약 6개월이 지난 뒤 선량한 개발자가 코드를 정리하기 위해 모든 변수를 함수의 상단으로 옮기려고 한다면 어떻게 될까요?

arrays/push/push.js

```
function summarizeCartUpdated(cart) {
  const cartWithReward = addFreeGift(cart);
  const discountable = cart.filter(item => item.discount);
  if (discountable.length > 1) {
    return {
      error: '할인 상품은 하나만 주문할 수 있습니다.',
    };
```

```
  }
  return {
    discounts: discountable.length,
    items: cartWithReward.length,
    cart: cartWithReward,
  };
}
```

이제 버그가 눈에 보입니다. 함수 addFreeGift()를 사용하면 배열 cart를 조작합니다. 상품이 세 개 이상이면, 할인이 적용된 아이템(free gift)이 추가됩니다. 반환값, 즉 장바구니(cart)에 사은품을 추가해 새로운 변수에 할당하더라도, 원본 배열인 cart가 이미 조작된 후입니다. 결국 상품을 세 가지 이상 선택하고 그중 하나가 할인 상품인 모든 고객에게 오류가 발생합니다.

여기에 테스트 코드가 있었다면 쉽게 수정했겠지요. 그러나 만약 테스트가 없다면, 고객 상담 부서가 언제 항의성 이메일을 받을지 알 수 없는 일입니다.

예제를 통해 살펴본 문제의 대부분은 분리된 함수에서 의도치 않게 원본을 조작한 것이 원인입니다. 사실 그 점이 조작이 위험해질 수 있는 이유입니다. 함수를 호출할 때는 함수에 전달한 값을 변경하지 않을 것이라는 신뢰가 필요합니다. 부수 효과가 없는 함수를 순수 함수(pure function)라고 하며, 우리는 순수 함수를 만들기 위해 노력해야 합니다.

입력값을 조작한 후에도 함수에서 값을 반환하는 경우에는 훨씬 더 혼란스러울 수 있습니다. 이후에 코드를 다룰 개발자는 갱신된 값이 반환되어 있기 때문에 원본 값이 변경되었을 것이라고 생각하지 못할 것입니다. 이 경우 실제로는 입력한 값도 변경되지만, 개발자는 이 사실을 알지 못하고 잘못된 판단을 내리게 됩니다.

이제 문제를 해결할 차례입니다. 해결법은 너무나 간단합니다. 해결법을 보자마자 펼침 연산자가 왜 큰 인기를 끌게 되었는지 단번에 이해할 수 있을 것입니다.

```
function addGift(cart) {
  if (cart.length > 2) {
    return [...cart, reward];
  }
  return cart;
}

function summarizeCartSpread(cart) {
  const cartWithReward = addGift(cart);
  const discountable = cart.filter(item => item.discount);
  if (discountable.length > 1) {
    return {
      error: '할인 상품은 하나만 주문할 수 있습니다.',
    };
  }
  return {
    discounts: discountable.length,
    items: cartWithReward.length,
    cart: cartWithReward,
  };
}
```

기존의 배열을 가져다 대괄호에 펼쳐 넣고, 새로운 상품을 배열의 마지막에 추가하면 됩니다.

결론적으로 내용을 목록으로 다시 쓰기만 하면 됩니다. 이렇게 하면 새로운 배열을 생성하기 때문에 원본 배열을 변경할 가능성은 전혀 없습니다. 원본 배열의 내용만 재사용해 새로운 배열을 만드는 것입니다.

```
const titles = ['Moby Dick', 'White Teeth'];
const moreTitles = [...titles, 'The Conscious Mind'];
// ['Moby Dick', 'White Teeth', 'The Conscious Mind'];
```

펼침 연산자로 배열을 만드는 새로운 방식의 장점은 수많은 메서드를 잊어버려도 좋다는 점입니다. 이제 펼침 연산자만 있으면 그 많은 메서드들이 더 이상 필요하지 않게 됩니다.

잠깐! 그럼 배열의 시작 부분에 새로운 항목을 추가하려면 어떻게 해야 할까요? 배열의 사본은 어떻게 만들까요? 여기서 한 가지 힌트를 주면, 같은 배열을 새로운 변수에 할당하는 것과는 다릅니다. 어떤 메서드였는지 잘 기억나지 않을 수도 있습니다. 하지만 걱정하지 마세요. 저도 겪는 일입니다. slice() 메서드로 배열의 사본을 만들 수 있다는 것을 기억하는 사람이 몇이나 될까요? 그 대신에 다음 예제와 같이 펼침 연산자를 사용할 수 있습니다.

arrays/push/push.js

```
// 배열의 앞에 추가하기
const titles = ['Moby Dick', 'White Teeth'];
titles.shift('The Conscious Mind');
const moreTitles = ['Moby Dick', 'White Teeth'];
const evenMoreTitles = ['The Conscious Mind', ...moreTitles];
// 복사하기
const toCopy = ['Moby Dick', 'White Teeth'];
const copied = toCopy.slice();
const moreCopies = ['Moby Dick', 'White Teeth'];
const moreCopied = [...moreCopies];
```

앞서 언급했던 요점을 반복하면, 배열을 반환하려는 여러분의 의도를 펼침 연산자를 이용해 표현할 수 있습니다. 코드를 살펴볼 다른 개발자가 slice() 메서드로 새로운 배열을 생성할 수 있다는 사실은 기억나지 않을 수 있지만, 중괄호를 보면 어떤 값이 반환되는지 확실히 알 수 있기 때문입니다.

다음 팁에서는 sort() 메서드와 같이 배열을 조작하는 메서드를 반드시 사용해야 하는 경우에 배열의 사본을 생성해 문제를 방지하는 방법을 살펴보겠습니다.

——— TIP ———

9

펼침 연산자로 정렬에 의한
혼란을 피하라

이번 팁에서는 배열을 여러 번 정렬해도 항상 같은 결과가 나오게 펼침 연산자를 사용하는 방법을 살펴봅니다.

지금까지 펼침 연산자를 이용해서 여러 가지 조작 함수를 대체하는 방법을 살펴봤습니다. 그렇다면 대체하기 쉽지 않은 함수가 있을 때는 어떻게 해야 할까요? 답은 간단합니다. 펼침 연산자로 원본 배열의 사본을 생성하고, 사본을 조작하면 됩니다.

답이 너무 쉽다고 해서 만만하게 볼 것은 아닙니다. 조작으로 인한 버그는 우리가 예상치 못했을 때 살금살금 다가올 수도 있습니다.

조작으로 인한 문제는 표 데이터를 정렬할 때 발생합니다. 표 데이터를 보여주는 애플리케이션을 아직 개발해본 적이 없다면 조금 기다려보세요. 아마도 머지않아 개발하게 될 것입니다. 그리고 표를 만들고 나면, 곧 프로젝트 관리자가 정렬할 수 있게 해달라고 수정을 요청해올 것입니다.

여기서는 UI 컴포넌트는 건너뛰고 데이터와 함수에 집중하겠습니다. 우리는 직원 정보가 담긴 배열을 이름 또는 근속 연수를 기준으로 정렬하는 애플리케이션을 개발하려고 합니다. 먼저 직원 정보가 담긴 배열부터 살펴봅시다.

arrays/sort/sortMutate.js

```
const staff = [
  {
    name: 'Joe',
    years: 10,
  },
  {
    name: 'Theo',
    years: 5,
  },
  {
    name: 'Dyan',
    years: 10,
  },
];
```

다음으로 이름 또는 근속 연수로 정렬하는 몇 가지 함수를 추가합니다. 정렬 함수가 잘 이해되지 않아도 괜찮습니다. 예제를 이해하는 데 반드시 필요한 것은 아닙니다. 정렬 함수에 관심이 있다면 MDN(Mozilla Developer Network)에서 sort() 메서드에 관한 문서*를 살펴보길 바랍니다.

arrays/sort/sortMutate.js

```
function sortByYears(a, b) {
  if (a.years === b.years) {
    return 0;
  }
  return a.years - b.years;
}
const sortByName = (a, b) => {
  if (a.name === b.name) {
    return 0;
  }
  return a.name > b.name ? 1 : -1;
};
```

---

* https://developer.mozilla.org/en-US/docs/Web/JavaScript/Reference/Global_Objects/Array/sort
(단축 URL: https://mzl.la/34AvzWT)

이제 사용자가 열의 제목을 클릭하면 배열에서 정렬(sort) 함수를 호출합니다. 예를 들어 사용자가 근속 연수에 따라 정렬시키면 함수가 배열을 정렬하고 갱신합니다.

arrays/sort/sortMutate.js

```
staff.sort(sortByYears);
// [
//   {
//     name: 'Theo',
//     years: 5
//   },
//   {
//     name: 'Joe',
//     years: 10
//   },
//   {
//     name: 'Dyan',
//     years: 10
//   },
// ]
```

바로 이 부분에서 문제가 시작되는군요. 배열을 정렬할 때 해당 배열은 변경됩니다. 함수 실행이 끝난 것처럼 보일지라도, 실제로는 배열의 변경 사항이 그대로 유지됩니다.

이번에는 사용자가 이름순으로 정렬한 경우를 생각해봅시다. 역시나 배열은 조작됩니다.

arrays/sort/sortMutate.js

```
staff.sort(sortByName);
// [
//   {
//     name: 'Dyan',
//     years: 10
//   },
```

```
//    {
//      name: 'Joe',
//      years: 10
//    },
//    {
//      name: 'Theo',
//      years: 5
//    },
//  ]
```

이때 대단한 일은 아니지만, 만약 사용자가 근속 연수를 기준으로 다시 정렬한 다면 무슨 일이 벌어질까요? 사용자가 직원 이름을 잊어버려서 다시 정렬할 수 도 있습니다. 아니면 무언가 다른 정보가 필요할 수도 있지요. 사용자가 무엇을 원할지는 아무도 모릅니다.

사용자는 어떤 결과를 보게 될까요? 실제로 사용자가 봐야 할 올바른 결과는 무엇일까요? 근속 연수로 두 번째 정렬을 하고 나면 처음과는 전혀 다른 결과 가 나옵니다.

arrays/sort/sortMutate.js

```
staff.sort(sortByYears);
// [
//    {
//      name: 'Theo',
//      years: 5
//    },
//    {
//      name: 'Dyan',
//      years: 10
//    },
//    {
//      name: 'Joe',
//      years: 10
//    },
//  ]
```

단순한 예제입니다. 이제 수백 명의 직원 목록에서 근속 연수가 동일한 직원이 여럿 있는 경우를 생각해봅시다. 사용자가 정렬 버튼을 누를 때마다 조금씩 순서가 바뀝니다.

매번 순서가 바뀐다면 사용자는 애플리케이션을 신뢰하지 못할 것입니다. 또한, 우리가 원한 결과도 아니지요. 조작이 이렇게 큰 영향을 끼칠 수 있습니다.

사용해야 할 메서드가 원본을 조작할 때, 어떻게 하면 조작을 막을 수 있을까요? 답은 간단합니다. 원본 데이터를 조작하지 않으면 됩니다. 그 대신에 사본을 만들고, 사본을 조작하세요.

배열을 정렬하기 전에 원본 배열과 펼침 연산자로 새로운 배열을 만들기만 하면 됩니다.

arrays/sort/sortSpread.js

```
[...staff].sort(sortByYears);
// [
//   {
//     name: 'Theo',
//     years: 5
//   },
//   {
//     name: 'Joe',
//     years: 10
//   },
//   {
//     name: 'Dyan',
//     years: 10
//   },
// ]
```

원본 배열을 변경하지 않으므로 이제 사용자는 마음대로 정렬 기능을 사용할 수 있습니다. 또한, 같은 기준으로 정렬했을 때 항상 같은 결과를 확인할 수 있습니다.

펼침 연산자가 훌륭한 이유는 곧 살펴볼 컬렉션들처럼 복잡하기 때문이 아니라, 엄청나게 유용하면서도 동시에 엄청나게 단순하기 때문입니다.

다음 장에서는 배열 외의 다른 컬렉션들에 대한 지식을 확장해 나가겠습니다. 맵, 세트, 또는 일반적인 객체를 사용하는 적절한 시점을 살펴봅시다.

3장

특수한 컬렉션을
이용해 코드
명료성을
극대화하라

저는 정리하는 것을 좋아합니다. 그래서 늘 차고를 바꿔놓곤 합니다. 작은 나사는 편하게 쓸 수 있도록 서랍에 정리해둡니다. 수공구는 대부분 나무판에 걸어두지만, 간단히 집을 수리할 때 들고 다닐 수 있도록 자주 사용하는 도구를 담아둔 작은 상자도 몇 개 있습니다. 그리고 잡동사니로 가득 찬 종이 상자도 몇 개 있습니다.

이렇게 분류함을 쓸 필요가 있을까요? 종이 상자 하나에 모두 담아버릴 수도 있는데요. 하지만 실제로 그렇게 해보니 일이 더 복잡해졌습니다. 물건을 분류하는 이유는 유용하기 때문입니다. 물건을 분류한 덕분에 필요한 것을 서랍에서 빠르게 찾을 수 있고, 가지고 있는 공구를 나무판에서 확인할 수 있으며, 공구 상자를 들고 집의 어디든 간편하게 수리하러 갈 수 있었습니다.

이쯤이면 이번 장에서 어떤 주제를 다룰지 눈치챘겠지요? 이번 장은 컬렉션으로 데이터에 쉽게 접근하고, 데이터를 쉽게 사용하는 방법을 설명합니다. 데이터에 사용하는 컬렉션이 결국은 데이터를 다루는 방법을 바꿉니다.

차고의 물건은 분류함을 쉽게 오갈 수 없습니다. 하지만 코드는 차고와 달리 서로 다른 컬렉션을 넘나들 수 있다는 점에서 특히 훌륭합니다. 항상 작업에 적합한 최고의 컬렉션을 사용하는 것이 좋은데, 다행히 자바스크립트에서 선택할 수 있는 컬렉션이 눈에 띄게 늘어났습니다.

늘어난 컬렉션을 바탕으로 무엇을 할 수 있을까요? 앞서 변수 선언을 선택할 때는 미래의 개발자에게 의도를 전달하는 것이 가장 중요한 고려 사항이라는 점을 배웠습니다. 이와 비슷하게 컬렉션을 선택할 때도 단순함과 유연성을 지킬 수 있는 방법을 고려해야 합니다.

이 장에서는 서로 다른 컬렉션 유형과 컬렉션이 제공하는 유연성 및 단순함을 살펴보고, 컬렉션을 다룰 때 혼란스러워지거나 버그를 일으키는 코드가 발생할 수 있는 경우를 살펴봅니다.

먼저 키-값 컬렉션으로 사용하는 객체를 살펴보고, 변경되지 않는 데이터를 다룰 때 객체를 사용하는 것이 적절한 경우도 알아봅니다. 이어서 새로운 두 가지

컬렉션인 맵(Map)과 세트(Set)를 살펴봅니다. 새로운 컬렉션들이 등장한 이유를 살펴보고, 그 컬렉션들을 이용해 갱신과 반복이 필요한 데이터를 다룰 때 명확한 인터페이스를 생성하는 방법도 배워봅니다.

아울러 구조가 다른 컬렉션으로 변환해 메서드를 활용하는 방법과 이런 기능을 사용해야 하는 경우도 배우게 될 것입니다.

만약 잘못된 선택을 내렸다 해도 그 선택이 영원한 것은 아닙니다. 코드를 작성할 때는 누구나 실수를 하기 마련입니다. 선택지를 잘 살펴보고 작업에 가장 적합한 방법을 고르면 됩니다. 다른 구조로 바꾸는 것에 대해 염려하지 마세요. 전혀 어렵지 않습니다. 데이터를 다루기 위해 사용하는 컬렉션이 중요하기는 합니다. 그렇지만 컬렉션은 차고가 아니므로 정리하느라 토요일 하루를 다 써버리는 일은 없을 것입니다.

객체를 이용해
정적인 키-값을 탐색하라

이번 팁에서는 단순한 키-값 탐색에 객체가 가장 적절한 이유를 알아봅니다.

제가 배열을 사랑하는 건 이미 눈치챘겠지요? 그렇지만 배열이 적합하지 않은 상황도 많이 있습니다. 앞서 살펴본 것처럼 배열은 정말 유연하기 때문에 어떤 형태의 정보라도 담을 수 있지만, 필요 이상으로 복잡하게 만들기도 합니다. 때때로 정보를 실제로 다루는 방법은 간단한데 배열이 복잡하게 만들어서 이해하기 힘든 경우도 있습니다.

데이터에 따라 UI에 색상을 적용해야 하는 경우를 생각해봅시다. UI를 데이터가 기준치 미만이면 적색으로, 적절한 수준이면 녹색으로, 기준치를 초과한 경우 청색으로 표시하려고 합니다. 늘 그렇듯이 매우 유능한 디자이너가 완벽한 세 가지 색상을 조합해줬습니다(개인적으로 저는 무슨 차이인지 알 수 없었지만, 아마 그게 제가 디자인을 하지 않는 이유가 아닐까 싶습니다).

다음 예제 코드와 같이 배열에 16진수 값을 넣습니다. 하지만 이것만으로는 각각이 무슨 의미인지 알 수 없습니다.

```
const colors = ['#d10202', '#19d836', '#0e33d8'];
```

#d10202는 대체 무엇일까요? 적색 계열의 색인 것 같지만 원래부터 알지 못했다면 이것만 봐서는 무슨 색인지 알 수 없습니다. 문제는 배열의 데이터가 모두 색상이지만 서로 바꿀 수 있는 색상은 아니라는 점입니다(적색을 넣어야 하는데 녹색을 넣을 수는 없으니까요).

사용자 정보를 담은 배열처럼 구조적으로 유사하고 다른 데이터와 교체해도 괜찮은 경우와 다르게, 위에서 살펴본 색상들은 각각 서로 다른 목적으로, 즉 사용자에게 값을 표시하기 위해 사용합니다. 개발자가 적색에 사용할 16진수 코드가 필요할 경우 컬렉션에 담긴 다른 값에는 신경을 쓰지 않지요. 적색이 첫 번째 색인지, 세 번째 색인지는 중요하지 않습니다. 이러한 경우 키-값 컬렉션이 더 적절합니다. 미래의 개발자에게 정보의 의미를 더 잘 이해시켜야 하니까요. 이 점은 정말 중요합니다.

배열이 적절하지 않고 키-값 컬렉션을 사용해야 한다면 대부분의 개발자는 객체를 선택합니다. 객체는 훌륭합니다. 그렇지만 다음 팁에서 객체 외에 키-값 컬렉션을 위해 선택할 수 있는 다른 컬렉션도 살펴볼 것입니다.

TC39 위원회가 컬렉션을 추가한 이유는 객체가 복잡하기 때문입니다. 객체는 이번 장에서 살펴보는 것처럼 키-값 컬렉션으로 사용할 수도 있지만, 생성자, 메서드, 속성을 가진 클래스에 좀 더 가깝게 사용할 수도 있습니다. 다른 컬렉션을 비롯해 자바스크립트의 핵심에는 대부분 객체가 있습니다.

이번 장에서는 객체 속성, 프로토타입, this 키워드 등과 같은 복잡한 부분은 잠시 미뤄두고, 객체를 키-값 컬렉션으로 사용하는 방법을 중점적으로 살펴봅니다. 예를 들어 this 키워드는 카일 심슨(Kyle Simpson)의 책 『You Don't Know JS: this와 객체 프로토타입(You Don't Know JS: this & Object Prototypes)』에서 자세히 다루고 있습니다.

이제 객체도 하나의 컬렉션으로 생각하고, 맵처럼 다른 컬렉션의 경쟁 상대로 봅시다. 그렇다면 객체를 기본으로 선택할 것이 아니라, 어떠한 경우에 객체를 선택하는 것이 최선인지를 알아야 합니다.

원칙적으로 객체는 변화가 없고 구조화된 키-값 데이터를 다루는 경우에 유용합니다. 반면에 자주 갱신되거나 실행되기 전에는 알 수 없는 동적인 정보를 다루기에는 적합하지 않습니다. 이에 대한 내용은 이어지는 팁에서 더 자세히 살펴보겠습니다.

예를 들어 색상 컬렉션을 공유하는 경우에는 객체를 선택하는 것이 좋습니다. 데이터가 변경될 가능성이 없기 때문입니다. 적색에 사용한 16진수 코드를 동적으로 변경할 가능성은 없을 것입니다. 이 경우에는 색상 배열을 객체로 변환하기 위해 색상별로 키를 추가하고 중괄호로 감싸줍니다. 다음과 같이 중괄호에 키-값을 작성하는 것을 객체 리터럴(object literal)이라고 합니다.

```
const colors = {
  red: '#d10202',
  green: '#19d836',
  blue: '#0e33d8'
}
```

미래의 개발자는 적색에 적절한 색상 코드를 찾기 위해 위치를 고민할 필요가 없습니다. colors.red를 직접 참조하면 됩니다. 또는 배열처럼 colors['red']를 사용할 수도 있습니다. 이처럼 객체는 단순하기 때문에 정적인 정보를 다루기에 훌륭합니다.

핵심은 객체가 정적인 정보에 적합하다는 것입니다. 계속해서 갱신, 반복, 대체, 정렬해야 할 정보에는 적절하지 않습니다. 이때는 맵을 사용하는 것이 낫습니다. 객체는 정보의 경로를 알고 있을 때 적절한 방법입니다. 설정 파일을 종종 객체로 작성하는데, 설정 파일이 런타임 전에 설정되고 단순한 정적인 정보를 담은 키-값 저장소이기 때문입니다.

collections/object/object.js

```
export const config = {
  endpoint: 'http://pragprog.com',
```

```
  key: 'secretkey',
};
```

그렇지만 정적인 객체도 프로그래밍적으로 정의할 수 있습니다. 예를 들어 함수 내에서 객체를 생성하고 다른 함수에 넘겨줄 수 있습니다. 정보를 수집하고 전달해 다른 함수에서 사용하는 것입니다. 이렇게 하면 조작하거나 갱신하지 않기 때문에 정적인 정보가 됩니다.

그 비결은 데이터를 매번 같은 방식으로 설정하고 사용하는 것입니다. 기존의 객체를 조작하는 것이 아니라 각각의 함수에서 새로운 객체를 생성합니다. 또한, 더욱 중요한 것은 코드를 작성할 때 키를 알고 있다는 점입니다. 따라서 변수를 이용해 키를 설정하지 않습니다. 객체를 전달받는 함수에서 구조를 미리 알고 있습니다.

collections/object/object.js
```javascript
function getBill(item) {
  return {
    name: item.name,
    due: twoWeeksFromNow(),
    total: calculateTotal(item.price),
  };
}
const bill = getBill({
  name: '객실 청소',
  price: 30
});

function displayBill(bill) {
  return `${bill.name} 비용은 ${bill.total} 달러이며 납부일은 ${bill.due}
입니다.`;
}
```

앞의 예제에서는 객체 간에 이동시키는 정보에 구조를 추가하기 위해 객체를 사용했습니다. 함수 displayBill()은 각 항목을 매개변수로 받는 대신, 객체를 전달해 필요한 값을 꺼내 쓸 수 있도록 했습니다.

이러한 경우 객체는 다른 컬렉션에 비해 훨씬 강력합니다. 빠르고 명료할 뿐만 아니라 객체 해체 할당(object destructuring)도 가능해서 객체로 데이터를 다루는 것이 어느 때보다도 빠르고 간결합니다. 해체 할당은 **TIP 29 해체 할당으로 객체 속성에 접근하라**에서 직접 살펴보길 바랍니다. 해체 할당은 빠른 탐색이 필요한 경우 다른 컬렉션이 아닌 객체를 선택해야 할 이유 중 하나입니다.

그렇지만 함수로 새로운 객체를 생성했다는 점을 다시 한 번 짚어봐야 합니다. 함수에서 정보를 설정하고 곧바로 다른 함수에서 사용하고 있습니다. 함수에서 반복적으로 정보를 설정하지는 않았습니다. 프로그래밍을 이용해서 객체에 많은 정보를 추가해야 하는 경우에는 맵 객체처럼 다른 종류의 컬렉션이 더 적합할 수도 있습니다. 맵 객체는 **TIP 13 맵으로 명확하게 키-값 데이터를 갱신하라**에서 살펴보겠습니다.

자바스크립트에서 객체가 여전히 중요한 역할을 한다는 점을 살펴봤습니다. 정보를 공유할 때는 언제든지 객체를 사용할 것입니다. 다음에 이어질 두 팁에서는 객체를 다룰 때 흔히 겪는, 유사한 객체를 병합하는 방법을 살펴봅니다. 이어서 객체를 대신할 수 있는 다른 컬렉션도 알아보겠습니다.

객체는 함수와 클래스를 다룰 때 더 살펴볼 것입니다. 일단은 기본적인 사용법을 기억하고, 객체를 생성하기 전에 고려해야 할 다른 컬렉션을 공부해봅시다.

다음 팁에서는 조작 없이 객체를 변경하는 것을 시작으로 객체를 다루는 방법을 살펴보겠습니다.

Object.assign()으로 조작 없이 객체를 생성하라

이번 팁에서는 Object.assign()을 이용해 조작하지 않고 객체를 갱신하는 방법을 살펴봅니다.

이전 팁에서는 객체를 간단히 살펴보고, 객체가 어떤 경우에 다른 컬렉션보다 더 큰 이점을 갖는지 배웠습니다. 그렇지만 객체도 배열과 마찬가지로 조작과 부수 효과로 인한 문제에 직면할 수 있으므로 주의해야 합니다. 객체에 무심코 필드를 추가하거나 설정하면 그동안 경험하지 못한 문제를 만들 수도 있습니다.

매우 흔한 문제를 예로 들어보겠습니다. 키-값 쌍이 여러 개인 객체가 있습니다. 문제는 객체가 완전하지 않다는 것입니다. 이 문제는 객체에 기존 데이터가 있는 상태에서 새로운 필드를 추가하는 경우나 외부 API에서 데이터를 가져와 현재 데이터 모델에 연결해야 하는 경우에 자주 발생합니다. 어느 쪽이든 문제가 되는 부분은 같습니다. 새로운 필드 또는 데이터로 채워지지 않는 나머지 부분을 기본값 객체로 채워야 한다는 점입니다.

기본값을 설정하면서, 원래의 데이터를 유지하는 새로운 객체를 생성하려면 어떻게 해야 할까요? 당연히 부수 효과나 조작은 발생하지 않아야 합니다.

잠시 시간을 들여 위의 조건에 부합하는 코드를 작성해봅시다. 다 작성했다면 여러분이 어떤 코드를 작성했는지 살펴보세요.

여러분이 작성한 코드는 아마 다음 예제 코드와 비슷할 것입니다.

collections/assign/problem.js

```javascript
const defaults = {
  author: '',
  title: '',
  year: 2017,
  rating: null,
};

const book = {
  author: 'Joe Morgan',
  title: 'Simplifying JavaScript',
};

function addBookDefaults(book, defaults) {
  const fields = Object.keys(defaults);
  const updated = {};
  for (let i = 0; i < fields.length; i++) {
    const field = fields[i];
    updated[field] = book[field] || defaults[field];
  }
  return updated;
}
```

이 예제 코드는 딱히 잘못된 부분이 없지만 장황합니다. 이러한 문제가 자주 발생했기 때문에 ES6는 Object.assign()을 새롭게 추가해 다른 객체의 키-값으로 객체의 필드를 생성하고 갱신할 수 있도록 했습니다. 즉, Object.assign()을 이용하면 다른 객체의 속성을 이용해서 객체를 갱신할 수 있습니다.

그럼 Object.assign()은 어떻게 작동할까요? 사실 꽤 단순합니다. 메서드는 일련의 객체를 전달받고 가장 먼저 인수로 받은 객체를 뒤이어 인수로 넘긴 객체

의 키-값을 이용해서 갱신합니다. 그리고 나서 갱신된 첫 번째 객체를 반환합니다. 호출 시 인수 순서대로 적용되므로, 먼저 전달한 객체부터 적용되고 가장 나중에 전달한 객체가 맨 마지막으로 적용됩니다.

어떤 설명보다도 직접 보는 것이 훨씬 이해하기 쉽습니다. 얼마나 단순한지 알고 나면 여러분도 Object.assign()을 즐겨 쓰게 될 것입니다. Object.assign()을 이용해서 addBookDefaults()를 다시 작성하면 다음과 같습니다.

collections/assign/mutate.js

```
Object.assign(defaults, book);
// {
//   author: 'Joe Morgan',
//   title: 'Simplifying JavaScript',
//   year: 2017,
//   rating: null,
// }
```

addBookDefaults 함수는 아홉 줄이었지만 Object.assign()을 사용하니 한 줄로 바뀌었습니다. 그렇지만 코드에 문제가 있다는 것을 금방 눈치챘겠지요. 기본값 객체를 갱신하면서 원본 객체를 조작하게 됩니다. 책 정보를 담은 다른 객체를 이용해서 한 번 더 실행해보면 예상과 다른 결과를 확인할 수 있습니다.

collections/assign/mutate.js

```
const anotherBook = {
  title: 'Another book',
  year: 2016,
};
Object.assign(defaults, anotherBook);
// {
//   author: 'Joe Morgan',
//   title: 'Another book',
//   year: 2016,
//   rating: null,
// }
```

실수로 기본값 객체를 수정해서 저자를 저로 바꾸고 말았군요. 이제 제가 여태 쓴 적이 없는 책들로 유명세를 타길 기다리면 되겠습니다.

다행히 문제를 피하는 방법은 간단합니다. 첫 번째 객체에 빈 객체를 사용하는 것입니다. 그렇게 하면 빈 객체에 새로운 값이 갱신되어 반환됩니다. 다른 객체에는 조작이 발생하지 않습니다.

collections/assign/assign.js

```
const defaults = {
  author: '',
  title: '',
  year: 2017,
  rating: null,
};
const book = {
  author: 'Joe Morgan',
  title: 'Simplifying JavaScript',
};
const updated = Object.assign({}, defaults, book);
```

Object.assign()을 이용한 복사에 여전히 한 가지 문제가 남아있습니다. 이 방법으로 속성을 복사하면 값만 복사합니다. 문제가 되지 않을 것 같지만, 그렇지 않습니다.

지금까지는 중첩되지 않은 단순한 객체만 다뤘습니다. 모든 키에는 값으로 단순한 문자열이나 정수가 있었습니다. 앞서 이미 살펴봤지만, 이렇게 일련의 문자열이나 정수만 있는 경우에는 문제없이 복사할 수 있습니다. 그렇지만 값이 다른 객체일 때는 문제가 발생합니다.

collections/assign/assign.js

```
const defaultEmployee = {
  name: {
    first: '',
```

```
    last: '',
  },
  years: 0,
};
const employee = Object.assign({}, defaultEmployee);
```

중첩된 객체가 있는 객체를 복사하는 것을 깊은 복사(deep copy) 또는 깊은 병합(deep merge)이라고 합니다. 위 예제 코드에서 years 속성은 문제없이 복사할 수 있지만, name 속성은 복사할 수 없습니다. 실제로 키 name에 할당된 독립적인 객체에 대한 참조만 복사됩니다. 중첩된 객체는 해당 객체를 담고 있는 객체와 독립적으로 존재합니다. 중첩된 객체를 담고 있는 객체가 가지고 있는 것은 중첩된 객체에 대한 참조뿐입니다. 참조에 대한 복사만으로는 중첩된 객체에 깊은 복사를 적용할 수 없습니다. 단지 참조의 위치를 복사하는 것에 불과합니다.

따라서 원본 객체 또는 복사한 객체 중 어디서라도 중첩된 객체의 값을 변경하면 원본 객체와 복사한 객체 모두 변경됩니다.

collections/assign/assign.js

```
employee.name.first = 'Joe';
defaultEmployee;
// {
//   name: {
//     first:'Joe',
//     last: '',
//   },
//   years: 0
// }
```

중첩된 객체로 인한 문제를 피하는 방법은 두 가지입니다. 가장 간단한 방법은 중첩된 객체를 두지 않는 것입니다. 객체를 중첩하지 않아도 괜찮은 경우에 가능한 방법이죠.

그렇지만 이미 중첩된 객체가 있는 상태로 시작한 경우라면 소용이 없습니다. 처음부터 중첩된 객체를 사용하도록 소프트웨어를 설계했을 수도 있습니다. API 응답 결과에서 객체가 중첩되어 올 수도 있지요. 어느 쪽이든 중첩된 객체는 매우 흔하게 볼 수 있습니다.

이 경우에는 Object.assign()을 이용해서 중첩된 객체를 복사해야 합니다. 코드를 조금만 더 추가하면 됩니다. 중첩된 객체가 있는 경우에 Object.assign()을 이용해서 복사하도록 하면 모든 것을 갱신할 수 있습니다.

collections/assign/assign.js

```
const employee2 = Object.assign(
  {},
  defaultEmployee,
  {
    name: Object.assign({}, defaultEmployee.name),
  },
);
export { defaults };
```

물론 다른 방법도 있습니다. 로대시(Lodash) 라이브러리의 경우 cloneDeep() 이라는 메서드를 이용할 수 있습니다. 부디 커뮤니티 라이브러리의 이점을 잘 활용하길 바랍니다. 그렇지만 가끔은 외부 코드 없이 변경해야 하는 경우도 있을 것입니다.

코드가 빠르게 어수선해진다고 느끼겠지만, 잘못된 것은 아닙니다. 좀 더 간단하게 할 수도 있을까요? 헬퍼 함수로 분리해서 추상화하는 것도 좋은 방법입니다. 그렇지만 다행히 그렇게 애쓰지 않아도 됩니다. 아직 명세에 추가되지 않은 실험적인 문법이기는 하지만, 자바스크립트 커뮤니티에서 폭넓게 활용되고 있는 객체 펼침 연산자가 있습니다.* 객체 펼침 연산자는 곧 공식적으로 명세의

---

* 역주 객체 펼침 연산자는 ES2018 명세에 포함되었고, TC39 위원회는 ES2018을 2018년 6월 27일자로 승인했습니다. 명세에 대한 제안 내용은 https://github.com/tc39/proposal-object-rest-spread(단축 URL: http://bit.ly/36JavPG)를 참고하길 바랍니다.

일부가 될 것이며, 우리가 살펴봤던 펼침 연산자와 비슷하게 새로운 객체를 생성합니다.

다음 팁에서는 새로운 문법을 이용해서 빠르고 명확하게 객체의 정보를 갱신하는 방법을 살펴보겠습니다.

객체 펼침 연산자로
정보를 갱신하라

이번 팁에서는 Object.assign()의 이점을 객체 펼침 연산자의 간단한 문법으로 대체하는 방법을 살펴봅니다.

이전 팁에서 Object.assign()을 이용해 객체의 사본을 만들거나, 다른 객체를 이용해 객체의 값을 덮어 쓰는 방법을 살펴봤습니다. Object.assign()은 분명 훌륭한 도구이지만, 모양새는 썩 훌륭하지 않지요.

ES6에서 펼침 연산자가 큰 인기를 얻었으므로 유사한 문법을 객체에 사용하는 방안도 제안되었습니다. 객체 펼침 연산자는 많은 사람이 사용하면서 ES2018 명세에 공식적으로 포함되었습니다. 객체 펼침 연산자에 대한 제안 내용은 깃허브 저장소에서 확인할 수 있습니다.*

---

* 역주 https://github.com/tc39/proposal-object-rest-spread (단축 URL: http://bit.ly/36JavPG)

객체 펼침 연산자는 어떻게 작동할까요? 사실 간단합니다. 배열 펼침 연산자와 비슷합니다. 객체 펼침 연산자는 키-값 쌍을 목록에 있는 것처럼 반환합니다. 새로운 정보는 펼침 연산자의 앞이나 뒤에 쉽게 추가할 수 있습니다. 또한, 배열 펼침 연산자와 마찬가지로 독립적으로 사용할 수는 없고 객체에 펼쳐지게 해야 합니다.

collections/objectSpread/objectSpread.js

```javascript
const book = {
  title: 'Reasons and Persons',
  author: 'Derek Parfit',
};
const update = { ...book, year: 1984 };
// { title: 'Reasons and Persons', author: 'Derek Parfit', year:
1984}
```

배열 펼침 연산자와 다른 점은 동일한 키에 서로 다른 값을 추가하면 어떤 값이든 가장 마지막에 선언된 값을 사용한다는 것입니다. 즉, 작성할 코드가 크게 줄어든 Object.assign()과 같습니다.

collections/objectSpread/objectSpread.js

```js
const book = {
  title: 'Reasons and Persons',
  author: 'Derek Parfit',
};
const update = { ...book, title: 'Reasons & Persons' };
// { title: 'Reasons & Persons', author: 'Derek Parfit' }
```

자, 됐습니다! 객체 펼침 연산자를 기존의 가장 우수한 기능과 결합했습니다. 자바스크립트 커뮤니티에서 객체 펼침 연산자를 열정적으로 받아들이는 것도 당연한 일입니다.

이제 훌륭하고 새로운 문법을 익혔으니 이전 팁에서 작성했던 함수를 다시 작성해보겠습니다. 원본과 새로운 버전을 모두 살펴봅시다. 하지만 그 전에 직접 해보세요. 어렵지 않습니다.

Object.assign()을 이용해서 정보를 추가하거나 갱신하는 방법은 다음과 같습니다.

collections/assign/assign.js

```js
const defaults = {
  author: '',
  title: '',
  year: 2017,
  rating: null,
};
const book = {
  author: 'Joe Morgan',
  title: 'Simplifying JavaScript',
```

```
};
const updated = Object.assign({}, defaults, book);
```

객체 펼침 연산자를 사용하면 다음과 같습니다.

```
const defaults = {
  author: '',
  title: '',
  year: 2017,
  rating: null,
};
const book = {
  author: 'Joe Morgan',
  title: 'ES6 Tips',
};
const bookWithDefaults = { ...defaults, ...book };
// {
//   author: 'Joe Morgan',
//   title: 'ES6 Tips',
//   year: 2017,
//   rating: null,
// }
```

Object.assign()에서 경험했던 깊은 병합 문제는 객체 펼침 연산자를 사용해도 여전히 발생합니다. 중첩된 객체가 있는 경우에는 객체를 복사하지 않고 참조만 복사하기 때문에 조작으로 인한 잠재적인 문제를 만듭니다.

다행히 객체 펼침 연산자로 좀 더 보기 좋게 문제를 해결할 수 있습니다. 원래 코드를 먼저 살펴봅시다.

```
const employee2 = Object.assign(
  {},
  defaultEmployee,
```

```
  {
    name: Object.assign({}, defaultEmployee.name),
  },
);
export { defaults };
```

객체 펼침 연산자를 이용한 정답을 보기 전에 먼저 직접 작성해보세요. 해결책은 매우 간단하지만, 아직 좀 복잡할 수도 있습니다. 이해되었나요? 동일한 갱신 작업에 객체 펼침 연산자를 이용하는 방법은 다음과 같습니다.

collections/objectSpread/objectSpread.js

```
const employee = {
  ...defaultEmployee,
  name: {
    ...defaultEmployee.name,
  },
};
```

객체 펼침 연산자를 사용하면 보기 편하다는 장점이 있습니다. 코드가 좀 더 읽기 편해졌지요? 새로운 객체를 생성하려는 의도도 명확하게 전달할 수 있습니다. 항상 빈 객체로 시작해야 한다는 점을 기억할 필요도 없기 때문에 조작에 대한 우려도 줄일 수 있습니다.

객체 펼침 연산자는 환상적입니다. 코드를 작성하는 훌륭한 문법인 동시에 여러분의 코드베이스에서 실험적인 기능을 통합할 수 있는 기회도 됩니다.

지금까지 기존의 컬렉션과 관련된 기능을 살펴봤습니다. 다음 팁에서는 그동안 자바스크립트에 존재하지 않았던 완전히 새로운 컬렉션을 이용해서 코드를 통한 의사소통을 개선하는 방법을 살펴보겠습니다. 우선 맵 객체를 살펴봅시다.

맵으로 명확하게
키-값 데이터를 갱신하라

이번 팁에서는 데이터 변경이 잦은 키-값 컬렉션에 맵 객체를 사용하는 방법을 살펴봅니다.

TIP 10 객체를 이용해 정적인 키-값을 탐색하라에서 컬렉션을 선택할 때 객체를 기본으로 하기보다는 의도에 맞는지 검토해야 한다는 점을 살펴봤습니다. 이번 팁에서는 객체를 대체할 수 있는 맵(Map)에 대해 살펴보겠습니다.

맵은 특정 작업을 매우 쉽게 처리하는 특별한 종류의 컬렉션입니다. MDN에는 일반적인 객체보다 맵을 컬렉션으로 선택하는 것이 더 나은 상황이 잘 정리되어 있습니다.* 전체 목록을 살펴보는 것을 추천합니다. 이번 팁에서는 그중 다음 두 가지 상황을 살펴보겠습니다.

- 키-값 쌍이 자주 추가되거나 삭제되는 경우
- 키가 문자열이 아닌 경우

---

* https://developer.mozilla.org/en-US/docs/Web/JavaScript/Reference/Global_Objects/Map (단축 URL: https://mzl.la/2PSofld)

다음 팁에서는 맵을 컬렉션 순회에 사용해 맵이 가진 또 다른 큰 장점을 살펴볼 것입니다. 일단은 맵에 값을 추가하거나 값을 삭제하는 방법에 익숙해져야 합니다.

첫 번째로 키-값 쌍이 자주 추가되거나 삭제되는 상황은 무엇일지 생각해보세요. 반려견 입양을 도와주는 웹사이트를 예로 들어봅시다. 웹사이트에는 집이 필요한 강아지들 목록이 있습니다. 사람들은 덩치가 큰 강아지를 원하거나 특정한 견종을 찾는 등 각자 선호하는 반려견이 다르기 때문에 강아지 목록에 필터링 기능을 추가하면 좋을 것입니다.

다음과 같은 강아지 컬렉션을 사용합니다.

```
const dogs = [
  {
    이름: '맥스',
    크기: '소형견',
    견종: '보스턴테리어',
    색상: '검정색',
  },
  {
    이름: '도니',
    크기: '대형견',
    견종: '래브라도레트리버',
    색상: '검정색',
  },
  {
    이름: '섀도',
    크기: '중형견',
    견종: '래브라도레트리버',
    색상: '갈색',
  },
];
```

강아지 컬렉션은 배열입니다. 컬렉션의 각 항목이 동일한 형태이므로 괜찮은 선택입니다.

여기에 적용된 필터링 조건 목록을 담은 컬렉션이 하나 더 필요합니다. 필터링 조건은 키(색상)와 값(검정색)을 가진 컬렉션입니다. 사용자는 필터링 조건을 추가하거나 삭제하고 모든 필터 값을 제거할 수 있어야 합니다.

키 '색상', 값 '검정색'을 필터링 조건 컬렉션에 추가하면 코드베이스의 다른 부분에서는 필터링 조건을 바탕으로 객체를 필터링해 강아지 두 마리가 있는 배열이 나옵니다. 세부 구현 내용은 걱정하지 않아도 됩니다. 만약 세부 구현을 알고 싶다면 **TIP 23 filter( )와 find( )로 데이터의 부분집합을 생성하라**에서 배열에 필요한 항목을 분류하는 방법을 살펴보세요.

맵이 명세에 추가된 까닭을 이해하려면 같은 문제를 일반적인 객체로 해결하는 방법을 생각해봐야 합니다.

먼저 새로운 정보를 담을 수 있는 빈 객체를 만듭니다.

```
let filters = {};
```

그리고 객체의 정보를 갱신하려면 필터링 조건 추가, 필터링 조건 삭제, 모든 조건 제거라는 세 가지 동작이 필요합니다.

collections/map/problem.js
```
function addFilters(filters, key, value) {
  filters[key] = value;
}
function deleteFilters(filters, key) {
  delete filters[key];
}
function clearFilters(filters) {
  filters = {};
  return filters;
}
```

여기서 이상한 점은 컬렉션에 키-값 설정, 삭제, 전체 제거처럼 단지 세 가지 기본적인 동작을 수행하는 데도 불구하고 서로 다른 세 가지 패러다임을 적용한다는 것입니다. 먼저 키-값을 설정할 때는 객체 자체의 메서드를 사용했습니다. 다음으로 키-값 쌍을 삭제할 때는 언어에 정의된 delete 연산자를 사용했습니다. 끝으로 모든 필터링 조건을 제거하기 위해 변수를 재할당했습니다. 마지막 경우는 변수 재할당이므로 객체에 수행하는 동작도 아닙니다. 객체를 '정리'하기 위해 실제로는 filters = new Object();를 작성한 것과 다름없습니다.

맵은 객체와 다르게 키-값 쌍을 자주 변경하는 경우에 적합하도록 특별히 설계되었습니다. 인터페이스가 명확하고, 메서드는 예측 가능한 이름을 가지고 있으며, 반복과 같은 동작이 내장되어 있습니다. 맵을 사용하면 좀 더 생산성 높은 개발자가 될 수 있습니다. 더 많이 예측할수록 더 빨리 만들 수 있습니다.

> Note ≡ **브라우저 엔진**
>
> 자바스크립트 코드는 브라우저 엔진이 해석해야 하지만, 엔진이 여러 가지라는 문제가 있습니다. 가장 인기 있는 엔진은 크롬과 Node.js에서 사용하는 V8 엔진입니다. 그렇지만 파이어폭스(Firefox)의 스파이더몽키(SpiderMonkey)와 인터넷 익스플로러, 엣지의 차크라(Chakra) 엔진도 있습니다. 엔진에 따라 기능도 서로 다르게 구현될 수 있습니다. 또한, 일부 문법 변경은 코드가 명료해지는 것 이상의 장점이 있기도 합니다.
>
> 맵은 좀 더 특화된 컬렉션이므로 자바스크립트 엔진 개발자들은 코드가 좀 더 빠르게 동작하도록 최적화할 수 있습니다. 객체에서 키 탐색은 선형 시간이 소요됩니다. 반면에 맵이 브라우저에 내장 구현된 경우 맵의 키 탐색은 로그 시간이 될 수 있습니다.[*] 즉, 큰 객체가 큰 맵보다 비용이 더 큽니다.
>
> 리액트 같은 몇몇 프로젝트에서 단순히 성능 개선을 목적으로 객체 대신 브라우저에 내장된 맵으로 전환한 사례도 있습니다.[**] 객체와 맵을 두고 성능을 가늠할 필요는 없지만, 브라우저 엔진에서 둘을 서로 다르게 다룬다는 점을 기억하길 바랍니다.

---

[*] https://developer.mozilla.org/en-US/docs/Web/JavaScript/Data_structures#Keyed_collections_Maps_Sets_WeakMaps_WeakSets (단축 URL: https://mzl.la/34zSi5t)
　　[역주] 선형 시간, 로그 시간이 생소한 독자라면 시간 복잡도(https://ko.wikipedia.org/wiki/시간_복잡도(단축 URL: http://bit.ly/2PVCG8q))에 대해 알아보길 바랍니다.

[**] https://github.com/facebook/react/pull/7232#issuecomment-231516712 (단축 URL: http://bit.ly/2JVNE9O)

먼저 새로운 맵 인스턴스를 생성하고 몇 가지 데이터를 추가합시다. 중괄호로 생성자를 대신할 수 있는 객체와 달리, 맵에서는 항상 명시적으로 새로운 인스턴스를 생성해야 합니다.

```
let filters = new Map();
```

위의 코드를 보면 새로운 맵을 할당할 때 let을 사용했습니다. let을 사용한 이유는 데이터를 추가하면서 객체를 조작할 것이기 때문입니다. 앞서 많은 시간을 할애해 조작의 나쁜 점을 살펴봤지만, 이 예제처럼 데이터를 추가하거나 삭제할 때마다 반드시 조작을 거쳐야 하는 객체가 필요한 경우도 있습니다.

일단 조작에 대해서는 걱정하지 마세요. 객체를 조작하지 않고 처리하는 우회 방법은 다음 팁에서 살펴보겠습니다.

인스턴스를 생성한 후에는 set() 메서드를 이용해서 데이터를 추가합니다. '래브라도레트리버'를 필터링 조건에 추가하려면 키 이름인 '견종'을 첫 번째 인수로 하고, 값 '래브라도레트리버'를 두 번째 인수로 넘겨줍니다.

```
filters.set('견종', '래브라도레트리버');
```

데이터를 가져오려면 get() 메서드를 사용합니다. 인수로는 키만 전달합니다.

```
filters.get('견종');
// '래브라도레트리버'
```

데이터를 가져오고 설정하는 작업은 간단하지만, 규모가 큰 맵을 만들 때는 지루하겠지요? 다행히 명세를 만든 이가 이를 대비해 데이터를 설정할 수 있는 몇 가지 단축 기능을 생성해뒀습니다.

메서드를 차례로 연결해서 여러 값을 쉽게 추가할 수 있습니다. 새로운 인스턴스를 생성하고 바로 메서드를 연결할 수도 있습니다. 이런 방법을 체이닝

(chaining)이라고 부르며, **TIP 25 체이닝으로 메서드를 연결하라**에서 자세히 다룰 것입니다.

```
let filters = new Map()
  .set('견종', '래브라도레트리버')
  .set('크기', '대형견')
  .set('색상', '갈색');
filters.get('크기');
// '대형견'
```

데이터를 추가하는 다른 방법도 있습니다. 배열을 이용해서 정보를 추가할 수 있지요.

앞서 **TIP 5 배열로 유연한 컬렉션을 생성하라**에서 키-값 쌍이 담긴 객체를 배열로 변환하는 방법을 살펴봤습니다. 키-값 쌍을 배열로 변환해서 사용하기에 가장 적절한 사례입니다. 새로운 맵을 생성하고 set() 메서드를 길게 연결하는 대신에 키-값 쌍 배열을 전달하면 첫 번째 항목은 키, 두 번째 항목은 값으로 추가됩니다.

```
let filters = new Map(
  [
    ['견종', '래브라도레트리버'],
    ['크기', '대형견'],
    ['색상', '갈색'],
  ]
)
filters.get('색상');
// '갈색'
```

맵에서 값을 제거할 때는 언어에서 지원하는 연산자 대신 delete() 메서드를 사용하면 됩니다.

```
filters.delete('색상');
filters.get('색상');
// undefined
```

마찬가지로 모든 키-값 쌍을 제거할 때는 clear() 메서드를 사용합니다.

```
filters.clear()
filters.get('색상');
// undefined
```

여기서 살펴본 맵의 메서드를 이용하면 객체 대신 맵을 사용하도록 함수를 변경할 수 있습니다.

collections/map/map.js

```
const petFilters = new Map();
function addFilters(filters, key, value) {
  filters.set(key, value);
}
function deleteFilters(filters, key) {
  filters.delete(key);
}
function clearFilters(filters) {
  filters.clear();
}
```

변경 사항은 많지 않지만, 매우 중요합니다. 먼저 코드가 훨씬 명료하게 보입니다. 그 자체만으로도 큰 이점입니다. 그러나 객체를 이용해서 만들었던 함수와 비교해보면 훨씬 큰 이점을 발견할 수 있습니다. 새로 작성한 함수에서 다음과 같은 특징을 찾아볼 수 있습니다.

- 맵 인스턴스에 항상 메서드를 사용합니다.

- delete() 메서드를 사용할 수 있기 때문에 인스턴스를 생성한 후에는 언어 수준의 연산자를 쓰지 않습니다.

- clear() 메서드를 사용할 수 있기 때문에 새로운 인스턴스를 생성할 필요가 없습니다.

따라서 정보를 자주 변경하는 경우에는 객체보다 맵을 사용하는 것이 훨씬 편리합니다. 모든 동작과 의도가 매우 명료하게 보입니다.

덧붙여서, 객체의 경우 키에 사용할 수 있는 자료형에 제약이 있습니다. 객체에는 특정한 자료형의 키만 사용할 수 있습니다. 가장 중요한 점은 정수를 키로 사용할 수 없다는 것입니다. 이는 수와 관련된 키를 저장할 때 문제가 될 수 있습니다. 다음과 같이 오류 코드를 담은 객체를 예로 들 수 있습니다.

```
const errors = {
  100: '이름이 잘못되었습니다.',
  110: '이름에는 문자만 입력할 수 있습니다.',
  200: '색상이 잘못되었습니다.'
};
```

그리고 다음과 같이 숫자를 이용해서 오류 텍스트를 가져올 수 있다고 생각할 수도 있지요.

```
function isDataValid(data) {
  if (data.length < 10) {
    return errors.100
  }
  return true;
}
```

위 예제 코드를 실행하면 오류가 발생합니다. 정수를 키로 하는 경우는 점 표기법으로 접근할 수 없습니다. errors[100]처럼 배열 표기법으로 정보에 접근할 수는 있지만, 다소 꼼수에 가깝습니다. 정보에 접근할 수 있는 이유는 오류 코드 객체를 생성했을 때 모든 정수가 문자열로 변환됐기 때문입니다. 그리고 배

열 표기법을 사용하면 탐색에 앞서 정수가 문자열로 변경됩니다. 키 목록을 확인해보면 문자열이 담긴 배열이 반환됩니다.

```
Object.keys(errors);
// ['100', '110', '200']
```

맵에는 위와 같은 문제가 없습니다. 맵은 여러 가지 자료형을 키로 받을 수 있습니다.

```
let errors = new Map([
  [100, '이름이 잘못되었습니다.'],
  [110, '이름에는 문자만 입력할 수 있습니다.'],
  [200, ' 색상이 잘못되었습니다.']
]);
errors.get(100);
// '이름이 잘못되었습니다.'
```

맵도 객체와 마찬가지로 키만 모아서 확인할 수 있습니다. 궁금하다면 다음과 같이 실행해보세요.

```
errors.keys();
// MapIterator { 100, 110, 200 }
```

무언가 이상한 점을 발견했나요? 객체에 Object.keys()를 적용한 것과는 다르게 배열이 반환되지 않았습니다. 객체나 다른 맵이 반환된 것도 아닙니다. 반환된 값은 맵이터레이터(MapIterator)라고 부릅니다. 새로운 용어가 또 나왔지만 걱정하지 마세요. 맵이터레이터는 사실 매우 유용한 기능입니다. 맵이터레이터를 이용하면 데이터를 순회할 수 있습니다.

다음 팁에서는 맵을 다시금 찾게 만드는 핵심 기능인 맵이터레이터를 살펴보겠습니다.

14

맵과 펼침 연산자를
키-값 데이터를 순회하라

이번 팁에서는 맵에서 반복문 또는 펼침 연산자를 이용해 키-값 데이터를 직접 순회하는 방법을 살펴봅니다.

앞서 살펴봤듯이 키-값 컬렉션에 항목을 자주 추가하거나 삭제하는 경우에는 객체보다 맵을 사용하는 것이 적합합니다. 이처럼 객체는 매우 유용하지만 맵이 분명한 이점을 갖는 경우도 있습니다. 맵이 갖는 이점에 대해서는 MDN을 참고하길 바랍니다.*

키를 설정할 때의 이점은 충분히 살펴봤습니다. 이번에는 맵의 또 다른 사용 방법으로 순회가 필요한 컬렉션의 경우를 살펴보겠습니다.

객체는 순회하기가 매우 번거롭습니다. 실제로 객체를 직접 순회할 수 있는 방법이 없었습니다. 객체를 순회하려면 항상 그에 앞서 변환해야 했지요. 지금은 상황이 조금 나아졌습니다. 이제 객체를 순회할 때 for...in 문을 사용할 수 있지만, 객체 키 외에는 접근할 수 없습니다. 어떻게 보면 키 배열을 순회하는 것과 크게 다르지 않습니다. for...in 문에 대해서는 **TIP 27 for...in 문과 for...of 문으로 반복문을 정리하라**를 살펴보길 바랍니다.

---

* https://developer.mozilla.org/en-US/docs/Web/JavaScript/Reference/Global_Objects/Map (단축 URL: https://mzl.la/2PSofld)

이처럼 객체를 순회하는 것은 복잡한 작업입니다. 이와 대조적으로 맵은 직접 순회할 수 있습니다.

필터링 조건으로 돌아가봅시다. 필터링 조건을 담은 객체가 있고, 적용한 조건을 나열하려고 합니다. 결과적으로는 사용자가 정보의 일부를 보고 있다는 점을 기억하게 하는 것이 목표입니다. 객체를 문자열로 변환하는 코드를 작성하려면 어떻게 해야 할까요?

예를 들어 모든 키-값 쌍을 '키:값' 형식의 문자열로 변환하려면 어떻게 해야 할까요?

다음 예제 코드를 살펴봅시다. 여기서 이상한 점은 filters 객체를 직접 순회하지 않는다는 것입니다. 그 대신 다른 정보를 꺼내고, 꺼낸 정보를 순회합니다.

collections/mapSpread/object.js

```
const filters = {
  색상: '검정색',
  견종: '래브라도레트리버',
};

function getAppliedFilters(filters) {
  const keys = Object.keys(filters);
  const applied = [];
  for (const key of keys) {
    applied.push(`${key}:${filters[key]}`);
  }
  return `선택한 조건은 ${applied.join(', ')} 입니다.`;
}
// '선택한 조건은 색상:검정색, 견종:래브라도레트리버 입니다.'
```

코드를 살펴보면, 첫 번째 단계로 Object.keys()를 이용해서 객체의 일부를 배열로 옮깁니다. 그리고 for 문으로 키를 순회합니다. for 문을 실행하는 동안 객체를 참조해 값을 꺼냅니다.

게다가 객체에서 순서가 보장되지 않습니다. 이는 객체를 정렬할 수 없다는 의미입니다. 필터링 조건을 정렬하려면 먼저 키를 정렬해야 합니다.

collections/mapSpread/object.js

```javascript
function getSortedAppliedFilters(filters) {
  const keys = Object.keys(filters);
  keys.sort();
  const applied = [];
  for (const key of keys) {
    applied.push(`${key}:${filters[key]}`);
  }
  return `선택한 조건은 ${applied.join(', ')} 입니다.`;
}
// '선택한 조건은 견종:래브라도레트리버, 색상:검정색 입니다.'
```

간단한 순회를 위해 관리해야 할 것이 너무나 많습니다. 반면에 맵은 정렬과 순회에 필요한 기능이 내장되어 있습니다. 이 기능은 이전 팁 마지막에 등장했던 맵이터레이터의 일부로 포함되어 있습니다.

맵이터레이터를 알아보기 위해 필터링 조건에 적용한 간단한 for 문을 살펴봅시다. for...of 문법도 새로운 문법이기는 하지만 꽤 간단합니다. 컬렉션의 각 값을 하나씩 반환합니다. 이에 대해서는 TIP 27 for...in 문과 for...of 문으로 반복문을 정리하라에서 더 살펴보길 바랍니다.

collections/mapSpread/iterate.js

```javascript
const filters = new Map()
  .set('색상', '검정색')
  .set('견종', '래브라도레트리버');

function checkFilters(filters) {
  for (const entry of filters) {
    console.log(entry);
  }
}
```

```
// ['색상', '검정색']
// ['견종', '래브라도레트리버']
```

이터레이터는 몇 가지를 동시에 넘겨줍니다. 이터레이터에서 확인할 수 있는 것은 키도 아니고 값도 아니며, 다른 맵을 넘겨주는 것도 아닙니다. 이터레이터는 키-값 쌍을 넘겨줍니다.

set() 메서드를 이용해서 맵을 구성했지만 여전히 정보를 배열로 변환해 넘겨줍니다. 다음 코드를 살펴보면 맵에 있는 특별한 메서드인 entries()를 이용했습니다. entries() 메서드는 맵에 있는 키-값을 쌍으로 묶은 맵이터레이터를 반환합니다.

```
filters.entries();
// MapIterator { [ '색상', '검정색' ], [ '견종', '래브라도레트리버' ] }
```

맵이터레이터를 기억해두세요. 곧 다시 나옵니다. 일단은 맵을 순회할 때 키와 값을 쌍으로 받아서 사용한다는 점만 기억하면 됩니다. 실제로 entries()로 키-값을 받을 수 있는 기능이 매우 편리하기 때문에 자바스크립트의 다음 표준 명세에는 Object의 내장 메서드로 추가될 예정입니다. 실제로 entries()로 키-값을 받을 수 있는 기능이 매우 편리하기 때문에 ES2017부터 공식적으로 명세에 Object의 내장 메서드 Object.entries()로 추가되었습니다.*

따라서 당연한 이야기이지만 머지않아 여기서 익힌 개념을 객체에 직접 적용할 수 있을 것입니다. 설령 맵을 그다지 사용하지 않더라도, 여기서 익힌 개념을 나중에 객체에 적용해볼 수 있으므로 공부가 헛되지는 않을 것입니다.

for 문을 이용해서 키-값을 문자열로 변환하는 메서드로 다시 돌아가봅시다. 맵을 직접 순회할 수 있기 때문에 키를 먼저 꺼낼 필요가 없습니다. 게다가 맵을 순회할 때 키-값 쌍을 받아서 해체 할당 문법으로 즉시 변수로 할당할 수 있습니다. 자세한 내용은 **TIP 29 해체 할당으로 객체 속성에 접근하라**에서 살펴보세요.

---

* https://github.com/tc39/proposal-object-values-entries (단축 URL: http://bit.ly/2PXViEz)

결과적으로 훨씬 단순하면서도 원래의 데이터 구조를 유지하는 코드를 작성할 수 있습니다.

```
collections/mapSpread/iterate.js
function getAppliedFilters(filters) {
  const applied = [];
  for (const [key, value] of filters) {
    applied.push(`${key}:${value}`);
  }
  return `선택한 조건은 ${applied.join(', ')} 입니다.`;
}
// '선택한 조건은 색상:검정색, 견종:래브라도레트리버 입니다.'
```

앞에서 경험한 정렬 문제를 여기서도 바로 발견할 수 있습니다. 이에 관한 좋은 소식과 나쁜 소식이 있습니다. 먼저 좋은 소식은 맵이 순서를 저장한다는 점입니다. 언제나 맵의 첫 번째 항목을 첫 번째로 받습니다. 나쁜 소식은 배열의 경우처럼 정렬 메서드가 내장되어 있지 않다는 점입니다.

즉, 다음과 같이 정렬할 수 없습니다.

```
filters.sort()
```

갑자기 맵이 조금 쓸모없어진 느낌이네요. 다행히 이 문제를 간단하게 해결할 수 있습니다. 바로 펼침 연산자를 이용하는 것입니다.

맵에도 배열과 동일하게 펼침 연산자를 사용할 수 있습니다. 배열을 펼침 연산자로 펼쳐 놓을 때는 단일 값만 반환되지만, 맵 객체의 경우에는 키-값 쌍이 반환되는 것이 대표적인 차이점입니다.

```
...filters;
// ['색상', '검정색'], ['견종', '래브라도레트리버']
```

또한 펼침 연산자를 배열에 사용하는 경우와 마찬가지로 맵 객체에 펼침 연산자를 사용할 때도 다른 곳에 펼쳐 넣어야 합니다. 다음과 같이 키-값 쌍 배열을 쉽게 만들 수 있습니다.

```
[...filters];
// [['색상', '검정색'], ['견종', '래브라도레트리버']]
```

정렬 문제를 해결할 수 있는 방법을 눈치챘나요? 직접 해보고 어떤 문제가 생기는지 살펴봅시다. 여기서는 배열의 배열을 정렬하는 것이므로 비교 함수를 명시적으로 제공해야 한다는 점에 주의해야 합니다. 기본적으로 비교 함수가 키-값 쌍이 담긴 배열을 문자열로 변환해서 비교하기 때문에 반드시 필요하지는 않습니다. 그렇지만 비교 함수를 이용하면 코드의 의도를 좀 더 명확하게 전달할 수 있습니다.

TIP 20 화살표 함수로 반복문을 단순하게 만들어라를 읽고 나면 비교 함수를 한 줄로 작성할 수도 있습니다.

여러분은 아마도 다음과 같이 간단하게 코드를 작성했을 것입니다.

collections/mapSpread/iterate.js

```
function sortByKey(a, b) {
  return a[0] > b[0] ? 1 : -1;
}

function getSortedAppliedFilters(filters) {
  const applied = [];
  for (const [key, value] of [...filters].sort(sortByKey)) {
    applied.push(`${key}:${value}`);
  }
  return `선택한 조건은 ${applied.join(', ')} 입니다.`;
}
// '선택한 조건은 견종:래브라도레트리버, 색상:검정색 입니다.'
```

이제 좀 더 자세히 살펴봅시다. 문제점을 쉽게 놓칠 수도 있으니까요. for 문의 첫 번째 줄을 보면, 변수를 할당하면서 맵을 빠르게 배열에 펼쳐 넣은 후 정렬하고 있습니다. 우리가 원하던 결과입니다.

문제도 약간 있습니다. 코드를 자세히 읽어보면 무언가 바뀌었다는 것을 알 수 있습니다. 맵으로 시작하기는 했지만 for 문이 실제로 순회하는 것은 맵이 아닙니다. 새로운 배열을 순회하고 있습니다.

이건 사실 큰 문제는 아닙니다. 배열로 변환하는 것이 잘못된 것도 아닙니다. 실제로 맵을 배열로 변환한 덕분에 함수를 훨씬 단순하게 만들 수 있었습니다.

이제 배열로 쉽게 변환할 수 있고 배열 메서드도 원하는 대로 사용할 수 있습니다. 배열의 모든 값을 동일한 방식으로 바꾸기 때문에 let applied = []처럼 결과 수집을 위한 배열을 새로 생성할 필요가 없습니다. 간단히 배열의 map() 메서드를 사용하면 됩니다. 이 내용이 좀 낯설다면 **TIP 22 map() 메서드로 비슷한 길이의 배열을 생성하라**를 살펴보길 바랍니다. 앞서 작성했던 함수를 map() 메서드를 이용해 다시 작성해봅시다.

collections/mapSpread/mapSpread.js

```
function getAppliedFilters(filters) {
  const applied = [...filters].map(([key, value]) => {
    return `${key}:${value}`;
  });
  return `선택한 조건은 ${applied.join(', ')} 입니다.`;
}
// '선택한 조건은 색상:검정색, 견종:래브라도레트리버 입니다.'
```

이제 모든 것이 배열이므로 체이닝을 이용해서 sort() 함수와 join() 함수를 결합하면 모든 것을 단순하면서도 멋지게 바꿀 수 있습니다.

collections/mapSpread/mapSpread.js

```
function getSortedAppliedFilters(filters) {
  const applied = [...filters]
```

```
    .sort(sortByKey)
    .map(([key, value]) => {
      return `${key}:${value}`;
    })
    .join(', ');
  return `선택한 조건은 ${applied} 입니다.`;
}
// '선택한 조건은 견종:래브라도레트리버, 색상:검정색 입니다.'
```

좀 헷갈리나요? 한 단계씩 정리해보면 다음과 같습니다.

1. 맵을 배열로 변환합니다.

2. 배열을 정렬합니다.

3. 배열에 담긴 키-값 쌍을 '키:값' 형식의 문자열로 변환합니다.

4. 배열의 항목을 연결해서 문자열을 만듭니다.

5. 템플릿 리터럴을 이용해서 다른 정보와 함께 문자열로 병합합니다.

배열에 대한 지식을 충분히 갖추면 단순하면서도 효율적인 코드를 작성할 수 있다는 점을 다시 한 번 강조하고 싶습니다. 이제 간단한 마침표 세 개만 있으면 맵과 배열을 오갈 수 있다는 점을 알았습니다. 맵을 사용할 수 있는 기회가 많으니 기회가 생기면 놓치지 말고 독창적인 방법으로 맵을 다뤄보길 바랍니다.

다음 팁에서는 펼침 연산자를 이용해 부수 효과와 조작을 피하는 방법을 살펴보겠습니다.

맵 생성 시 부수 효과를 피하라

이번 팁에서는 키-값 쌍이 담긴 배열로 맵을 생성해 부수 효과를 피하는 방법을 살펴봅니다.

지금까지는 계속해서 맵의 단일 인스턴스를 다뤘고, 맵 객체의 인스턴스에 직접 데이터를 추가하거나 삭제했습니다.

맵의 인스턴스를 이용해 작업하면 몇 가지 문제가 발생할 수 있습니다. 맵의 사본은 어떻게 생성할까요? 부수 효과를 피하면서 맵을 변경하려면 어떻게 해야 할까요?

다행히 배열과 객체를 통해 배운 몇 가지 기본 원칙을 적용하면 이러한 문제를 해결할 수 있습니다.

우선 복사와 조작 문제를 혼합한 예제를 살펴봅시다. 이 예제는 맵에 기본값을 적용합니다.

앞서 살펴봤던 반려견 입양 사이트 예제 코드에서는 사용자가 필터링 조건을 선택했는데, 아마 필터링 조건의 기본값도 필요할 것입니다. 사용자가 명시적으로 설정하지 않은 조건에 대해서는 기본값을 적용하고, 추가로 사용자가 적용하는 필터링 조건은 기본값을 덮어 씁니다.

```
const defaults = new Map()
  .set('색상', '갈색')
  .set('견종', '비글')
  .set('지역', '캔자스');
const filters = new Map()
  .set('색상', '검정색');
```

이제 여러분은 곤경에 빠졌습니다. 필터링 조건을 담은 컬렉션을 새로 생성하려면 어떻게 해야 할까요? 기본값과 사용자가 선택한 조건도 포함해야 합니다.

부수 효과를 신경 쓰지 않으면 맵에 has() 메서드를 사용해서 키가 존재하는지 확인할 수 있습니다. 이 경우에는 키가 있는지 확인하고, 없으면 키를 설정합니다. 이미 존재하는 키라면 무시하도록 합니다.

```
function applyDefaults(map, defaults) {
  for (const [key, value] of defaults) {
    if (!map.has(key)) {
      map.set(key, value);
    }
  }
}
export { applyDefaults };
```

만약 우리의 목표가 오로지 기본값과 사용자 데이터를 병합하는 것이라면 이미 성공입니다. 그렇지만 지금부터는 조작에 대해 회의적인 입장을 취해야 합니다. 필터링 조건 객체를 어떻게 사용할 것인지 생각해봅시다. 데이터에 필터링 조건을 적용하는 데 사용하고, 사용자가 선택한 조건을 알려주는 데도 사용합니다(이전 팁에서는 선택한 조건을 사용자에게 문자열로 보여줬습니다).

이제 객체를 조작하면 사용자가 직접 선택하지 않은 기본값도 모두 노출됩니다. 기본값은 강아지가 있는 지역도 포함합니다. 사용자가 거주하는 지역에 있

는 강아지만 보여주고, 사용자가 직접 지역을 변경하는 기능은 제공하지 않습니다. 사용자가 해당 지역의 반려견 입양 페이지를 방문하는 것이 낫기 때문입니다.

이 문제를 우회하는 가장 간단한 방법은 맵의 사본을 만드는 것입니다. 앞서 살펴본 것처럼 키-값 쌍이 담긴 배열을 전달하면 새로운 맵을 생성할 수 있습니다. 또한, 펼침 연산자를 이용해서 키-값 쌍의 목록도 생성할 수 있습니다.

이런 점을 활용해서 조작하기 전에 사본을 생성하도록 코드를 개선해봅시다.

collections/mapSideEffects/copy.js

```
function applyDefaults(map, defaults) {
  const copy = new Map([...map]);
  for (const [key, value] of defaults) {
    if (!copy.has(key)) {
      copy.set(key, value);
    }
  }
  return copy;
}
```

위의 코드와 비슷하게 작성했나요? 훌륭합니다! 필터링 조건의 사본을 생성하고, 여기에 기본값을 적용해서 새로운 맵을 반환했습니다(참고로 말하면, 함수 문맥 내부에서 조작하는 것은 문제가 되지 않습니다). 이제 필터링 조건 맵은 기본값과 사용자가 선택한 조건을 모두 포함하면서도 부수 효과로부터 안전합니다.

하지만 이보다 더 개선할 수도 있습니다. 여전히 여러 가지 키의 존재 여부를 일일이 확인하고 있습니다. 다행히 이 과정은 생략할 수 있습니다. 맵은 객체와 마찬가지로 하나의 키를 한 번만 사용할 수 있습니다. 따라서 새로운 키로 맵을 생성하면 어떤 값이든 해당 키에 마지막으로 선언한 값을 사용합니다. 즉, 값을 설정하는 대신 갱신하는 것입니다.

```
const filters = new Map()
  .set('color', 'black')
  .set('color', 'brown');
filters.get('color');
// brown
```

이런 특징과 함께 객체 펼침 연산자에 대한 지식을 활용하면 맵 두 개를 병합하
는 코드를 한 줄로 작성할 수 있습니다.

```
let filters = new Map()
  .set('색상', '검정색');
let filters2 = new Map()
  .set('색상', '갈색');
let update = new Map([...filters, ...filters2]);
update.get('색상');
// 갈색
```

함수를 다시 개선해봅시다. 이제 함수가 필요한 작업도 아니라는 사실을 알 수
있습니다. 맵을 병합하고 새로운 맵을 생성하는 것은 한 줄이면 충분합니다.

collections/mapSideEffects/map.js
```
function applyDefaults(map, defaults) {
  return new Map([...defaults, ...map]);
}
```

맵은 정말이지 여러 다른 데이터 구조에 사용된 최고의 개념을 모아놓았습니
다. 여러분의 코드에 맵을 활용할 수 있는 방법을 찾아내는 것도 어렵지 않을
것입니다.

다음 팁에서는 또 다른 새로운 컬렉션인 세트를 살펴보겠습니다. 세트로는 특
히 한 가지 기능을 잘 처리할 수 있는데, 바로 고유한 항목의 목록을 생성하는
것입니다.

세트를 이용해
고윳값을 관리하라

이번 팁에서는 세트(Set)를 이용해 배열에서 고유 항목만 분류하는 방법을 살펴봅니다.

세트는 한 가지 기능만을 매우 잘 수행하는 상당히 단순한 컬렉션으로, 각 고유 항목을 하나씩만 갖는 특화된 배열과 같습니다. 종종 많은 객체가 담긴 거대한 배열에서 값을 수집해야 할 때, 고윳값만 분류해내야 하는 경우가 있습니다. 다른 사용 사례도 있겠지만, 수많은 객체가 모여 있는 가운데 중요한 정보를 수집해내는 일은 매우 흔합니다.

이 점을 염두에 두고 우리가 만들던 필터링 조건으로 돌아가봅시다. 사용자가 선택할 수 있는 조건을 알려면 선택할 수 있는 모든 값을 수집해야 합니다. 앞에서 다뤘던 강아지에 대한 정보가 담긴 배열을 살펴봅시다.

```
const dogs = [
  {
    이름: '맥스',
    크기: '소형견',
    견종: '보스턴테리어',
    색상: '검정색',
  },
```

```
    {
        이름: '도니',
        크기: '대형견',
        견종: '래브라도레트리버',
        색상: '검정색',
    },
    {
        이름: '섀도',
        크기: '중형견',
        견종: '래브라도레트리버',
        색상: '갈색',
    },
];
```

색상 조건 목록을 수집하려면 어떻게 해야 할까요? 이 경우에는 강아지가 세 종류뿐이라 답이 뻔하지만, 목록이 늘어나서 강아지가 수백 마리 있다면 어떨까요? 골든 레트리버부터 핏불, 보더 콜리 같은 잠재적인 조건까지 대응하려면 어떻게 해야 할까요?

모든 색상 집합을 수집하는 방법 중 하나는 배열 메서드인 map()을 사용하는 것입니다. map() 메서드는 **TIP 22 map( ) 메서드로 비슷한 길이의 배열을 생성하라** 에서 더 자세히 살펴볼 것입니다. 일단 map() 메서드를 이용하면 색상만 담은 배열을 반환할 수 있다는 것만 이해하면 됩니다.

collections/set/unique.js

```
function getColors(dogs) {
  return dogs.map(dog => dog['색상']);
}
getColors(dogs);
// ['검정색', '검정색', '갈색']
```

그렇지만 이는 문제를 푸는 첫 번째 단계에 불과합니다. 이제 색상을 모두 수집했으니 중복된 색상이 없고 고윳값만 있는 배열로 바꿔야 합니다. 중복 값을 제

거하는 몇 가지 방법이 있습니다. for 문을 사용하거나 reduce() 메서드를 쓸 수 있지요. 일단 더 간단한 for 문을 사용해봅시다.

collections/set/unique.js

```
function getUnique(attributes) {
  const unique = [];
  for (const attribute of attributes) {
    if (!unique.includes(attribute)) {
      unique.push(attribute);
    }
  }
  return unique;
}
const colors = getColors(dogs);
getUnique(colors);
// ['검정색', '갈색']
```

딱히 어려운 것은 없지만, 이제 저렇게 많은 코드를 쓰지 않아도 됩니다. 세트 객체를 사용해서 고윳값만 분류해낼 수 있습니다. 세트는 흔히 사용되는 데이터 형식이므로 다른 언어에서 이미 경험했을지도 모르겠군요.

인터페이스는 매우 단순하고 여러 면에서 맵과 닮았습니다. 둘의 대표적인 차이점은 맵은 키-값 쌍 배열을 받지만 세트의 새로운 인스턴스는 중첩하지 않은 배열을 인수로 받는다는 것입니다.

세트에 색상 배열을 넘겨주면 작업이 거의 끝납니다.

```
const colors = ['검정색', '검정색', '갈색'];
const unique = new Set(colors);
// Set {'검정색', '갈색'}
```

새로 생성한 객체의 값은 각 색상을 하나씩만 포함하는 세트입니다. 하지만 문제가 있습니다. 우리가 필요한 것은 세트가 아니라, 고유 속성만 담긴 배열입니다.

이쯤이면 해결책을 눈치챘겠지요? 바로 펼침 연산자를 사용하는 것입니다. 맵과 마찬가지로 세트에도 펼침 연산자를 사용할 수 있습니다. 유일한 차이점은 세트가 배열을 반환한다는 것입니다. 바로 이런 기능을 원했습니다! 이제 getUnique() 함수를 리팩토링해서 한 줄로 만들 수 있습니다. 심지어 인스턴스를 생성하자마자 펼침 연산자를 사용할 수도 있습니다. 변수에 할당할 필요조차 없지요.

collections/set/set.js

```
function getUnique(attributes) {
  return [...new Set(attributes)];
}
```

혹시 이 코드가 여전히 만족스럽지 않나요? 훌륭합니다! 직관이 날카로워졌군요. 위 코드를 비효율적이라고 생각했다면 제대로 봤습니다. 색상 배열을 만들려면 처음에 강아지 정보가 담긴 배열을 한 차례 순회해야 합니다. 그 뒤에 배열을 조작해서 고윳값만 분류합니다. 한 번에 처리할 수는 없을까요?

당연히 가능합니다. 맵과 유사하게 세트에도 값을 추가하고 검증하는 메서드가 있습니다. 세트의 경우 값을 추가할 때는 add() 메서드를, 검증할 때는 has() 메서드를 사용합니다. 또한, 세트에도 맵처럼 delete()와 clear() 메서드가 있습니다.

즉, 세트에 항목을 추가할 때는 배열에 담아 한 번에 전달할 수 있지만, 반복문을 이용해서 개별적으로 추가할 수도 있습니다. 세트는 각 값을 하나씩만 보관할 수 있습니다. 세트에 없는 값은 추가할 수 있습니다. 이미 세트에 존재하는 값을 추가하면 무시됩니다. 순서도 보장되며 최초에 값이 추가된 위치가 유지됩니다. 이미 존재하는 값을 다시 넣더라도 원래 위치를 유지합니다.

```
let names = new Set();
names.add('joe');
// Set { 'joe' }
```

```
names.add('bea');
// Set { 'joe', 'bea'}
names.add('joe');
// Set { 'joe', 'bea'}
```

이제 강아지 정보가 담긴 배열에서 고유한 정보를 한 번에 가져올 수 있습니다. 고유한 항목을 찾기 위해 색상을 먼저 수집할 필요가 없습니다. 세트를 이용하면 한 번에 해결할 수 있습니다.

collections/set/set.js

```
function getUniqueColors(dogs) {
  const unique = new Set();
  for (const dog of dogs) {
    unique.add(dog.색상);
  }
  return [...unique];
}
```

위 코드에서는 간단한 for 문을 사용했습니다. 그런데 reduce() 메서드를 이용하면 이 동작을 간단하게 한 줄로 작성할 수도 있습니다. reduce() 메서드는 굉장히 멋져서 마음에 들겠지만, 다소 복잡해 보일 수도 있습니다. reduce() 메서드는 **TIP 26 reduce( )로 배열 데이터를 변환하라**에서 다룹니다. 일단 reduce() 메서드를 이용해서 고윳값을 가져오는 작업을 한 줄로 작성하면 다음과 같습니다.*

collections/set/set.js

```
[...dogs.reduce((colors, { 색상 }) => colors.add(색상), new Set())];
```

---

* 역주 예제 코드를 보면 { 색상 }이라는 낯선 풍경이 보입니다. 여기서 색상은 해체 할당으로 선언한 변수 이름입니다. 한글로 변수를 선언하는 것은 일반적이지 않지만 가능합니다. 여기서는 이해를 돕기 위해 예제 코드의 맵에 키를 한글로 입력했고, 그대로 해체 할당을 이용하기 때문에 변수 이름이 한글이 되었습니다. 참고로 원서에서는 맵과 변수 이름으로 color를 사용합니다.

이제 여러분의 코드에 컬렉션을 이용해서 다양하고 새로운 시도를 할 수 있을 것입니다. 위크맵(WeakMap)과 위크셋(WeakSet)처럼 아직 다루지 않은 내용도 있습니다. 직접 살펴보세요. 자바스크립트 문서는 MDN을 참고하면 가장 좋습니다.*

컬렉션을 충분히 살펴봤으니 무언가 만들어봐야겠군요! 다음 단계로 제어 구조를 사용해 조건부 동작을 다루는 방법을 살펴봅시다.

다음 장에서는 우리가 살펴본 것과 동일한 수준의 단순함과 가독성을 어떻게 조건문에도 적용할 수 있을지 살펴보겠습니다.

---

* https://developer.mozilla.org

역주 특히 2017년 10월 이후부터는 모질라 재단뿐만 아니라 마이크로소프트, 구글, W3C, 삼성도 자신들의 기술 자료를 MDN에 통합하고 있습니다. 현재는 'MDN 웹 문서(MDN Web Docs)'가 사이트의 정식 명칭입니다. 기술 자료 통합에 대한 자세한 내용은 모질라 재단 블로그 게시물을 참고하길 바랍니다. https://blog.mozilla.org/blog/2017/10/18/mozilla-brings-microsoft-google-w3c-samsung-together-create-cross-browser-documentation-mdn/ (단축 URL: https://mzl.la/36HgSTO)

4장

조건문을 깔끔하게 작성하라

봄맞이 대청소에 휘말려본 적이 있나요? 지금 이야기하려는 것은 할 일 목록에 '바닥 청소'라 적고 계획대로 실행하는 청소가 아닙니다. 그보다는 마침 날씨가 좋아서 창문을 열자마자 책상 위를 굴러다니는 종이 뭉치를 발견하고 시작하는 경우에 더 가깝습니다. 어쨌든 서류 뭉치도 한번 정리하려고 했던 것이니 일단은 괜찮습니다. 그렇게 정리를 시작해서 쌓아둔 서류 뭉치를 치우고 나니, 그동안 서류 뭉치에 가려져 있던 헝클어진 컴퓨터 선이 눈에 들어옵니다. 커피 잔은 대체 언제부터 저 뒤에 있었던 걸까요? 그동안 이런 현실을 외면한 채로 사무실 전체를 보지 못하고 부분적으로만 보면서 지내왔습니다. 잡동사니를 치우기 시작하면 쉽사리 멈출 수가 없습니다.

이제 우리는 깔끔하고 간결한 자바스크립트의 참맛을 느끼게 되었습니다. 굉장한 일입니다. 새로운 문법을 통해 훨씬 적은 코드로 더 많은 일을 할 수 있게 되었습니다. 그렇지만 우리의 코드에 긍정적인 변화를 가져오기 위해 새로운 문법만 기다리고 있어야 하는 것은 아닙니다.

새로운 문법에서 잠시 벗어나 기존의 개념을 잠시 살펴봅시다. 대신 새로운 목표가 있습니다. 깔끔하고 예측 가능한 자바스크립트 코드를 작성하는 것입니다.

이 장에서는 조건식을 정리하는 방법을 살펴봅니다. 코드를 간결하고 깔끔하게 유지하는 것을 목표로 참과 거짓 값, 삼항 연산자, 단락 평가(short circuiting) 등과 같은 기본적인 개념을 다시 살펴볼 것입니다.

기존의 개념을 살펴보는 것에는 실용적인 측면도 있습니다. 이제 새로운 문법을 이용할 수 있기 때문에 데이터를 할당하고 다룰 때 사용하는 도구가 늘어났지요. 여기에 예전 개념을 다시 적용하면 더욱 강력한 도구로 만들 수 있습니다.

기본적인 예제를 하나 살펴보면 다음과 같습니다. 값에 따라 색상을 설정하려고 합니다. 만약 값이 음수이면 색상을 빨간색('red')으로 합니다. 값이 양수이면 색상을 녹색('green')으로 설정합니다.

```javascript
const transactions = [...spending, ...income];
const balance = calculateBalance(transactions);
```

```
let color;
if (balance > 0) {
  color = 'green';
} else {
  color = 'red';
}
```

첫 번째 두 줄은 청소를 마친 책상처럼 깨끗합니다. 깔끔하고 표현력이 있으며, const로 할당했기 때문에 이후에 변경되지 않음을 알 수 있습니다. 그렇지만 조금 밑으로 내려가면 갑자기 코드가 형편없이 어수선해져서 봄맞이 대청소가 떠오릅니다.

let은 대체 어디서 나타난 것일까요? 아, 알겠네요. 조건문에서 조작하는 색상을 지정하기 위해 선언했습니다. 나쁘지 않아 보이지만, 코드의 다른 부분처럼 깔끔하게 느껴지지는 않습니다.

갑자기 저 코드 블록이 잘못된 것처럼 보입니다. 다행히 우리에게는 코드를 방치하지 않고 개선할 기회가 있습니다. 앞서 살펴봤던 것처럼 간결한 문법으로 다시 작성할 수 있습니다. 새로운 문법 없이 말이죠.

이 장에서는 먼저 자바스크립트의 참과 거짓 값을 살펴보겠습니다. 참과 거짓 값에 관련된 코드를 간결하게 하려면 여러 가지 기술이 필요하므로 먼저 확고한 기초 지식을 다져야 합니다. 다음으로 if/else 조건문을 한 줄로 정리하는 간단한 방법인 삼항 연산자를 살펴봅니다. 끝으로 단락 평가를 이용해 조건문을 최대한 축약함으로써 변수에 할당하는 방법을 살펴봅니다.

지금이 바로 어수선한 조건문을 청소할 시간입니다. 이 장에서 참과 거짓 값, 삼항 연산자, 단락 평가를 살펴보면 모던 자바스크립트 코드에 어울리는 조건문을 작성할 수 있을 것입니다. 또한, 나중에 배열 메서드와 함수를 공부할 때도 여기서 살펴본 개념들을 계속 적용합니다.

그러면 지금부터 대청소를 시작합시다.

17

거짓 값이 있는
조건문을 축약하라

이번 팁에서는 거짓 값과 참 값을 이용해 서로 다른 정보를 확인하는 방법을 살펴봅니다.

여러분은 혹시 처음 작성한 코드의 첫 번째 줄을 기억하고 있나요? 저는 기억나지 않지만, 처음 쓴 코드가 조건문이라고 해도 놀라지 않을 것입니다. 조건문을 이용해서 특정한 정보에 적합한 방법을 적용하고, 만약 다른 정보가 제시되면 그에 적합한 다른 방법을 적용하는 것은 프로그래밍의 기본입니다.

지금도 매일 수많은 조건문을 작성합니다. 여러분도 그럴 것입니다. 작성할 조건문이 많을 때 자바스크립트를 이용하면, 다른 언어와 마찬가지로 정보의 확인, 재할당 또는 표준화를 최소한의 코드로 매우 빠르게 수행할 수 있습니다.

값을 빠르게 검증하는 비법은 불 자료형(boolean type)이라고도 부르는 원시값 true, false와 참(truthy) 또는 거짓(falsy) 값이라고 부르는 값 사이의 미묘한 차이를 이해하는 것입니다. 참 또는 거짓 값은 불 값과 동일하지 않지만 대부분의 경우 유사하게 작동합니다.

개념을 좀 더 깊게 살펴보기 전에 먼저 살펴볼 한 가지 개념이 더 있습니다. 동등과 일치의 차이를 짚고 넘어가야 합니다. 내용은 같지만 자료형이 서로 다른 값을 비교할 때 ==을 이용해서 동등한지 확인할 수 있습니다.

```
1 == '1' // true
```

동일한 값 또는 엄격히 일치하는 값이란 두 값이 서로 동일할 뿐만 아니라 자료형도 같은 것을 의미합니다.

```
1 === '1' // false
1 === 1 // true
```

객체와 배열의 인스턴스인 경우에는 동일한지 확인할 때 참조를 기준으로 합니다(Object.assign()의 참조에 대한 설명을 잘 기억하고 있나요?).

이 주제에 대해 훨씬 깊게 살펴볼 수도 있지만, 여기서는 false 또는 true와 동등하지만 일치하지 않는 값이 무엇인지 확인하면 충분합니다.

자, 참과 거짓 값으로 돌아갑시다. 빈 문자열은 false와 동등합니다. 그렇지만 일치하지는 않습니다. 다시 말해 빈 문자열은 거짓 값입니다.

```
'' == false // true
if('') {
  return '난 false가 아니야!'
} else {
  return '내가 false라니... :( !'
}
// 내가 false라니... :( !
```

거짓 값의 목록을 MDN[*]에서 빠르게 확인해보면 다음과 같습니다.

---

* http://bitly.kr/pHEg

- false
- null
- 0
- NaN(숫자가 아님)
- ''
- ""

이 중에서도 0, null, 빈 문자열을 기억합시다. 물론 false가 거짓 값이라는 점도 잊지 마세요.

몇 가지가 눈에 띄게 누락된 것을 눈치챘나요? 목록에서 다른 컬렉션은 말할 것도 없이 배열과 객체가 없다는 점에 의문을 품었다면 제대로 봤습니다. 배열과 객체의 경우 빈 배열 또는 빈 객체라도 항상 참 값입니다. 따라서 객체 또는 배열이 비어있는지 확인하려면, [].length 또는 Object.keys({}).length처럼 0 또는 참 값인 숫자를 반환하는 다른 방법을 사용해야 합니다.

이쯤 되면 왜 거짓과 참 값에 관심을 가져야 하는지 궁금할 것입니다(물론 거짓이 아니면 참입니다). 참과 거짓 값이 중요한 이유는 긴 표현식을 축약할 수 있기 때문입니다.

```
const employee = {
  name: 'Eric',
  equipmentTraining: '',
}

if (!employee.equipmentTraining) {
  return '기계를 작동할 권한이 없습니다.';
}
```

직원이 장비 교육을 언제 받았는지 코드는 알 필요가 없습니다. equipment Training이 날짜인지, 인증서 명칭인지도 중요하지 않습니다. 코드는 그저 값의 존재 여부를 확인하고, 어떤 값이라도 있는지만 확인합니다.

그렇지만 몇 가지 주의할 점도 있습니다. 문제가 혼란스러워지는 경우를 봅시다. 의도와 다르게 거짓 값을 만드는 경우도 있습니다. 가장 흔한 문제는 색인을 사용해 배열에서 존재 여부를 검사하는 경우입니다.

```
['a', 'b'].indexOf('a')
// 0이 반환되며, 0은 거짓 값입니다.
```

앞서 `Array.includes()`를 살펴보면서 이미 다룬 문제이므로 예전보다는 더 적게 경험할 것입니다. 정의되지 않은 키-값 데이터를 탐색할 때 이보다 한층 더 미묘한 문제를 경험할 수 있습니다. 정의되지 않은 키의 값을 가져오면 `undefined`입니다. 이 경우 코드의 다른 곳에 객체 또는 맵을 변경하는 부분이 있다면 문제를 일으킬 수 있습니다.

`equipmentTraining`을 불 값으로 만들기 위해 객체를 약간 수정해봅시다.

```
const employee = {
  name: 'Eric',
  equipmentTraining: true,
};

function listCerts(employee) {
  if (employee.equipmentTraining) {
    employee.certificates = ['Equipment'];
    // 조작!
    delete employee.equipmentTraining;
  }
  // 코드가 더 있습니다.
}
function checkAuthorization() {
  if (!employee.equipmentTraining) {
    return '기계를 작동할 권한이 없습니다.';
  }
  return `반갑습니다, ${employee.name} 님`;
}
listCerts(employee);
```

```
checkAuthorization(employee);
// '기계를 작동할 권한이 없습니다.'
```

무슨 문제가 발생했나요? listCerts() 함수가 객체를 조작하고 키-값 데이터를 제거했습니다. 다음 함수에서는 객체에 값이 있는지 검사합니다. 객체에 키를 정의하지 않은 경우에는 오류가 발생하지 않습니다. 대신 undefined를 반환합니다. 이것은 맵의 경우에도 동일합니다. 코드를 점검해보면 직원이 인증서를 받아서 조건문을 통과한 것처럼 보입니다. 마치 퍼즐 맞추기 같은 버그입니다.

어떻게 하면 문제를 해결할 수 있을까요? 정답은 두 가지입니다. 두 가지를 모두 맞출 수 있을까요?

첫 번째이자 월등히 더 좋은 방법은 데이터를 조작하지 않는 것입니다. 거짓 문은 포기하기에는 가치가 너무 큽니다. 함수가 데이터를 조작한다면 함수를 수정합시다.

만약 함수를 수정할 수 없다면, 두 번째 방법으로 엄격한 일치(strict equivalency)를 이용해서 값이 있는지, 원하는 형식인지 확인하는 방법이 있습니다. 엄격한 일치를 사용하면 employee.equipmentTraining에 'Not Trained' 같은 참 값을 설정하는 상황을 방지할 수 있습니다.

```
function checkAuthorization() {
  if(employee.equipmentTraining !== true) {
    return '기계를 작동할 권한이 없습니다.';
  }
  return `반갑습니다, ${employee.name} 님`;
}
checkAuthorization(employee);
// '기계를 작동할 권한이 없습니다.'
```

코드가 늘어났지만 괜찮습니다. 흔히 있는 일입니다. 거짓 값에 집착할 필요는 없지만, 확실히 이해해야만 합니다. 거짓 값이 곧 중요한 역할을 할 것입니다.

다음 팁에서는 거짓 값과 참 값을 사용해 빠르게 데이터를 확인하는 방법을 살펴봅니다.

18

삼항 연산자로 빠르게 데이터를 확인하라

이번 팁에서는 삼항 연산자를 이용해 재할당을 피하는 방법을 살펴봅니다. 제가 단순한 코드를 사랑한다는 사실은 이제 모두 눈치챘을 것입니다. 저는 항상 표현식을 최대한 적은 글자로 줄이려고 노력합니다. 첫 번째 직장에서 작성한 코드를 검토해주던 예전 동료 덕분입니다.

```
If (active) {
  var display = 'bold'
} else {
  var display = 'normal'
}
```

그 동료는 제 코드를 한번 훑어보고는 "저건 삼항 연산자로 하는 게 낫겠네요."라고 대수롭지 않게 말했습니다. "그렇네요."라고 말하면서 동의하기는 했지만, 무슨 이야기인지 그 당시에는 바로 이해하지 못했습니다. 동료가 언급한 코드를 다시 살펴본 뒤에 코드를 표현식 한 줄로 단순하게 만들자, 그 모습은 예전 코드와 전혀 달랐지요.

```
var display = active ? 'bold' : 'normal';
```

여러분은 이미 삼항 연산자를 사용해봤을 것입니다. 삼항 연산자는 대부분의 언어에 있고, 이를 이용하면 조건을 빠르게 확인할 수 있으니까요. (삼항 연산자에는 다른 용도도 있지만, 가장 흔한 사용법은 조건 확인입니다.)

이처럼 새롭지 않은 삼항 연산자에 왜 흥미를 가져야 할까요? 그동안 살펴봤던 좀 더 큰 주제로 돌아가서 생각해보면 삼항 연산자는 그저 더 단순하기만 한 것이 아니라 더 예측 가능합니다. 삼항 연산자를 이용하면 변수의 재할당을 줄일 수 있습니다.

게다가 새로운 변수 선언 방식은 if/else 문을 과도하게 사용하는 문제로 이어지기도 합니다. 블록 유효 범위 변수를 확인하려고 할 때 블록 밖에서는 확인 결과를 알 수 없습니다.

conditionals/ternary/if.js

```
if (title === '과장') {
  const permissions = ['근로시간', '수당'];
} else {
  const permissions = ['근로시간'];
}
permissions;
// ReferenceError: permissions is not defined
// 참조 오류: permissions가 정의되지 않았습니다.
```

이렇게 되면 블록 유효 범위 밖에서도 접근 가능한 var로 변수를 선언하거나, let으로 변수를 선언하고 if/else 문 내부에서 재할당해야 합니다. let을 사용하는 경우는 다음과 같습니다.

conditionals/ternary/if.js

```
let permissions;
if (title === '과장') {
  permissions = ['근로시간', '수당'];
} else {
  permissions = ['근로시간'];
}
```

let과 const가 등장하기 전에는 변수가 생성되는 시점을 걱정할 필요가 없었습니다. 그렇지만 지금은 과도한 코드는 물론이고 잠재적인 유효 범위 충돌까지 고려해야 합니다.

이러한 문제를 삼항 연산자로 해결할 수 있습니다. 삼항 연산자를 이용하면 확실히 많은 추가 코드를 줄일 수 있습니다. 또한, 값을 const에 직접 선언하므로 좀 더 예측 가능합니다. 어떻게 하면 앞서 살펴본 코드를 const와 삼항 연산자를 이용해 다시 작성할 수 있을까요?

conditionals/ternary/ternary.js

```
const permissions = title === '과장' ? ['근로시간', '수당'] : ['근로시간'];
```

훨씬 깔끔하고 예측 가능한 값이 되었습니다.

다만 한 가지 주의할 점이 있습니다. 삼항 연산자를 여러 개 연결해서 사용할수는 있지만 가급적 피하는 것이 좋습니다. 예를 들어 '부장'이라는 다른 유형의 사용자가 급여는 볼 수 없지만 초과 근무는 승인할 수 있는 경우를 생각해봅시다. 아마도 삼항 연산자를 또 추가해서 해결하고 싶을 것입니다. 딱히 나쁠것도 없어 보입니다. 그렇죠?

conditionals/ternary/ternaryProblem.js

```
const permissions = title === '부장' || title === '과장' ?
    title === '과장' ?
      ['근로시간', '초과근무승인', '수당'] : ['근로시간', '초과근무승인']
  : ['근로시간'];
```

그렇지만 이쯤 되니 삼항 연산자는 제대로 읽을 수 없게 되었고, 단순함이라는 가치도 잃어버렸습니다. 이보다는 확인을 위한 코드를 완전히 블록 외부로 분리해서 독립적인 함수로 이동시키는 것이 좋습니다(여기에 테스트도 추가하면 좋습니다). 그렇게 하면 과도한 코드에 대한 우려 없이 const를 사용할 수 있습니다.

```javascript
function getTimePermissions({ title }) {
  if (title === '과장') {
    return ['근로시간', '초과근무승인', '수당'];
  }
  if (title === '부장') {
    return ['근로시간', '초과근무승인'];
  }
  return ['근로시간'];
}

const permissions = getTimePermissions({ title: '사원' });
// ['근로시간']
```

추상화 없이 한 가지 작업만을 목적으로 하는 짧은 함수를 만드는 것은 아무런 문제가 없습니다. 사실 깨끗한 코드를 작성하는 훌륭한 첫 단계이기도 합니다. 분리된 함수의 반환값을 const에 할당할 수 있으며, 모든 것이 더 깔끔하고 읽기에 좋습니다. 삼항 연산자는 코드를 단순화할 수 있어서 사용할 만한 가치가 있는 경우에만 쓰고, 삼항 연산자로 인해 지나치게 코드가 모호해진다면 일반적인 if 문으로 돌아가는 것이 바람직합니다.

다음 팁에서는 단락 평가를 이용한 훨씬 쉬운 데이터 확인 방법을 살펴보겠습니다.

19

단락 평가를 이용해 효율성을 극대화하라

이번 팁에서는 단락 평가를 이용해 조건문을 가장 짧은 표현식으로 줄이는 방법을 살펴봅니다.

지난 팁을 통해 조건문을 단순화하는 여러 방법을 살펴봤습니다. 여기에 한 가지 방법을 더 사용할 수 있는데, 바로 단락 평가(short circuiting)입니다.

단락 평가의 목적은 이름에서 알 수 있듯이 가장 타당한 정보를 먼저 위치시켜서 정보 확인을 건너뛰는 것입니다.

다음 예제 코드를 통해 이전 팁에서 논의했던 내용과 잘 어울리는 삼항 연산자를 살펴봅시다.

conditionals/shortCircuiting/ternary.js

```javascript
function getIconPath(icon) {
  const path = icon.path ? icon.path : 'uploads/default.png';
  return `https://assets.foo.com/${path}`;
}
```

이 코드의 목적은 단순합니다. 아이콘 경로가 참 값이면 (정의되어 있고 빈 값이 아닌 경우) 해당 경로를 사용합니다. 거짓 값, undefined, 또는 ''(빈 문자열)인 경우 기본값을 사용합니다.

```
const icon = {
  path: 'acme/bar.png'
}
getIconPath(icon);
// 'https://assets.foo.com/acme/bar.png';
```

이 코드를 좀 더 간결하게 만드는 방법이 있을까요?

아마 icon.path를 두 번이나 확인하는 것을 발견했을 것입니다. 데이터가 항상 유효한 경우를 가정해봅시다. 여기서 데이터가 항상 유효하다는 것은 필요한 데이터와 확인하는 데이터에 차이가 없음을 의미합니다. 이 경우 만약 데이터가 참이라면 데이터를 그대로 사용합니다.

코드를 개선하기 전에 논리 연산자가 어떻게 작동하는지 잠시 생각해봅시다. ||으로 작성하는 OR 연산자는 선택 가능한 값 중 하나라도 true이면 true를 반환합니다. 즉, 어떤 값이든 true를 반환하면 다른 값은 확인할 필요가 없습니다.

더 재미있는 부분은 이제 시작입니다. 불 표현식 true 또는 false를 검사할 때 참 값을 사용할 수 있으므로. 언어 입장에서는 참 값을 구태여 true로 변경하는 것이 별 이득이 없습니다. 따라서 OR 연산자로 검사한 값 중 하나가 true를 반환하면, 실제로는 true 대신 검사를 통과한 참 값이 반환됩니다.

잘 이해되지 않나요? 걱정하지 마세요. 결국은 불 값을 확인하고, 확인한 값을 곧바로 할당할 수 있다는 의미입니다.

```
const name = 'joe' || 'I have no name';
name;
// 'joe'
```

이제 삼항 연산자를 더 간결하게 바꿀 수 있는 모든 도구를 갖췄습니다.

```
function getIconPath(icon) {
  const path = icon.path || 'uploads/default.png';
  return `https://assets.foo.com/${path}`;
}
```

이미 눈치챘겠지만 단락 평가의 가장 좋은 부분은 표현식의 끝에 기본값을 추가할 수 있다는 것입니다. 따라서 변수가 거짓 값이 될 가능성을 염려하지 않아도 됩니다. 마지막에는 참 값이 기다리고 있으니까요.

좋습니다. 이제 단락 평가를 이용해서 참 값이 있을 때 정보 확인을 건너뛸 수 있습니다. 그럼 반대의 경우는 어떨까요? false가 있을 때 표현식을 중단할 수 있을까요? 물론 가능합니다.

단락 평가를 이용하는, 또 다른 인기 있는 방법은 오류를 방지하는 것으로, 특별히 특정 컬렉션의 메서드 또는 동작을 사용할 때 단락 평가를 사용하는 것입니다.

아이콘 경로 예제에 약간의 변화를 주겠습니다. 이번에는 아이콘 세트가 아니라 사용자로부터 이미지 세트를 받으려고 합니다. 첫 번째 이미지는 썸네일 이미지로 사용합니다.

이미지가 많기 때문에 이미지 컬렉션은 배열을 사용합니다. 코드를 통해 다음 구현 내용을 처리해야 합니다.

```
// 지정된 배열이 없음
const userConfig1 = {
}
// 내용이 없는 배열
const userConfig2 = {
  images: []
}
```

```
// 내용이 있는 배열
const userConfig3 = {
  images: [
      'me.png',
      'work.png'
  ]
}
```

원하는 값을 가져올 때 || 연산자로 단락 평가를 이용할 수 있다고 생각할지 모릅니다. 그렇지만 속성이 정의되지 않은 경우에는 제대로 작동하지 않습니다.

```
const userConfig1 = {
}
const img = userConfig1.images[0] || 'default.png';
// TypeError: Cannot read property '0' of undefined
// 타입 오류: undefined의 속성 '0'을 읽을 수 없습니다.
```

이 경우에는 || 연산자로 단락 평가를 사용하기에 적절하지 않으므로, 다음 단계로 여러 번 중첩된 조건문을 사용하는 방법을 쓸 수 있습니다.

conditionals/shortCircuiting/conditional.js

```
function getFirstImage(userConfig) {
  let img = 'default.png';
  if (userConfig.images) {
    img = userConfig.images[0];
  }
  return img;
}
```

위 예제에서는 이미지가 정의되지 않아도 오류가 발생하지 않습니다. 그렇지만 배열에 항목이 없으면 문제가 발생합니다.

```
const userConfig = {
  images: []
}
```

```
const img = getFirstImage(userConfig);
// undefined
```

이제 문제를 해결하기 위해 조건문을 한 번 더 중첩합니다.

conditionals/shortCircuiting/conditional.js
```
function getImage(userConfig) {
  let img = 'default.png';
  if (userConfig.images) {
    if (userConfig.images.length) {
      img = userConfig.images[0];
    }
  }
  return img;
}
```

코드에서 가독성과 아름다움이 종적을 감춰버렸습니다.

다행히 단락 평가로 문제를 해결할 수 있습니다. 조건문과 && 연산자를 조합하면 앞서 봤던 TypeError를 피할 수 있습니다. && 연산자로 작성한 논리 문자열은 거짓 값이 발생하는 즉시 중지됩니다. 따라서 존재하지 않는 메서드를 호출할 때 발생하는 TypeError를 걱정할 필요가 없으며, 컬렉션의 존재 여부를 안전하게 확인하고 메서드를 호출할 수 있습니다.

conditionals/shortCircuiting/shortCircuiting.js
```
function getImage(userConfig) {
  if (userConfig.images && userConfig.images.length > 0) {
    return userConfig.images[0];
  }
  return 'default.png';
}
```

그렇지만 위의 코드는 참 값만 확인하기 때문에 이것으로는 충분하지 않습니다. 잘못된 데이터나 이미지가 문자열로 설정되어 있으면 문자열의 첫 글자처럼 이상한 결괏값이 반환될 수 있습니다. 그렇지만 일단은 이대로 두겠습니다. 어느 시점이 되면 데이터를 약간 신뢰하거나, 데이터 흐름의 상위에서 데이터를 정규화하는 방법이 필요해질 것입니다.

마지막으로, 단락 평가를 삼항 연산자와 조합해서 확인 과정을 한 줄로 줄일 수도 있습니다. 먼저 images 속성을 꺼내서 변수에 담습니다. 객체에 없는 속성은 그저 undefined라는 점을 기억하길 바랍니다.

conditionals/shortCircuiting/ternary.js

```
function getImage(userConfig) {
  const images = userConfig.images;
  return images && images.length ? images[0] : 'default.png';
}
```

삼항 연산자와 단락 평가를 조합할 때는 주의가 필요합니다. 순식간에 코드를 다루기가 어려워질 수 있습니다. 예를 들어, 확장자가 gif인 이미지 파일을 받지 않으려고 합니다. 이 경우에도 배열에 항목이 있는지 확인해야 합니다. 그렇지 않으면 undefined에 색인으로 값을 가져오다가 다른 TypeError가 발생할 수도 있습니다. 결과적으로 코드가 점점 이상해집니다.

conditionals/shortCircuiting/ternary.js

```
const images = userConfig.images;
return images &&
          images.length &&
          images[0].indexOf('gif') < 0
    ? images[0] : 'default.png';
```

이미지 확인을 위한 코드를 리팩토링할 수도 있습니다. 아니면 색인 대신 정규 표현식으로 확장자를 확인할 수도 있습니다. 문제를 피하는 방법은 다양합니다. 어느 시점에는 단순히 짧은 조건문이 아니라 코드를 더 명료하게 만드는 조건문이 필요할 것입니다.

조건문이 얼마나 많아야 정말 많다고 할 수 있는지 따져볼 수 있는 정확한 규칙은 없습니다. 개인의 취향과 팀원 간 합의에 따라 달라지겠지요. 그렇지만 코드가 길어지면 (대체로 조건을 세 가지 이상 확인하는 경우) 독립적인 함수를 만드는 편이 낫습니다.

단순함은 훌륭합니다. 또한, 코드를 한 줄로 줄이는 똑똑한 방법을 찾는 것은 즐거운 일입니다. 그렇지만 목표는 항상 코드를 통한 의사소통과 가독성입니다. 단락 평가를 사용해 코드를 좀 더 읽기 좋게 만드세요. 그저 코드를 줄이기 위한 용도는 아닙니다.

이제 단순한 조건문을 만들 수 있으므로 여기서 배운 지식을 직접 활용해봅시다.

다음 장에서는 반복문을 살펴보고, 조작을 피할 수 있는 단순화된 반복문을 생성하는 방법, 예측 가능한 결과를 반환하는 방법, 반복문을 코드 한 줄로 최소화하는 방법 등을 살펴보겠습니다.

5장

반복문을
단순하게 만들어라

고등학교 때 자동차 정비 과목 선생님은 수업을 시작하면서 커다란 몽키 스패너를 들고 이런 말씀을 하셨습니다. "어떤 사람들은 몽키 스패너만 있으면 다 되는 줄 알지." 그러고 나서 선생님은 볼트를 풀고, 나사를 빼고, 개스킷을 풀때 몽키 스패너를 마치 펜치 세트처럼 사용하는 방법을 보여주셨습니다. 선생님이 몽키 스패너를 허공에 휘두르면서 "심지어 몽키 스패너를 망치로 쓰기도 하지."라고 말씀하시던 것도 기억납니다.

선생님은 "그렇지만 몽키 스패너만 사용하면 볼트는 전부 망가지고, 송풍기 날은 부러지고, 차는 찌그러져서 대부분의 경우 상황이 악화되기만 한다."라고 말씀하시면서 몽키 스패너를 벤치에 내려놓고 이렇게 덧붙이셨습니다. "그것이 바로 특화된 공구를 사용하는 이유다." 그러고는 우리에게 육각 렌치, 토크 렌치, 점화 플러그 갭 게이지를 비롯해 훌륭한 정비사가 다루는 모든 도구의 사용법을 보여주셨습니다.

이제 여러분은 자바스크립트에서 데이터를 순회할 때 사용할 수 있는 특화된 도구의 사용법을 익히게 될 것입니다. 적합한 도구를 사용하면 여러분의 코드는 좀 더 간결해지고, 여러분의 의도를 다른 개발자에게 전달할 수 있습니다.

for 문은 이미 사용한 적이 있을 것입니다. 정수가 담긴 배열을 문자열로 변환해야 한다면 for 문을 사용해서 손쉽게 처리할 수 있습니다. 빈 배열을 하나 생성하고, for 문의 색인을 이용해서 값을 한 번에 하나씩 순회하기만 하면 새로운 배열에 새로운 값을 추가할 수 있습니다.

그렇지만 우리는 이런 방식이 문제만 일으킨다는 것을 이미 알고 있습니다. 관리해야 할 변수도 더 늘어나며, 조작을 사용해야 합니다. 게다가 다른 개발자들은 코드에서 여러분의 의도를 알아챌 수 없습니다. 여러분이 한 가지 형식의 반복문을 사용하면 다른 개발자들은 여러분의 코드가 원본 배열의 전체 결과를 반환하는지, 일부만 반환하는지 알 수 없습니다. 코드에서 데이터 형식을 변환하거나 컬렉션을 배열에서 객체로 변환한다면, 다른 개발자들은 여러분의 의도를 한눈에 알아볼 수 없을 것입니다.

한 가지 도구로 모든 문제를 풀려고 한다면 코드는 복잡해지고 사용하기도 어려워집니다. 그럴 때는 더 나은 도구를 사용해야 합니다.

먼저 화살표 함수를 사용하는 방법을 살펴볼 것입니다. 화살표 함수를 이용하면 단순한 반복문을 한 줄로 줄일 수 있습니다. 다음으로는 배열 메서드로 반복문을 단순하게 만드는 방법과 특별한 반복문에서 무엇을 기대할 수 있는지 알아봅니다. 이어서 몇 가지 서로 다른 배열 메서드를 하나씩 살펴볼 것입니다. 먼저 각 컬렉션에서 동일한 정보를 가져오는 map() 메서드를 알아봅니다. 한 가지 기능만 잘 수행하는 특화된 배열 메서드를 모두 살펴본 뒤에는 가장 유연하면서 무엇이든 처리할 수 있는 reduce() 메서드를 살펴봅니다. 끝으로 새롭게 등장한 for...of 문과 for...in 문을 살펴봅니다. for...of 문과 for...in 문은 기존의 for 문에서 사용하던 색인 대신 좀 더 명확한 변수명을 사용할 수 있습니다.

최고의 정비사는 언제나 일에 적합한 도구를 선택합니다. 코딩도 똑같습니다. 최적의 코드를 살펴보면 개발자들이 늘 의도에 맞는 반복문을 사용한다는 것을 알 수 있습니다. 새로운 반복문은 연습이 필요하고, 혼란스러울 수도 있습니다. 그렇지만 새로운 반복문은 완전히 알지 못하더라도 쉽게 사용할 수 있으며, 여러분의 코드를 명료하고 의사를 잘 표현하는 코드로 만들어줄 것입니다. 이제 새로운 반복문의 사용법을 배워볼 차례입니다. 먼저 자바스크립트의 새로운 기능 중에서 가장 큰 사랑을 받고 있는 화살표 함수를 살펴봅시다.

20

화살표 함수로
반복문을 단순하게 만들어라

이번 팁에서는 화살표 함수를 이용해 관련 없는 정보를 제거하는 방법을 배워봅니다.

자바스크립트에서는 수많은 콜백 함수(callback function)를 볼 수 있습니다. 콜백 함수는 다른 함수의 매개변수로 전달됩니다. 우리가 앞으로 살펴볼 대부분의 반복문은 콜백 함수에 의존합니다.

대부분의 ES6 이전 코드와 마찬가지로 함수도 장황합니다. 함수를 선언할 때는 명시적으로 function 키워드를 써야 하고, 함수 몸체를 보여주기 위한 중괄호를 쓰며, 함수의 끝에는 return 문을 사용하는 등 챙길 것이 많습니다. 콜백 함수를 전달받는 함수보다 콜백 함수가 더 길어지는 것도 아주 이상한 일은 아닙니다.

화살표 함수는 함수가 장황해지는 문제를 해결해서 함수 작성을 간결하고 짧게 만들어줍니다. 또한, 화살표 함수를 배우면 앞으로 살펴볼 팁에 등장하는 모든 반복문이 훨씬 더 흥미진진해질 것입니다. 화살표 함수를 배열 메서드와 결합하면 for 문을 포기하게 될 정도입니다.

그렇다면 화살표 함수란 무엇일까요? 화살표 함수는 필요하지 않은 정보를 최대한 걷어냅니다.

함수에 필요하지 않은 정보가 얼마나 있을까요? 상당히 많습니다. 다음과 같은 정보가 없어도 함수를 사용할 수 있습니다.

- function 키워드
- 인수를 감싸는 괄호
- return 키워드
- 중괄호

그 대신에 함수를 만든다는 것을 보여주기 위해 두꺼운 화살표 =>만 사용하면 됩니다. 함수를 함수로 만드는 모든 것을 잃어버렸다는 생각이 들 것입니다. 이렇게 함수를 최소한의 상태로 사용할 수 있지만, 반드시 지켜야 할 몇 가지 규칙도 있습니다.

시작하기에 앞서, 화살표 함수가 단순해 보이지만 실제로는 미묘한 부분이 상당히 많다는 점을 알고 있어야 합니다. 다행히 지금 당장 미묘한 부분을 이해할 필요는 없습니다. 더 자세한 내용은 **TIP 36 화살표 함수로 문맥 혼동을 피하라**에서 살펴볼 것입니다. 그럼 먼저 괄호, 중괄호, return 문을 그대로 가지고 있는 함수를 살펴봅시다.

다음은 전달받은 인수 값을 약간 변경해 반환하는 간단한 함수입니다. 이 함수는 영문 이름을 전달받아 첫 번째 글자를 대문자로 변경해서 반환합니다.

loops/arrow/full.js

```
function capitalize(name) {
  return name[0].toUpperCase() + name.slice(1);
}
```

정말 간단한 함수입니다. 이 함수를 화살표 함수로 바꿀 수 있는데, 바꾸기 전에 이 함수가 기명 함수라는 점을 기억하세요. 기명 함수란 다음과 같이 이름이 함수의 일부로 선언되어 있다는 것을 의미합니다.

```
function namedFunction() {
}
```

함수를 생성하는 다른 방법도 있습니다. 이름이 없는 익명 함수를 생성하고 변수에 할당할 수도 있습니다.

```
const assignedFunction = function() {
}
```

같은 함수를 익명 함수를 이용해서 선언하면 다음과 같습니다. 변수에 할당한다는 점을 제외하면 모든 것이 같습니다.*

loops/arrow/anonymous.js

```
const capitalize = function (name) {
  return name[0].toUpperCase() + name.slice(1);
};
```

익명 함수를 변수에 할당하는 방식을 화살표 함수로 바꾸는 경우에도 사용합니다. function 키워드를 제거하고 두꺼운 화살표로 대체할 수 있습니다. 게다가 매개변수가 하나뿐이라면 괄호도 제거할 수 있습니다. 다수의 배열 메서드가 이 경우에 해당합니다.

loops/arrow/arrow.js

```
const capitalize = name => {
  return name[0].toUpperCase() + name.slice(1);
};
```

이게 전부입니다. 화살표 함수를 사용하는 경우와 방법은 나중에 자세히 살펴보겠습니다. 일단은 일반적인 함수를 화살표 함수로 바꾸는 방법을 알아봅시

---

* 역주 두 방식의 차이를 더 알고 싶다면 함수 선언(function declaration)과 함수 표현식(function expression)의 차이를 공부해보세요.

다. 화살표 함수를 빠르게 살펴보기 위해 규칙을 습득하고, 기명 함수로 작성한 후 화살표 함수로 바꿔볼 것입니다. 책에서 결과를 보기 전에 직접 작성해보세요. 화살표 함수는 많은 브라우저에서 지원하므로, 크롬 콘솔 창을 열어서 시도해볼 수도 있습니다.

마지막으로 살펴봤던 예제 코드의 함수는 매개변수가 하나이므로 괄호를 작성하지 않아도 됩니다. 그렇지만 매개변수가 없는 경우에는 괄호를 사용합니다.

Before:

일반적인 함수를 사용하는 경우는 다음과 같습니다.

loops/arrow/full.js

```
function key() {
  return 'abc123';
}
```

After:

같은 함수를 화살표 함수로 바꾸면 다음과 같습니다.

loops/arrow/arrow.js

```
const key = () => {
  return 'abc123';
};
```

Before:

매개변수가 두 개 이상인 경우에도 괄호를 사용해야 합니다. 기존 함수로 작성하면 다음과 같습니다.

loops/arrow/full.js

```
function greet(first, last) {
  return `안녕하세요, ${capitalize(first)} ${capitalize(last)}님`;
}
```

After:

화살표 함수로 작성하면 다음과 같습니다.

loops/arrow/arrow.js

```
const greet = (first, last) => {
  return `안녕하세요, ${capitalize(first)} ${capitalize(last)}님`;
};
```

기존에는 중괄호 안에 뒀던 함수 몸체가 한 줄뿐이라면 화살표, 매개변수, return 문을 모두 한 줄에 담을 수 있습니다.

그리고 함수를 한 줄로만 작성하는 경우에는 return 키워드도 사용할 필요가 없습니다. 즉, 함수 몸체의 실행 결과를 자동으로 반환합니다.

Before:

먼저 일반적인 함수를 살펴봅시다.

loops/arrow/full.js

```
function formatUser(name) {
  return `${capitalize(name)}님이 로그인했습니다.`;
}
```

After:

이것을 화살표 함수로 바꾸면 다음과 같습니다.

loops/arrow/arrow.js

```
const formatUser = name => `${capitalize(name)}님이 로그인했습니다.`;
```

끝으로, 화살표 함수를 변수에 할당하지 않고 익명 함수로 사용할 수도 있습니다. 이후 팁에서 가장 흔히 사용하는 방법이므로 한번 살펴볼 필요가 있습니다.

자바스크립트에서는 함수를 다른 함수에 인수로 전달할 수 있습니다. 함수는 그저 다른 형태의 데이터일 뿐입니다. 함수를 인수로 전달하는 것은 매우 흔하게 볼 수 있는데, 콜백 함수를 인수로 받는 함수를 예로 들 수 있습니다. 콜백 함수는 원래 함수의 끝에서 실행하는 함수를 말합니다.

다음은 사람에 따라 서로 다르게 인사할 때 사용할 수 있는 단순한 함수입니다. 인사 내용을 바꿀 수 있도록 하는 함수를 콜백 함수로 전달합니다. 이런 방식은 '함수를 주입한다'는 표현으로 나타내기도 합니다.

loops/arrow/full.js

```
function applyCustomGreeting(name, callback) {
  return callback(capitalize(name));
}
```

기명 함수를 생성하고 전달해도 아무런 문제가 없습니다. 그렇지만 원본 함수를 호출할 때 익명 함수를 생성하면 더 편리합니다. 즉, 함수 applyCustomGreeting()을 호출하면서 익명 함수를 작성해 전달하는 것입니다. 변수에 먼저 할당하지 않습니다.

loops/arrow/full.js

```
applyCustomGreeting('mark', function (name) {
  return `안녕, ${name}!`;
});
```

위 예제 코드는 몸체가 한 줄이고 매개변수도 하나만 받는 단순한 익명 함수를 사용하고 있습니다. 한 줄의 함수 몸체에는 단순히 return 문만 있습니다. 이 상황은 화살표 함수의 탁월함을 보여줍니다. 위의 익명 함수에는 불필요하게 추가된 부분이 너무나 많습니다.

지금까지 살펴본 내용을 바탕으로 익명 함수를 화살표 함수로 다시 작성해봅시다. 작성한 코드는 다음과 같을 것입니다.

```
applyCustomGreeting('mark', name => `안녕, ${name}!`;);
```

배열 메서드를 살펴보면서 화살표 함수를 자주 접하게 될 테니 화살표 함수의 생김새에도 익숙해지세요. 배열 메서드와 화살표 함수를 사용하면 편리하게 데이터 컬렉션을 갱신할 수 있습니다.

다음 팁에서는 배열 메서드를 이용해 조작과 불필요한 변수를 피하는 방법을 알아보겠습니다. 우선 자바스크립트에서 왜 배열 메서드가 큰 인기를 끌게 되었는지 살펴봅시다.

21

배열 메서드로
반복문을 짧게 작성하라

이번 팁에서는 배열 메서드를 이용해 긴 반복문을 한 줄로 줄이는 방법을 배워 봅니다.

시작하기에 앞서, for 문과 for...of 문도 좋다는 점을 밝혀둡니다. 여러분은 이 두 가지를 사용하고 싶을 것이고, 사용해야 하는 경우도 있습니다. for 문과 for...of 문을 절대 사용하지 말라는 말이 아닙니다.

그렇지만 적게 사용하는 것이 좋습니다. 왜 그럴까요? 이유는 간단합니다. for 문과 for...of 문이 불필요할 정도로 어수선하기 때문입니다. 모던 자바스크립트를 작성한다는 것은 간결함, 가독성, 예측 가능성을 갖춘 코드를 작성하는 것을 의미하며, 이러한 목표에 전통적인 반복문은 부합하지 않습니다. 이러한 목표에 적합한 도구는 배열 메서드입니다. 배열 메서드를 정복하는 것이 자바스크립트 코드를 발전시키는 가장 빠른 방법입니다.

다음은 문자열로 작성한 가격 배열을 부동 소수점 값으로 변환하는 기본적인 반복문입니다.

```
const prices = ['1.0', '2.15'];

const formattedPrices = [];
for (let i = 0; i < prices.length; i++) {
  formattedPrices.push(parseFloat(prices[i]));
}
```

코드는 짧습니다. 전체 코드가 네 줄에 불과합니다. 나쁘지는 않네요. 그렇지만 함수가 다섯 개인 파일이 있고, 각 함수에 반복문이 있는 경우를 생각해봅시다. 이 경우 파일에 스무 줄의 코드를 추가해야 합니다.

또한, 이 함수는 시작을 위해 작성한 짧은 함수일 뿐입니다. 만약 배열에 숫자 형식이 아닌 문자열이 있고, 숫자로 변환할 수 있는 값만 필요로 하는 경우에는 어떻게 해야 할까요? 함수의 코드가 늘어나기 시작합니다.

```
01   const prices = ['1.0', 'negotiable', '2.15'];
02
03   const formattedPrices = [];
04   for (let i = 0; i < prices.length; i++) {
05     const price = parseFloat(prices[i]);
06     if (price) {
07       formattedPrices.push(price);
08     }
09   }
```

어수선하기 짝이 없습니다. 가격을 소수점으로 변환하는 데 필요한 추가적인 도구들을 살펴보세요. 3행에서 데이터를 다루기도 전에 새로운 컬렉션을 선언해야 합니다. 게다가 반복문에 진입하기도 전에 역설적인 상황에 직면합니다. let이 블록 유효 범위를 따르기 때문에 컬렉션을 반복문 밖에 선언해야 합니다. 이제 반복문 바깥쪽에 추가로 빈 배열을 두게 되었습니다.

다음으로 4행에 이터레이터를 선언하려면 혼란스럽게 세 부분으로 나뉜 패턴을 따라야 합니다. for...of 문을 이용해서 문제를 피할 수 있지만, 대부분 여전히 이터레이터를 선언해야 합니다.

끝으로 for 문을 사용할 때는 서로 다른 두 가지 관심사도 혼합하게 됩니다. 값을 변환하는 작업과 불필요한 값을 제외하기 위해 작성한 6행의 조건문이 바로 두 가지 관심사입니다. 이 문제는 끔찍할 정도는 아니지만, 예측 가능성을 훼손합니다. 코드의 목적이 값을 표준화하는 것인지, 아니면 불필요한 값을 제거하는 것인지를 한눈에 알기 어렵습니다. 이 경우에는 두 가지를 모두 처리하기 때문입니다.

코드는 단순합니까? 아니요. 코드는 여러 줄에 걸쳐 작성되었고 선언한 변수도 꽤 있습니다.

코드의 가독성은 어떻습니까? 읽기에 나쁘지 않지만, 코드가 늘어날수록 파일의 가독성은 떨어질 것입니다.

예측 가능한 코드입니까? 아니요. 코드에서 생성하는 빈 배열은 상수가 아니므로 나중에 변경될 수도 있고, 그렇지 않을 수도 있습니다(const로 선언한 변수에도 push 메서드를 사용할 수 있지만, 좋은 생각이 아닙니다). 게다가 한눈에 봐서는 formattedPrices에 모든 값이 포함되는지 여부를 예측하기 어렵습니다. 이 경우에는 조건문이 있기 때문에 formattedPrices가 모든 값을 포함하지 않습니다. 앞서 살펴봤던 예제 코드의 경우에는 모든 값을 포함합니다. 그렇지만 동작만 봐서는 단서를 찾을 수 없습니다.

배열 메서드는 불필요한 데이터를 배제한, 간결하고 예측 가능한 코드를 만드는 훌륭한 방법입니다. 배열 메서드를 두려워하는 개발자도 있지만, 조금만 노력하면 배열 메서드를 빠르게 익힐 수 있고 코드도 크게 개선할 수 있습니다.

가장 인기 있는 배열 메서드는 배열의 길이를 변경하거나 배열 내 데이터 형태를 변경하는 등 한 번에 한 가지 기능만 합니다. 물론 대표적인 예외로 모든 일

을 처리할 수 있는 reduce() 메서드가 있습니다. reduce() 메서드도 곧 살펴보겠습니다.

배열의 길이와 데이터 형태란 무슨 뜻일까요? 디지털 마케팅 팀의 팀원에 대한 정보를 담은 간단한 배열을 살펴봅시다.

```
const team = [
  {
    name: 'melinda',
    position: 'ux designer'
  },
  {
    name: 'katie',
    position: 'strategist'
  },
  {
    name: 'madhavi',
    position: 'developer'
  },
  {
    name: 'justin',
    position: 'manager'
  },
  {
    name: 'chris',
    position: 'developer'
  }
]
```

한눈에 봐도 배열에 다섯 개의 객체가 담겨 있음을 명확하게 확인할 수 있습니다. 또한, 모든 객체는 동일한 형태로 name과 position을 가지고 있습니다.

거의 대부분의 배열 메서드는 반환되는 배열의 길이나 형태를 변경할 수 있습니다. 길이를 변경할 것인지, 아니면 형태를 변경할 것인지 결정하기만 하면 됩니다(필요하다면 모두 변경할 수도 있습니다).

배열의 항목을 제거해서 배열의 길이를 변경하는 경우나 팀원의 이름만 가져오도록 배열의 형태를 변경하는 경우, 또는 두 가지 모두를 적용하고 개발자 이름만 남겨야 하는 경우가 있을 수 있습니다.

이어지는 팁에서 모든 사례를 살펴보겠지만, 먼저 치트시트부터 살펴봅시다.

- map()
  - 동작: 형태를 바꿀 수 있지만 길이는 유지됩니다.
  - 예시: 전체 팀원의 이름을 가져옵니다.
  - 결과: ['melinda', 'katie', 'madhavi', 'justin', 'chris']
- sort()
  - 동작: 형태나 길이는 변경되지 않고 순서만 바꿉니다.
  - 예시: 팀원 이름을 알파벳순으로 정렬합니다.
  - 결과: [{name: 'chris', position: 'developer'}, {name: 'justin' ...}]
- filter()
  - 동작: 길이를 변경하지만 형태는 바꾸지 않습니다.
  - 예시: 개발자만 선택합니다.
  - 결과: [{name: 'madhavi', position: 'developer'}, {name: 'chris', position:'developer'}]
- find()
  - 동작: 배열을 반환하지 않습니다. 한 개의 데이터가 반환되고 형태는 바뀌지 않습니다.
  - 예시: 팀의 관리자를 찾습니다.
  - 결과: {name: 'justin', position: 'manager'}
- forEach()
  - 동작: 형태를 이용하지만 아무것도 반환하지 않습니다.

- 예시: 모든 팀원에게 상여를 지급합니다.
- 결과: Melinda가 상여를 받았습니다! Katie가 상여를 받았습니다! …
  (그렇지만 반환값은 없습니다.)

- reduce()
  - 동작: 길이와 형태를 바꾸는 것을 비롯해 무엇이든 처리할 수 있습니다.
  - 예시: 개발자와 개발자가 아닌 모든 팀원의 수를 계산합니다.
  - 결과: {developers: 2, non-developers: 3}

선택할 수 있는 모든 배열 메서드를 살펴봤으니 더 기다릴 필요 없이 즐거운 마음으로 공부를 시작하면 됩니다! 배열 메서드로 for 문을 다시 작성하면 다음과 같습니다.

loops/methods/methods.js

```
const prices = ['1.0', '2.15'];
const formattedPrices = prices.map(price => parseFloat(price));
// [1.0, 2.15];
```

줄곧 사용했던 일반적인 평가 기준인 간결성, 가독성, 예측 가능성을 바탕으로 코드를 평가해봅시다. 코드가 간결한가요? 그렇습니다. 모든 것이 한 줄에 정리되어 있습니다.

읽기에 좋습니까? 네. 동작을 한 줄에서 확인할 수 있습니다. 파일이 커지더라도 단순한 동작의 수 이상으로 코드의 줄 수가 빠르게 늘어나지는 않을 것입니다.

예측 가능한 코드입니까? 네. 값을 const로 선언했기 때문에 변경되지 않을 것이라는 점을 알 수 있습니다. 또한 map() 메서드를 사용했기 때문에 같은 길이의 배열이 반환된다는 점을 알 수 있습니다. 한눈에 보기에도 parseFloat()을 사용해서 실수 값을 얻는 것이 목적이라는 사실을 알 수 있습니다. 따라서 반환되는 배열은 원래의 배열과 길이가 동일하고 실수 값만 담고 있을 것이라는 점도 알 수 있습니다.

저는 여러분이 무슨 말을 할지 이미 알고 있습니다. 간단한 반복문은 이렇게 풀었지만, false 값을 제거해야 하는 좀 더 복잡한 for 문은 어떻게 해결해야 할까요?

다행히 배열 메서드는 연결해서 사용할 수 있습니다. 즉, 한 가지 배열 메서드를 호출하고 반환된 결과는 이어지는 배열 메서드로 전달됩니다.

loops/methods/methods.js

```
const prices = ['1.0', '흥정가능', '2.15'];
const formattedPrices = prices.map(price => parseFloat(price))
// [1.0, NaN, 2.15]
.filter(price => price);
// [1.0, 2.15]
```

먼저 배열의 길이를 그대로 유지한 채로 값만 실수로 변환합니다. 다음으로 false 값인 항목만 제거해서 배열의 길이를 변경하지만 형태가 바뀌지는 않습니다.

과정을 쉽게 따라갈 수 있고, 메서드를 서로 연결할 수 있기 때문에 결괏값을 const로 할당할 수 있습니다.

이제 흥미가 좀 생겼나요? 좋습니다. 이제 여러분이 직접 배열 메서드를 작성해볼 시간입니다. 나중에는 같은 메서드를 반복해서 사용하는 여러분의 모습을 발견할 것입니다. 그렇지만 각각의 배열 메서드에는 각각의 강점이 있습니다. 어떤 동작을 배열 메서드에 맞추기 어려운 경우에는 다른 메서드를 사용해보거나 동작을 부분으로 분리해서 연결하는 방법을 생각해보세요.

이제 기초를 다졌으니 한 단계 더 올라갑시다. 다음 팁에서는 map()을 이용해서 배열에 담긴 항목의 형태를 바꾸는 방법을 살펴보겠습니다.

map( ) 메서드로
비슷한 길이의 배열을 생성하라

이번 팁에서는 map( ) 메서드를 이용해 배열에 들어있는 정보의 부분집합을 생성하는 방법을 배워봅니다.

이전 팁에서 단순한 for 문을 배열 메서드로 다시 작성해봤습니다. 지금부터는 각각의 배열 메서드를 사용하는 방법을 살펴보겠습니다.

처음으로 살펴볼 것은 map( ) 메서드입니다(맵 객체와 혼동하지 마세요). map( ) 메서드는 흔히 사용되고, 새롭게 생성되는 배열에 메서드의 콜백에서 반환하는 정보가 담깁니다. 즉, 다른 배열 메서드에 비해 반환값을 알기 쉽습니다. map( ) 메서드를 가장 먼저 살펴보는 것이 적절한 또 다른 이유는 'map'이라는 이름만 봐서는 한눈에 파악하기 어렵기 때문입니다. 대체 무슨 의미를 가지고 있을까요? 저는 처음 map( ) 메서드를 배웠을 때 맵 함수를 보고 나서 한눈에 이해하기까지 많은 경험을 거쳐야 했습니다.

우리의 최우선 목표는 대부분의 배열 메서드가 어떻게 작동하는지 이해하는 것입니다. 부수적인 목표는 map( ) 메서드를 다루는 경험을 쌓으면서 map( ) 메서드가 큰 인기를 끈 이유를 살펴보는 것입니다.

간단한 맵 함수부터 살펴보겠습니다. 맵 함수는 입력한 배열의 정보 중 한 조각을 받아 새로운 값을 반환합니다. 때로는 정보의 일부를 반환하기도 합니다. 또는 정보를 변형해서 새로운 값을 반환하기도 합니다. 즉, 배열에 있는 한 가지 속성을 반환하거나 배열에 있는 값을 가져와서 다른 형식의 값을 반환합니다. 예를 들면 모든 값을 대문자로 변환하거나 정수를 화폐 단위로 변환해서 새로운 배열을 반환할 수 있습니다.

가장 쉬운 예는 객체에서 특정한 정보를 꺼내는 경우입니다. 먼저 연주자 목록이 담긴 컬렉션을 살펴봅시다.

loops/map/map.js

```
const band = [{
    name: 'corbett',
    instrument: 'guitar',
  },
  {
    name: 'evan',
    instrument: 'guitar',
  },
  {
    name: 'sean',
    instrument: 'bass',
  },
  {
    name: 'brett',
    instrument: 'drums',
  },
];
```

우리에게 밴드에 대한 정보가 있지만, 실제로 필요한 것은 밴드 멤버들이 연주하는 악기 목록입니다.

모든 배열 메서드는 배열의 각 항목에 적용할 수 있는 콜백 함수를 전달받습니다. 콜백 함수는 매우 단순하게 설계되어 있습니다. 콜백 함수는 한 가지 인수

만을 필수 값으로 하는데, 바로 배열에 담긴 각 항목입니다(reduce( ) 메서드는 예외인데, 이는 뒤에서 살펴보겠습니다).

맵 함수를 자세히 살펴보기에 앞서, 비교를 위해 간단한 for 문을 먼저 작성해 보겠습니다. 반복문을 만들고, 정상적으로 작동하는 맵 함수에 다다를 때까지 차근차근 리팩토링을 거칠 것입니다. 이를 통해 map( ) 메서드가 어떻게 반복문을 단순하게 만드는지 이해할 수 있을 것입니다.

자, 그럼 먼저 밴드에서 다루는 악기(instrument)만 모으기 위해 다음과 같이 for 문을 작성합니다.

loops/map/full.js

```
01    const instruments = [];
02    for (let i = 0; i < band.length; i++) {
03      const instrument = band[i].instrument;
04      instruments.push(instrument);
05    }
```

이제 리팩토링할 시간입니다. 첫 번째로 3행과 4행을 결합해야 합니다. instrument를 가져와서 push( ) 메서드에 전달하는 대신, push( ) 메서드의 인수에서 instrument를 가져올 것입니다. instrument를 가져오는 로직을 분리해 별도의 함수를 생성함으로써 코드를 읽기 좋게 만듭니다.

다음과 같이 별도의 함수를 작성할 수 있습니다.

loops/map/full.js

```
function getInstrument(member) {
  return member.instrument;
}
```

물론 코드가 많이 줄어들지는 않았지만 도움은 됩니다. 또한, 좀 더 중요한 것은 이터레이터 band[i]와 개별 항목에서 가져와야 할 정보, 즉 member.

instrument를 서로 분리해내는 큰 진전을 이뤘다는 점입니다. map() 메서드를 사용할 때는 전체 배열이 아니라 각각의 조각에 대해 생각해야 한다는 점을 기억하세요.

기존의 for 문에 새로운 메서드를 조합하면 다음과 같습니다.

loops/map/full.js

```
const instruments = [];
for (let i = 0; i < band.length; i++) {
  instruments.push(getInstrument(band[i]));
}
```

이제 맵 함수가 거의 다 완성되었습니다.

map() 메서드를 사용하면 새로운 값을 담을 배열을 준비할 필요가 없습니다. 배열 메서드의 일부로 포함되어 있기 때문입니다. 또한, push() 메서드로 정보를 옮길 필요도 없습니다. map() 메서드는 맵 함수의 실행 결과를 반환될 배열에 추가하기 때문입니다.

map() 메서드를 사용하기 위해 해야 할 일은 원본 배열의 각 항목을 인수로 받아 새롭게 생성될 배열에 담길 값을 반환하는 함수를 만드는 것뿐입니다. 그리고 우리는 이미 함수를 작성했습니다!

대부분의 경우 배열 메서드에는 익명 함수를 작성하지만 필수적이지는 않습니다. 필요하다면 기명 함수를 사용할 수도 있습니다(특히 테스트 목적인 경우 바람직한 선택입니다). 즉, 이전에 선언했던 getInstrument() 함수를 map()에 바로 전달해서 재사용할 수 있습니다.

이제 for 문과 작별할 수 있게 되었습니다.

loops/map/map.js

```
function getInstrument(member) {
  return member.instrument;
}
```

```
const instruments = band.map(getInstrument);
// ['guitar', 'guitar', 'bass', 'drums']
```

완성한 코드를 살펴봅시다. 우리는 코드를 알기 쉽도록 유지하면서 과도하게 많던 코드는 제거했습니다.

- 실행 결과, 배열을 얻게 된다는 사실을 알 수 있습니다. 실행 전에 미리 배열을 선언할 필요도 없습니다.
- 원본 배열과 같은 길이의 배열이 생성된다는 것을 알 수 있습니다.
- 악기만 배열에 담기고 다른 정보는 담기지 않는다는 점을 알 수 있습니다.

예측 가능하면서도 단순합니다.

내용을 잘 이해했나요? 축하합니다. 이제 대부분의 배열 메서드를 이해할 수 있을 것입니다. 모든 배열 메서드는 그저 배열의 각 항목을 대상으로 실행할 콜백 함수를 받을 뿐입니다. 배열 메서드의 종류에 따라 콜백 함수의 반환값이 처리되는 방법이 결정됩니다. 그렇지만 콜백 함수를 작성하는 것은 모든 배열 메서드가 비슷합니다.

for 문을 맵 메서드로 바꾸는 리팩토링 과정을 마쳤으므로 이제 다음 단계로 기명 함수를 익명 함수로 바꿀 수 있습니다. 앞서 배웠던 화살표 함수를 기억하고 있나요? 지금이 바로 화살표 함수를 사용할 절호의 기회입니다.

인수를 하나만 받기 때문에 괄호를 사용할 필요가 없습니다. 또한, 함수 몸체는 한 줄에 불과하므로 중괄호나 return 문을 사용할 필요도 없습니다. 직접 한번 작성해보세요. 화살표 함수는 연습할수록 쉬워집니다.

loops/map/map.js

```
const instruments = band.map(member => member.instrument);
// ['guitar', 'guitar', 'bass', 'drums']
```

map()은 꽤 단순하지만 유연합니다. map() 메서드는 원본 배열과 같은 길이의 배열을 생성하는 경우라면 모든 곳에 사용할 수 있습니다. 지금까지는 객체가 담긴 배열에서 데이터를 끌어올리는 경우만 살펴봤습니다. 그렇지만 이전 팁에서 parseInt() 메서드를 이용해 문자열을 변환한 것처럼 정보를 변형할 수도 있습니다.

다음 팁에서는 약간 다른 동작을 하는 배열 메서드를 살펴보겠습니다. 배열 항목의 형태는 유지하되, 각 항목이 true 또는 false인지 검사하고 원본 배열의 일부만 반환할 것입니다.

filter( )와 find( )로
데이터의 부분집합을 생성하라

이번 팁에서는 배열에 담긴 항목의 형태는 유지하면서 배열의 길이를 변경하는 방법을 배워봅니다.

이전 팁에서는 원본 배열에서 필요한 정보만 꺼내 새로운 배열을 생성하는 방법을 살펴봤습니다. 이와 다르게 데이터의 형태는 유지하면서 전체 항목의 일부만 필요한 경우도 있습니다. 특정 도시에 사는 사용자만 가져오면서 해당 사용자의 정보까지 모두 필요한 경우를 예로 들 수 있습니다. 배열 메서드 filter()가 바로 이런 경우에 적합합니다. filter() 메서드는 map() 메서드와 다르게 배열에 있는 정보를 변경하지 않습니다. 반환되는 배열의 길이를 줄일 뿐입니다.

문자열이 담긴 간단한 배열에 필터링을 적용하는 예제를 살펴봅시다. 여러 팀원에 대한 정보가 있을 때 이름이 데이브(Dave)와 비슷한 사람, 즉 데이비드(David), 데이비스(Davis), 다비나(Davina) 등만 찾아내려고 합니다. 제 고향에는 이름이 조(Joe), 조셉(Joseph), 조안나(Joanna)인 사람에게 1년에 한 번씩 공짜 샌드위치를 주는 샌드위치 가게가 있습니다. 이 가게에서는 이름에 따라 손님을 분류하는 것이 중요한 업무입니다. 조나 데이브가 맛있는 점심을 놓치게 만들고 싶지는 않겠지요?

먼저 다뤄야 할 동료 목록을 살펴봅시다.

```
const team = [
  'Michelle B',
  'Dave L',
  'Dave C',
  'Courtney B',
  'Davina M',
];
```

문자열이 'Dav'를 포함하는지 확인하기 위해 문자열에 match( ) 메서드를 사용해야 합니다. match( ) 메서드는 문자열이 정규 표현식과 일치하면 일치한 항목에 대한 정보를 배열로 반환하고, 일치하지 않으면 null을 반환합니다. 즉, match( ) 메서드는 정규 표현식에 일치하는 항목이 있으면 참 값인 배열을 반환하고, 그렇지 않은 경우에는 거짓 값인 null을 반환합니다.

```
'Dave'.match(/Dav/);
// ['Dav', index: 0, input: 'Dave']
'Michelle'.match(/Dav/);
// null
```

예전에는 이 문제를 for 문을 이용해 풀곤 했습니다. 그리고 이쯤 되면 눈치챘겠지만, 해결책이 그다지 우아하지는 않습니다.

```
const daves = [];
for (let i = 0; i < team.length; i++) {
  if (team[i].match(/Dav/)) {
    daves.push(team[i]);
  }
}
```

필터 함수는 같은 작업을 코드 한 줄로 처리할 수 있습니다. map() 메서드처럼 배열에 메서드를 호출하면 새로운 배열이 반환됩니다.

filter() 메서드에는 한 가지 비법이 있습니다. map() 메서드와 다르게, filter() 메서드에 전달하는 함수는 반드시 참 값을 반환해야 합니다. 배열의 각 항목을 순회할 때 참 값을 반환하면 그 값은 유지됩니다. 만약 참 값을 반환하지 않으면 해당 값은 새로운 배열에 담기지 않습니다. 참된 것*에 대해 잘 이해하는 것이 왜 중요할까요? 예를 들어 배열에서 점수를 전달하는 경우를 생각해봅시다. 다음 예제 코드에서 필터 함수는 점수를 전달받아 60점 이상인지 확인하고, 기준에 통과하는 경우 해당 점수를 그대로 유지합니다.

loops/filter/filter.js

```
const scores = [30, 82, 70, 45];
function getNumberOfPassingScores(scores) {
  const passing = scores.filter(score => score > 59);
  // [82, 70]
  return passing.length;
}
// 2
```

필터 함수는 true 또는 false를 반환하지만, 최종적으로 반환되는 배열에는 실제 값인 82와 70이 담깁니다. 필터 함수는 각각의 점수를 한 번에 하나씩 검사하고, 반환값이 true일 때는 값을 그대로 유지합니다(반환값을 유지하는 것이 아닙니다). 또한, 반환되는 배열은 원본의 배열 순서도 그대로 유지합니다.

무엇보다 중요한 점은 filter() 메서드는 항상 배열을 반환하며 조건에 일치하는 값이 없는 경우에도 배열을 반환한다는 것입니다. 만점이 몇 개나 되는지 확인하고 싶었다면, 결과를 확인했을 때 다소 실망할지도 모르겠습니다. 그렇지

---

* **역주** 미국의 코미디언 스티븐 콜버트가 사용한 'truthiness'란 말이 메리엄-웹스터 영어 사전에서 2006년 '올해의 단어'로 선정된 적이 있다고 합니다. truthiness는 '사실에 의해 뒷받침을 받지 못하지만 직감이나 용기를 바탕으로 믿고 싶어 하는 진실'을 의미하는 신조어였다고 합니다. 여기서 이야기하는 '참된 것(truthiness)'은 프로그래머의 입장에서 '참'으로 보는 것을 의미합니다.

만 어쨌든 배열이 반환된다는 것을 알고 있기 때문에 다음 예제 코드처럼 자신 있게 length 속성을 호출할 수 있습니다. filter() 메서드는 간결하면서도 예측 가능합니다.

loops/filter/filter.js

```
function getPerfectScores(scores) {
  const perfect = scores.filter(score => score === 100);
  // []
  return perfect.length;
}
// 0
```

이제 배고픈 데이브와 친구들에게 다시 돌아갑시다. 앞서 살펴봤던 filter()에 넘기는 익명 함수는 true 또는 false, 즉 불 값을 반환했습니다. 이번에는 문자열을 검사합니다. match() 메서드가 참 또는 거짓 값을 반환하기 때문에 필터 함수에 곧바로 사용할 수 있습니다.

단순하게 바뀐 반복문을 살펴봅시다.

loops/filter/filter.js

```
const daves = team.filter(member => member.match(/Dav/));
```

filter() 메서드는 사용하기 쉬워서 이야기할 것이 많지 않습니다. 그렇지만 유용한 사용법이 한 가지 더 남아있습니다.

가끔 배열에 조건과 일치하는 항목이 최대 하나뿐이라는 사실을 알고 있는 운 좋은 경우가 있습니다(혹은 일치하는 항목 하나만 필요한 경우도 있지요). 그런 경우에는 filter() 메서드와 비슷한 find() 메서드를 사용할 수 있습니다. find() 메서드는 참 또는 거짓 값을 반환하는 함수를 인수로 받고, 배열의 항목에 전달한 함수로 평가해 참 값을 반환하는 첫 번째 항목만 반환합니다. 참 값을 반환하는 항목이 없다면 undefined를 반환합니다.

find() 메서드는 찾으려는 항목이 하나인 것을 알고 있는 경우, 예를 들면 특정 ID가 있는 항목을 찾는 경우에 매우 유용합니다. 또는 정렬된 배열에 담긴 특정 사용자가 페이지의 마지막 갱신 내용을 가져오는 경우처럼 특정 항목의 첫 번째 인스턴스가 필요한 경우에도 유용합니다.

find() 메서드를 쉽게 이해하는 좋은 방법이 있습니다. 반복문에서 break 문을 사용하는 경우가 바로 find() 메서드를 사용하기에 적합한 경우입니다.

도서관 사서가 사용할 일정 앱을 만든다고 합니다. 사서들은 각자 여러 곳에서 근무하지만, 사서가 둘 이상인 곳은 없습니다.

사서에 대한 정보를 담은 배열은 다음과 같습니다.

loops/filter/full.js

```js
const instructors = [
  {
    name: '짐',
    libraries: ['미디어교육정보 도서관'],
  },
  {
    name: '새라',
    libraries: ['기념 도서관', '문헌정보학 도서관'],
  },
  {
    name: '엘리엇',
    libraries: ['중앙 도서관'],
  },
];
```

근무 중인 도서관이 '기념 도서관'인 사서를 찾기 위한 for 문을 작성한다면, 각 항목을 검사하다가 정확한 결과를 찾았을 때 break 문을 이용해서 for 문을 빠져나갈 것입니다.

```
let memorialInstructor;
for (let i = 0; i < instructors.length; i++) {
  if (instructors[i].libraries.includes('기념 도서관')) {
    memorialInstructor = instructors[i];
    break;
  }
}
```

위 반복문은 첫 번째 사서가 조건에 부합하지 않음을 확인해줍니다. 두 번째 사서가 조건에 부합하므로, 세 번째 사서를 확인하는 데 필요한 엄청난 노력을 피할 수 있습니다. 물론 실제 데이터에서는 수백, 수천 개를 확인해야 할 수도 있습니다. 집합 전체를 순회하는 것을 피할 수 있는 간단한 최적화 방법은 조건에 일치하는 첫 번째 인스턴스에서 멈추는 것입니다.

어떻게 하면 위의 코드를 find() 메서드를 쓰도록 바꿀 수 있을까요? 간단합니다. if 블록에는 우리가 find() 메서드를 이용한 코드로 변경하는 데 필요한 모든 것이 담겨 있습니다. filter() 메서드에서 배운 개념을 이용해서 직접 코드를 작성해봅시다.

여러분이 작성한 코드는 아마 다음과 같을 것입니다.

```
const librarian = instructors.find(instructor => {
  return instructor.libraries.includes('기념 도서관');
});
```

이번에도 여러 줄의 코드를 제거하고 단순한 표현식이 되었습니다(한 줄로 작성할 수도 있지만 너무 길어서 책에는 한 줄로 안 들어가는군요!). 또한, 동시에 불안정한 let 대신에 예측 가능한 const로 변수 선언도 바뀌었습니다. find() 메서드를 사용할 때의 유일한 단점은 반환값을 확신할 수 없다는 점입니다. 조건에 맞는 항목이 없을 때, filter() 메서드를 사용하면 빈 배열이 반환되지만

find() 메서드를 사용하면 undefined가 반환됩니다. 그렇지만 단락 평가를 이용하면 기본값을 추가해서 일치하는 항목이 없을 때 사용할 수 있습니다.

```
const image = [{
  path: './me.jpg',
  profile: false
}];
const profile = images.find(image => image.profile) || {
  path: './default.jpg'
};
```

find() 메서드에는 한 가지 아쉬운 점이 있습니다. 도서관 이름인 '기념 도서관'을 하드 코딩해야 하는 점입니다. 배열 메서드의 콜백 함수는 인수가 하나뿐이라는 문제가 있습니다. 검사 대상인 항목 하나만 인수로 받을 수 있습니다. 조건에 일치하는지 확인할 변수가 필요해서 두 번째 인수를 추가해야 할 때 문제가 발생합니다.

도서관의 다른 곳을 검사하려면 어떻게 해야 할까요? 다행히 모든 도서관마다 각각 함수를 작성할 필요는 없습니다. 대신에 커링이라는 기법을 활용하면 인수의 수를 하나로 줄일 수 있습니다. 커링은 **TIP 34 부분 적용 함수로 단일 책임 매개변수를 관리하라**에서 더 자세히 살펴볼 것입니다. 하지만 제가 매우 좋아하는 기법이라 여기서도 간단히 다뤄보겠습니다.

loops/filter/filter.js
```
const findByLibrary = library => instructor => {
  return instructor.libraries.includes(library);
};
const librarian = instructors.find(findByLibrary('미디어교육정보 도서
관'));

// {
//   name: 'Jim',
//   libraries: ['미디어교육정보 도서관'],
// }
```

그렇지만 너무 앞서 나가지는 않겠습니다. 살펴볼 배열 메서드가 아직 많이 남아있으니까요.

다음 팁에서는 새로운 배열을 반환하는 패턴에서 벗어나, forEach( ) 메서드를 사용해 값을 반환하지 않고 배열의 각 항목을 처리하는 방법을 살펴보겠습니다.

forEach( )로
동일한 동작을 적용하라

이번 팁에서는 forEach( ) 메서드를 이용해 배열의 각 항목에 동작을 적용하는 방법을 살펴봅니다.

이번 팁에서는 상황이 약간 달라집니다. 지금까지 살펴본 두 가지 배열 메서드는 기존의 배열을 바꾼 새로운 배열을 반환합니다. 앞서 살펴본 메서드들은 각 항목에 담긴 정보의 하위 집합을 꺼내서 모양을 변경하거나 전체 항목 중 일부만 반환해 배열의 크기를 변경했지요.

이번 팁에서는 입력 배열을 전혀 변경하지 않습니다. 대신에 모든 항목에 동일한 동작을 수행할 것입니다. 필요에 맞는 크기와 형태를 갖춘 배열을 얻은 후에 해당 데이터로 무언가를 해야 할 때 흔히 있는 일이죠.

예를 들어 회원이 여러 명 있는 클럽에 회의 일정이 잡혀서 전체 클럽 회원에게 초대장을 보내는 스크립트를 작성한다고 해봅시다. 이름, 이메일 등의 정보를 이용해서 메시지를 작성할 수 있도록 클럽 구성원의 개별 회원 정보를 가져오는 함수가 필요합니다.

회원 목록은 다음과 같습니다.

```
const sailingClub = [
  'yi hong',
  'andy',
  'darcy',
  'jessi',
  'alex',
  'nathan',
];
```

이메일 함수의 세부 구현은 걱정할 필요가 없습니다. 단지 회원 객체가 필요하다는 점만 알고 있으면 됩니다. 늘 그렇지만, 간단한 for 문으로 쉽게 목표를 달성할 수 있습니다.

```
for (let i = 0; i < sailingClub.length; i++) {
  sendEmail(sailingClub[i]);
}
```

사실 이보다 간단하게 만들기는 어렵습니다. forEach()가 가치 있는 이유는 다른 메서드처럼 코드를 단순하게 만들기 때문이 아닙니다. 그보다는 예측 가능하면서도 다른 배열 메서드와 같이 작동해 함께 연결할 수 있기 때문에 가치가 있는 것입니다(이에 대해서는 다음 팁에서 자세히 다루겠습니다).

앞서 살펴본 메서드들과 마찬가지로 forEach() 메서드에도 배열의 각 항목을 인수로 하는 함수를 넘겨줍니다. 다른 메서드와 달리, return 문이 명시적인지 암시적인지 여부와 상관없이, 아무런 동작도 하지 않습니다. forEach()에서 처리하는 동작은 모두 함수 외부에 영향을 줍니다. 함수의 유효 범위 밖에 있는 무언가를 변경하는 것을 부수 효과라고 합니다. 부수 효과는 잘못된 것은 아니지만 주의할 필요는 있습니다.

즉, 일부 이름을 대문자로 변환하기 위해 forEach() 메서드를 사용해도 아무런 결과도 반환되지 않습니다. forEach() 메서드는 부수 효과 없이는 아무 소용이 없습니다. (그런데 이것이 우리가 항상 코드를 테스트해야 하는 이유이기도 합니다.) 다음 예제 코드는 실행해도 아무런 변화가 없을 것입니다.

loops/forEach/forEach.js

```
const names = ['walter', 'white'];
const capitalized = names.forEach(name => name.toUpperCase());

capitalized;
// undefined
```

다음 예제 코드처럼 capitalized 배열을 뒤서 대문자로 변경한 결과를 담을 수도 있지만, 이미 살펴봤듯이 배열을 직접 조작하는 방식은 좋지 않습니다. 게다가 이런 작업은 map() 메서드로 처리할 수 있기 때문에 forEach()를 사용할 필요가 없습니다.

loops/forEach/forEach.js

```
const names = ['walter', 'white'];
let capitalized = [];
names.forEach(name => capitalized.push(name.toUpperCase()));

capitalized;
// ['WALTER', 'WHITE'];
```

그렇다면 forEach() 메서드는 언제 사용해야 할까요? 가장 좋은 경우는 함수의 유효 범위를 벗어나는 작업이 필요한 경우입니다. 즉, 반드시 부수 효과가 필요한 경우에 forEach()를 사용해야 합니다.

앞에서 언급했던 초대 이메일을 보내는 경우가 바로 그런 경우입니다. 이메일을 보내는 것은 부수 효과이지만, 데이터를 조작하지는 않습니다.

이메일을 보내는 코드를 수정하면 다음과 같습니다.

loops/forEach/forEach.js

```
sailingClub.forEach(member => sendEmail(member));
```

코드 세 줄이 한 줄로 줄었으니 나쁘지는 않지만, 딱히 칭찬받을 일도 아닙니다.

결국 요점은 무엇일까요? 바로 약간의 예측 가능성을 얻을 수 있다는 것입니다. forEach() 메서드가 있다면 부수 효과가 발생한다는 점을 알 수 있습니다. 그리고 **TIP 1 const로 변하지 않는 값을 표현하라**에서 살펴본 것처럼, 무언가 확신이 없는 경우의 차선책은 불안정이 있을 수 있음을 알고 있는 것입니다.

그럼에도 불구하고 forEach()를 사용하는 가장 큰 이유는 체이닝 과정에서 다른 배열 메서드와 결합할 수 있기 때문입니다. 매번 변수에 배열 메서드의 결괏값을 저장할 필요 없이 동일한 배열에서 여러 작업을 처리할 수 있습니다.

다음 팁에서는 체이닝을 이용해 여러 동작을 하나의 프로세스로 결합하는 방법을 살펴보겠습니다.

체이닝으로
메서드를 연결하라

이번 팁에서는 체이닝(chaining)으로 여러 배열 메서드를 연결해 실행하는 방법을 살펴봅니다.

체이닝은 오래된 프로그래밍 개념입니다. 많은 객체 지향 언어에서 메서드 체이닝을 찾아볼 수 있습니다.* 대부분의 프로그래밍 개념과 마찬가지로 이름만 보면 실제보다 훨씬 어렵게 느껴집니다.

체이닝을 간단히 정의하면, 값을 다시 할당하지 않고 반환된 객체(또는 경우에 따라 원래 객체)에 메서드를 즉시 호출하는 것을 의미합니다.

좋습니다. 이제 정의는 잊어버리세요. 우리 입장에서 체이닝은 여러 개의 배열 메서드에서 배열이 반환될 때, 배열 메서드를 연이어 호출할 수 있다는 것을 의미합니다. 매우 명확한 방법으로 여러 가지 동작을 수행할 수 있는 편리한 방법입니다.

지난 팁에서 살펴봤던 클럽 회원들에게 이메일을 보내는 예제를 다시 떠올려보세요. 여느 예제와 마찬가지로 앞서 살펴봤던 예제도 단순화되었습니다. 실제

---

* https://en.wikipedia.org/wiki/Method_chaining (단축 URL: http://bit.ly/2JXmlfg)

회원 정보를 담은 배열은 회원 상태, 이메일 주소, 우편 주소, 직위 등 훨씬 더 많은 데이터가 담겨 있을 것입니다.

그렇지만 예제를 단순하게 유지하기 위해 두 가지 필드인 활동 여부(active)와 이메일(email)만 추가하겠습니다.

loops/chain/chain.js

```javascript
const sailors = [
  {
    name: 'yi hong',
    active: true,
    email: 'yh@yhproductions.io',
  },
  {
    name: 'alex',
    active: true,
    email: '',
  },
  {
    name: 'nathan',
    active: false,
    email: '',
  },
];
```

많은 정보는 아니지만, 누구에게 이메일을 보낼지 좀 더 정교하게 처리할 수 있습니다. 먼저 활동이 없는 회원을 모두 제외할 수 있습니다. 아마도 초대를 원하지 않을 테니까요.

loops/chain/full.js

```javascript
const active = sailors.filter(sailor => sailor.active);
// [
//   {
//     name: 'yi hong',
//     active: true,
//     email: 'yh@yhproductions.io',
```

```
//    },
//    {
//      name: 'alex',
//      active: true,
//      email: '',
//    },
//  ];
```

다음으로 이메일 주소를 정규화할 수 있습니다. 회원들이 이메일을 가지고 있을 때는 해당 이메일을 사용하고, 그렇지 않은 경우에는 클럽의 기본 이메일 주소를 사용합니다.

loops/chain/full.js

```
const emails = active.map(member => member.email
              || `${member.name}@wiscsail.io`);
// [ 'yh@yhproductions.io', 'alex@wiscsail.io' ]
```

활동이 없는 회원을 제거하고 이메일 주소의 정규화를 거치고 나면, 마침내 정확한 회원 정보를 이용해 sendActiveMemberEmail() 함수를 호출할 수 있습니다.

loops/chain/full.js

```
emails.forEach(sailor => sendEmail(sailor));
```

결괏값을 매번 변수에 할당한 것을 눈여겨보세요. 체이닝을 사용할 때는 그럴 필요가 없습니다. 대신에 결괏값에 직접 메서드를 호출해 변수에 할당하는 중간 단계를 제거할 수 있습니다.

filter() 메서드는 빈 배열일지라도 항상 배열을 반환하므로, 여기에 다른 배열 메서드를 호출할 수 있습니다. 이와 비슷하게 map() 메서드도 항상 배열을 반환하므로 다른 배열 메서드를 호출할 수 있습니다. 그렇지만 결정적으로 마지막에 살펴봤던 forEach() 메서드는 배열을 반환하지 않으므로 forEach() 메

서드에 이어서 다른 배열 메서드를 호출할 수 없습니다. forEach() 메서드는
사실 아무것도 반환하지 않기 때문에 배열의 각 항목에 적용한 작업을 변수에
할당할 수도 없습니다.

중간 단계를 제거하면 변수를 선언하지 않고도 동일한 작업들을 처리할 수 있
습니다.

loops/chain/chain.js
```
sailors
  .filter(sailor => sailor.active)
  .map(sailor => sailor.email || `${sailor.name}@wiscsail.io`)
  .forEach(sailor => sendEmail(sailor));
```

이제 활동 중인 회원에게만 각자 선호하는 이메일 주소로 이메일을 보냅니다.
이렇게 했을 때 가장 좋은 점은 각 배열 메서드가 고유의 작업을 수행하기 때문
에 코드를 한눈에 이해할 수 있다는 것입니다.

배열 메서드 체이닝의 유일한 단점은 새로운 메서드를 호출할 때마다 반환
된 배열 전체를 다시 반복한다는 점입니다. 모든 작업에 for 문을 사용한다면
name, active, email에 각 한 번씩 총 세 번을 순회하는 것이 전부이지만, 체
이닝을 사용하면 모든 작업을 수행하기 위해 일곱 번 반복합니다(원본 배열에
filter()를 적용할 때 세 번, map()에 두 번, forEach()를 호출할 때 두 번). 그
렇지만 여기에 지나치게 신경 쓸 필요는 없습니다. 대규모 데이터를 다루는 것
이 아니라면 그리 중요하지 않습니다. 가끔은 약간의 성능 향상보다 가독성이
중요한 경우도 있습니다. 또 때로는 그렇지 않은 경우도 있지요. 그저 반복이
좀 더 많다는 것을 기억해두면 충분합니다.

메서드 체이닝을 사용할 때 챙겨야 할 몇 가지가 있습니다. 첫째, 마지막 문장
까지 세미콜론이 없는 것을 확인해야 합니다. 모든 동작은 문장과 같습니다. 문
장이 여러 줄에 걸쳐 있더라도 마침표를 찍기 전까지는 끝나지 않는 것처럼 세
미콜론이 없이는 끝나지 않습니다.

자바스크립트에 세미콜론이 반드시 필요하지는 않지만 다수의 스타일 가이드에서 여전히 세미콜론 사용을 선호하는 이유이기도 합니다. 구문을 잘못 작성하더라도 세미콜론을 미리 사용하면, SyntaxError가 발생하므로 큰 실수를 저지르는 것을 방지할 수 있습니다.

한 가지 더 중요한 사실은 순서를 지켜야 한다는 점입니다. 예를 들어 map() 메서드를 사용할 때 filter() 메서드에서 검사해야 할 속성을 제거하는 경우에는 filter()와 map() 메서드의 순서를 바꿀 수 없습니다. 적어도 우리가 살펴본 예제에서는 순서를 바꾸는 것이 바람직하지 않습니다. filter()와 map() 메서드의 순서를 바꾸면, 모든 항목에서 sailor.active가 undefined를 반환하기 때문에 아무런 오류도 발생하지 않습니다. 이 경우 결괏값으로 반환되는 배열이 비어있는데, 오류가 아닙니다. 즉, 문법적으로는 forEach()에 빈 배열을 넘겨주는 것도 문제가 되지 않습니다.

이것이 항상 테스트 코드를 작성해야 하는 이유이기도 합니다. 책의 예제 코드를 위해 작성한 테스트 코드*를 확인해보길 바랍니다.

메서드 체이닝을 배열 메서드에만 사용할 수 있는 것은 아니지만, 배열을 반환하는 배열 메서드가 매우 다양하므로 메서드 체이닝을 이해하기 쉽습니다. 앞으로 더 다양한 체이닝을 살펴볼 것입니다. 체이닝은 계속 등장합니다. **TIP 13 맵으로 명확하게 키-값 데이터를 갱신하라**에서 여러 set() 메서드를 연결할 때 맵 객체에 체이닝을 사용했습니다. **TIP 43 프라미스를 이용해 비동기적으로 데이터를 가져오라**에서 프라미스를 다룰 때도 체이닝을 볼 수 있습니다. 간단해 보이지만 여러 번 다시 살펴볼 가치가 있는 중요한 개념입니다.

다음 팁에서는 reduce()라는 배열 메서드를 하나 더 살펴보겠습니다. reduce() 메서드는 가장 유연하고 흥미롭지만, 가장 예측하기 힘든 메서드이기도 합니다.

---

* https://github.com/jsmapr1/simplifying-js (단축 URL: http://bit.ly/2PWQGhR)

reduce( )로
배열 데이터를 변환하라

이번 팁에서는 reduce( ) 메서드를 사용해 원본 배열과는 크기와 형태가 다른 새로운 배열을 생성하는 방법을 알아봅니다.

예측 가능한 코드가 좋은 코드라는 말이 이제 지겨울지도 모르겠습니다. 하지만 예측 가능성은 중요합니다. 배열 메서드가 훌륭한 이유는 콜백 함수를 이해하기 전에도 결괏값을 한눈에 예측할 수 있기 때문입니다. 게다가, 배열 메서드는 테스트하기 쉽습니다. 복잡한 코드에 테스트를 추가하는 것보다 테스트 가능한 코드를 작성하는 것이 훨씬 쉽습니다. 이에 대해서는 **TIP 32 테스트하기 쉬운 함수를 작성하라**에서 더 살펴볼 것입니다.

때로는 배열을 이용해서 근본적으로 다른 새로운 데이터를 만들어야 할 경우가 있습니다. 특정 항목의 수가 필요하거나, 배열을 객체처럼 다른 형태의 자료구조로 변환해야 하는 경우도 있습니다. 이럴 때 reduce( ) 메서드를 사용할 수 있습니다. reduce( ) 메서드는 다른 배열 메서드와 비교할 때 몇 가지 차이점이 있습니다. reduce( ) 메서드만의 가장 중요한 특징은 배열의 길이와 데이터 형태를 모두 또는 각각 변경할 수 있다는 점입니다. 또한, reduce( ) 메서드는 반드시 배열을 반환할 필요도 없습니다.

늘 그렇지만 설명보다는 직접 보는 것이 훨씬 이해하기 쉽습니다. 다음 예제는 reduce() 메서드를 사용해서 동일한 배열을 반환합니다. 쓸모없어 보이지만, 이 코드를 살펴보면 reduce() 메서드가 어떻게 작동하는지 이해할 수 있을 것입니다.

loops/reduce/reduce.js

```
01    const callback = function (collectedValues, item) {
02      return [...collectedValues, item];
03    };
04
05    const saying = ['veni', 'vedi', 'veci'];
06    const initialValue = [];
07    const copy = saying.reduce(callback, initialValue);
```

예제 코드에서 무슨 일이 벌어지고 있는지 살펴봅시다. 먼저 1행, reduce() 메서드의 콜백 함수에 두 개의 인수를 전달합니다. 두 개의 인수는 반환되는 항목 (collectedValues라고 부릅니다)과 개별 항목입니다. 반환값은 콜백 함수가 반환하는 값을 누적한 것으로, reduce() 메서드가 특별한 이유입니다. reduce() 메서드의 반환값은 정수뿐 아니라 세트 같은 컬렉션도 될 수 있습니다.

7행의 reduce() 메서드는 두 가지 값, 즉 콜백 함수와 기본값을 전달받습니다. 기본값은 선택적으로 넘겨줄 수 있지만 대부분의 경우 작성합니다. 기본값을 작성하면 반환값을 담을 수 있고, 다른 개발자들에게 반환되는 값에 대한 단서를 제공할 수 있습니다. reduce() 메서드에서 까다로운 부분은 콜백 함수에서 항상 누적된 값을 반환해야 한다는 점입니다.

문서를 살펴보며 더 자세한 예제를 찾아보는 것이 좋습니다만, 대부분의 예제가 숫자를 사용해서 추상적인 개념만 제공합니다.* 여기서는 좀 더 일반적인 경우를 고려하기 위해 배열에서 고윳값을 분류하는 경우를 예로 들어보겠습니다.

---

* https://developer.mozilla.org/en-US/docs/Web/JavaScript/Reference/Global_Objects/Array/
  Reduce (단축 URL: http://bitly.kr/VsSnBBa)

사실 **TIP 16 세트를 이용해 고윳값을 관리하라**에서 이미 해결한 문제입니다. 이미 살펴본 문제이지만, 해결책을 확장해서 고윳값이 담긴 몇 가지 집합을 만들어 보겠습니다.

지난 번 예제와 마찬가지로 강아지 입양 사이트에 사용할 컬렉션에서 고윳값을 분류해보겠습니다.

loops/reduce/reduce.js

```
const dogs = [
  {
    이름: '맥스',
    크기: '소형견',
    견종: '보스턴테리어',
    색상: '검정색',
  },
  {
    이름: '도니',
    크기: '대형견',
    견종: '래브라도레트리버',
    색상: '검정색',
  },
  {
    이름: '섀도',
    크기: '중형견',
    견종: '래브라도레트리버',
    색상: '갈색',
  },
];
```

for 문과 세트를 직접 사용한 방식을 확인하려면 **TIP 16 세트를 이용해 고윳값을 관리하라**를 펼쳐보길 바랍니다. 여기서는 reduce( ) 메서드를 이용해서 바로 값을 얻어보겠습니다.

만약 원하는 고윳값이 색상이라면, 다음과 같이 객체를 순회하며 색상을 확인하고 고윳값을 저장하는 reduce( ) 메서드를 작성합니다.

```
01    const colors = dogs.reduce((colors, dog) => {
02      if (colors.includes(dog['색상'])) {
03        return colors;
04      }
05      return [...colors, dog['색상']];
06    }, []);
```

reduce() 메서드를 볼 때는 맨 뒷부분부터 보면 결괏값을 쉽게 알 수 있습니다. 결괏값은 어떤 형식이든 가능하다는 점을 명심하세요. 문자열, 불 값, 객체 등 무엇이든 가능하므로 함부로 가정하지 말아야 합니다.

6행을 보면 빈 배열로 함수를 초기화하는 것을 알 수 있습니다.

reduce() 메서드를 파악하기 위한 또 다른 중요한 요소는 초깃값이 함수에 전달된 후 어떻게 불리는지 이해하는 것입니다. 보통은 캐리(carry)라고 부르지만, 단지 매개변수일 뿐이므로 원하는 대로 이름을 붙일 수 있습니다. 이 함수의 첫 번째 행을 보면 좀 더 알아보기 쉽도록 colors라는 이름을 붙였습니다.

함수 몸체를 살펴보지 않아도, 다른 배열이 반환된다는 점은 이미 알 수 있습니다. 이는 가치 있는 정보이며, 그렇기 때문에 항상 누적값을 명시적으로 작성해야 합니다. 나중에 코드를 볼 개발자에게 최대한 많은 정보를 남겨주는 것이 좋습니다.

또한, 주의도 필요합니다. 누적값을 반환하지 않으면 값은 완전히 사라지기 때문입니다. 다음 함수를 실행하면 TypeError: Cannot read property 'includes' of undefined.(타입 오류: undefined의 속성 'includes'를 읽을 수 없습니다.)라는 오류가 발생합니다. 5행에서 누적값을 반환하지 않았기 때문에 함수가 undefined를 반환합니다. 이후로 매개변수 colors는 undefined가 되어 includes() 메서드를 사용할 수 없습니다.

```
01    const colors = dogs.reduce((colors, dog) => {
02      if (colors.includes(dog['색상'])) {
```

```
03      return colors;
04    }
05    [...colors, dog['색상']];
06  }, []);
```

최초에 살펴봤던 고유 색상을 분류하는 함수의 몸체를 보면, reduce() 메서드에 넘긴 값이 눈에 들어옵니다. 2행에서 값이 이미 배열에 담겨 있는지 확인하고, 이미 포함된 값이면 추가할 필요가 없으므로 지금까지 누적된 컬렉션을 반환합니다. 만약 새로운 색상이라면 5행에서 컬렉션에 추가해 갱신된 배열을 반환합니다.

머리가 복잡하니 다시 생각해봅시다. 지금 우리는 두 가지 작업을 수행하고 있습니다. 데이터의 일부를 반환해 크기를 변경했고, 동시에 형태도 변경해 반환했습니다. 더 중요한 것은 배열 내부에 있는 정보를 기반으로 크기를 변경한다는 점입니다. 이는 filter()나 find() 메서드로는 처리할 수 없는 일입니다.

이제 흥미로운 부분이 시작됩니다. 데이터의 크기와 형태를 모두 변경할 수 있기 때문에 reduce() 메서드를 이용해서 다른 배열 메서드를 다시 만들 수도 있습니다. 다음의 간단한 예를 살펴봅시다. 강아지의 색상만 모을 때 다음과 같이 map() 메서드를 사용할 수 있습니다.

loops/reduce/map.js

```
const colors = dogs.map(dog => dog['색상']);
```

reduce() 메서드를 이용해서 같은 결과를 얻을 수 있습니다. 시작할 때 사용할 빈 배열을 넘겨주고, 반복할 때마다 배열을 반환합니다.

loops/reduce/reduce.js

```
const colors = dogs.reduce((colors, dog) => {
  return [...colors, dog['색상']];
}, []);
```

연습 삼아 filter()와 find() 메서드를 reduce() 메서드로 작성해보는 것도 좋습니다. 이를 통해 각 메서드를 더 잘 이해하게 될 것입니다.

코드에서 모든 메서드를 다시 만들 필요는 없습니다. 문제에 적합한 최선의 도구를 사용하면 됩니다. 그렇게 해도 reduce()의 힘을 보여줄 수 있습니다.

고윳값을 분류하는 리듀서(reducer)로 돌아가봅시다. map() 메서드의 결괏값을 세트에 넘겨주는 방법으로도 같은 결과를 얻을 수 있는데, 어째서 reduce() 메서드를 사용하는 걸까요?

이유는 간단합니다. 리듀서가 더 많은 값을 쉽게 다룰 수 있도록 코드에 유연성을 제공하기 때문입니다. 만약 한 가지 속성의 값을 모아야 한다면 map() 메서드를 쓰는 것이 더 적절합니다. 유연성이 좋기는 하지만, 더 간단한 방법이 있다면 그 방법을 선택하는 것이 바람직합니다. 그렇지만 유연성이 필요할 때는 리듀서가 도움이 될 것입니다.

예를 들어 강아지 객체의 모든 키에 대해 고윳값을 분류하려면 어떻게 해야 할까요? map() 메서드를 여러 번 실행하고 세트에 값을 전달할 수 있을 것입니다. 혹은 초깃값을 빈 세트로 한 reduce() 메서드를 사용해 객체를 채우는 방법도 있습니다.

여러 가지 구현 방법이 있지만, 가장 간단한 방법은 빈 세트가 있는 객체에서 시작하는 것입니다. reduce() 메서드에 넘겨주는 콜백 함수에서 각 항목을 세트에 추가합니다(세트에는 고유 항목만 담긴다는 점을 기억하고 있겠지요?). 실행이 끝나면 속성별로 고윳값만 담긴 컬렉션이 생성됩니다.

loops/reduce/reduce.js

```
const filters = dogs.reduce((filters, item) => {
  filters.breed.add(item['견종']);
  filters.size.add(item['크기']);
  filters.color.add(item['색상']);
  return filters;
},
```

```
{
  breed: new Set(),
  size: new Set(),
  color: new Set(),
});
```

reduce() 메서드를 이용하면 이렇게 반복 횟수를 적게 유지하면서도 변환되는 데이터의 형태를 다른 개발자에게 알려주는 이점을 얻을 수 있습니다.

또한, 데이터의 크기와 형태를 동시에 바꿀 수 있으므로 사용 방법도 무궁무진합니다.

또 다른 예제를 살펴봅시다. 다음 예제에는 개발자에 대한 정보를 담은 목록이 있습니다. 목록에는 이름과 주로 다루는 언어가 담겨 있는데, 언어별로 몇 명인지 확인하려고 합니다.

loops/reduce/reduce.js

```
const developers = [
  {
    name: 'Jeff',
    language: 'php',
  },
  {
    name: 'Ashley',
    language: 'python',
  },
  {
    name: 'Sara',
    language: 'python',
  },
  {
    name: 'Joe',
    language: 'javascript',
  },
];
```

반복할 때마다 반복되는 언어를 셈하면 쉽게 결과를 확인할 수 있습니다.

loops/reduce/reduce.js

```js
const aggregated = developers.reduce((specialities, developer) => {
  const count = specialities[developer.language] || 0;
  return {
    ...specialities,
    [developer.language]: count + 1,
  };
}, {});
```

위 예제 코드에서 초깃값은 빈 객체입니다. 이 경우 개발자들이 사용하는 언어를 예측하기 어렵기 때문에 동적으로 추가해야 합니다. 혹시 궁금해할 수도 있을 텐데, 맞습니다. 이 경우에는 reduce() 메서드에 객체 대신 맵을 사용할 수도 있습니다. 직접 코드를 작성해보세요.

여기까지 배열 메서드를 모두 살펴봤습니다. 배열 메서드는 많은 가치를 지니고 있고, 익숙해지면 코드를 줄이는 동시에 반환하는 정보를 알기 쉽게 만들 수 있습니다. 따라서 배열 메서드를 점점 더 많이 사용하게 될 것입니다.

배열 메서드는 훌륭하지만 여전히 일반적인 for 문을 사용해야 하는 경우도 있습니다. 다음 팁에서는 다소 형태가 다른 for 문인 for...in 문을 살펴보겠습니다. for...in 문은 이터러블에서 각 항목을 직접 가져오기 때문에 이터레이터의 번거로운 변수 선언과 길이(length)가 필요치 않습니다.

for...in 문과 for...of 문으로
반복문을 정리하라

이번 팁에서는 각각 for...in 문을 이용한 이터러블에 대한 반복문과 for...of 문을 이용한 객체에 대한 반복문을 통해 반복문의 명료성을 유지하는 방법을 살펴봅니다.

지금까지 살펴본 내용을 바탕으로 배열 메서드가 명확하고 예측 가능한 방식으로 반복문을 처리할 수 있다고 확신할 것입니다. 그러나 때로는 배열 메서드가 비효율적이거나 번거로울 수 있습니다.

필요한 결과와 일치하지 않을 때는 반복문에서 빠져나오고 싶을 것입니다. 이 경우 반복문을 계속 실행하는 것은 의미가 없습니다.

또한, 배열이 아닌 컬렉션을 다룰 때 배열 메서드를 사용하면 지나치게 복잡해질 수 있습니다. 자료구조가 배열이 아닌 경우에도 배열 메서드를 사용할 수 있습니다. 객체를 배열 메서드로 다루는 경우에는 Object.keys()를 사용해 키 배열을 만들면 원하는 모든 메서드를 실행할 수 있습니다. 또는 펼침 연산자를 사용하면 맵을 키-값 쌍이 담긴 배열로 변환할 수 있습니다. 기억을 되살리고 싶다면 **TIP 14 맵과 펼침 연산자로 키-값 데이터를 순회하라**를 살펴보길 바랍니다.

실제로 이런 방식은 훌륭한 접근법이기도 합니다. 예를 들어, 인기 있는 에어비앤비(Airbnb)의 스타일 가이드는 항상 배열 메서드를 사용하고 for...of 문과 for...in 문의 사용을 제한해야 한다고 주장합니다.*

그렇지만 모든 사람이 이에 동의하지는 않습니다. 때로는 자료구조를 배열로 변환하느라 고생하는 것보다는 다른 방법을 찾아보는 것이 나을 수도 있습니다.

여러 가지 정보 집합을 선택하고 비교할 수 있는 앱이 있다고 가정해봅시다. 이 앱은 컨설팅 회사의 목록을 처리합니다. 사용자는 여러 회사를 선택해서 서비스를 비교하고 대조할 수 있습니다.

지금까지 살펴본 것을 바탕으로 한다면, 맵을 사용해서 사용자가 옵션을 클릭할 때 다양한 회사를 담을 수 있습니다. 결국 정보를 계속해서 추가하고 삭제하는 작업이므로 맵을 사용하면 쉽게 처리할 수 있습니다.

사용자가 관심 있는 회사를 클릭하면 회사의 ID를 키, 회사의 이름을 값으로 해서 지도에 간단히 회사를 추가할 수 있습니다.

loops/for/for.js

```
const firms = new Map()
  .set(10, 'Ivie Group')
  .set(23, 'Soundscaping Source')
  .set(31, 'Big 6');
```

약간의 정보로도 많은 것을 할 수 있습니다. 데이터베이스에서 세부 사항을 선택할 수 있으며, 이용할 수 있는지 확인하거나 비교 차트를 만들 수도 있습니다. 어떤 경우라도 컬렉션에서 한 번에 하나씩 처리해야 합니다.

다음 예제에서는 사용자가 선택한 회사를 순회하면서 이용할 수 있는 회사인지 확인합니다. (이 예제에서는 다른 곳에서 정의한 isAvailable() 함수를 사용합

---

* https://github.com/airbnb/javascript/issues/851 (단축 URL: http://bit.ly/34vdo4W)

니다.) 해당 컨설팅 서비스를 사용할 수 없는 경우에는 사용할 수 없다는 메시지를 반환합니다. 그렇지 않으면 모두 사용 가능하다는 메시지를 반환합니다.

코드를 작성하면 바로 문제가 있다는 것을 알게 됩니다. 컬렉션이 배열은 아니므로 전통적인 for 문을 사용할 수 없습니다. 반복을 시작하기 전에 펼침 연산자를 이용해서 맵을 배열로 변환하면 문제를 쉽게 피할 수 있습니다.

loops/for/traditional.js

```
const entries = [...firms];
for (let i = 0; i < entries.length; i++) {
  const [id, name] = entries[i];
  if (!isAvailable(id)) {
    return `${name}는 사용할 수 없습니다`;
  }
}
return '모든 회사를 사용할 수 있습니다';
```

이 반복문은 꽤 간단합니다. 실행에 필요한 정보를 상당히 알기 쉬운 방식으로 가져옵니다. 그렇지만 우리는 반복문을 작성하는 더 나은 방법을 알고 있습니다. 그리고 맵을 배열로 변환해야 하기 때문에 배열 메서드를 사용할 수 있다는 점도 알고 있지요.

그러나 이 작업을 수행하는 데 적합한 배열 메서드가 없습니다. 물론 시도할 수 있는 방법이 많긴 합니다. find() 메서드를 사용해서 서비스를 제공하지 못하는 회사가 있는지 확인할 수도 있지요.

loops/for/full.js

```
const unavailable = [...firms].find(firm => {
  const [id] = firm;
  return !isAvailable(id);
});
if (unavailable) {
  return `${unavailable[1]}는 사용할 수 없습니다`;
```

```
  }
  return 'All firms are available';
```

다음과 같이 문자열을 반환하는 reduce() 메서드에서 반환될 문자열의 기본값을 성공 메시지로 하는 방법도 있습니다.

loops/for/full.js

```
const message = [...firms].reduce((availability, firm) => {
  const [id, name] = firm;
  if (!isAvailable(id)) {
    return `${name}는 사용할 수 없습니다`;
  }
  return availability;
}, '모든 회사를 사용할 수 있습니다');
return message;
```

문제를 푸는 방법은 많습니다. 어쩌면 그 해결책이 여러분이나 여러분이 근무하는 팀에게는 적당한 방법일 수도 있습니다. 그래도 이런 방법들은 좀 투박해 보입니다. 무슨 일이 벌어지는지 이해하려면 코드를 두 번씩 읽어야 할 것 같지요.

각각의 방법에는 문제가 되는 부분이 있습니다. find() 메서드를 이용하면 이용할 수 없는 회사가 있는지 확인하고 메시지를 반환하는 두 단계를 거쳐야 합니다. reduce() 메서드를 사용하면 코드를 이해하기 좀 어렵습니다.

또한, 다른 문제도 있습니다. find() 메서드는 이용이 불가능한 회사 중 첫 번째 회사만 찾을 수 있고, reduce() 메서드는 마지막 회사만 찾을 수 있습니다.

여기서 문제를 풀지는 않을 것입니다. 배열 메서드와 다른 반복문을 사용해서 직접 해결책을 찾아보길 바랍니다. (힌트: filter() 메서드와 map() 메서드를 연결해서 메시지 배열을 만들 수 있습니다.) 그렇지만 일단은 최적화를 무시하고 모든 회사가 이용 가능한지 여부에만 집중합시다.

같은 문제를 놓고 같은 결과를 얻을 수 있는 세 가지 방법을 살펴봤는데요. 세 가지 방법 모두에 공통적으로 나타나는 기능이 있습니다. 먼저 맵을 배열로 변

환해야 합니다. 그렇지만 변환이 필수는 아니라는 점이 드러났습니다. 맵에는 펼침 연산자를 사용할 수 있게 해주는 맵이터레이터(MapIterator)라는 속성이 있는데, 이 속성이 맵을 직접 순회할 수 있게 해줍니다.

앞서 맵에 펼침 연산자를 사용하는 방법을 살펴보면서 맵이터레이터를 배웠습니다. 이터레이터는 항목을 한 번에 하나씩 접근할 수 있는 특정한 형식의 객체이며, 맵이터레이터는 좀 더 일반화된 이터레이터의 특정한 인스턴스입니다. 맵이터레이터는 맵, 배열, 세트에 존재합니다. **TIP 41 제너레이터로 이터러블 속성을 생성하라**에서 직접 만들어볼 것입니다.

가장 중요한 부분은 특별한 반복문인 for...of 문으로 이터레이터를 사용할 수 있는 점입니다. for...of 문은 색인(let i = 0 부분)을 반복하지 않는다는 점을 제외하면 for 문과 매우 유사합니다. for...of 문은 색인 대신 컬렉션의 멤버를 직접 순회합니다.

반복문 매개변수에서 개별 항목의 이름을 선언하고 이것을 반복문 내부에서 사용합니다.

for...of 문을 사용하면 특수한 객체를 배열로 변환하는 대신, for 문과 동일한 개념을 사용하면서 색인에 대한 참조를 제거할 수 있습니다. 배열 메서드에서 사용했던 콜백 메서드도 효과적으로 사용할 수 있습니다. 앞서 살펴본 함수를 for...of 문으로 옮기면 다음과 같습니다.

loops/for/for.js

```
for (const firm of firms) {
  const [id, name] = firm;
  if (!isAvailable(id)) {
    return `${name}는 사용할 수 없습니다`;
  }
}
return '모든 회사를 사용할 수 있습니다';
```

몇 가지 부분에 주목하세요. 먼저 변수 firm을 const로 선언했습니다. const는 블록 유효 범위를 갖기 때문에 여기서 선언한 변수는 반복문의 밖에서는 존재하지 않습니다. 따라서 코드의 다른 부분에 영향을 끼칠까 염려하지 않아도 됩니다. 다음으로 배열 메서드와 같은 개념을 이용해서 개별 항목을 직접 다룰 수 있습니다. for 문에서 entries[i]로 컬렉션 전체를 참조하던 방식에서 벗어날 수 있지요. 이는 마치 배열 메서드의 콜백 함수와 for 문을 조합한 것과 같습니다.

게다가 이터러블을 순회하기 위해 배열로 변환할 필요가 없으므로 약간의 최적화도 이뤄집니다. 이렇게 사소한 최적화를 위해 배열 메서드를 피할 것까지는 없지만, 최적화가 필요하다면 고려해볼 수 있는 방법입니다.

for...of 문이 가져오는 장점과 문제점은 무엇일까요? 반복문으로 무엇이든 할 수 있기 때문에 예측 가능성이 줄어드는 문제가 있습니다. 사실 컬렉션을 순회할 때 흔히 벌어지는 컬렉션 조작만 하지 않는다면, 예측 가능성이 줄어드는 것은 이 방식의 유일한 문제라고 할 수 있습니다. 그러나 배열 메서드를 사용할 때도 컬렉션을 조작할 수 있습니다. 부수 효과와 조작을 피하려면 문법 이상의 규칙이 필요합니다.

이러한 장점이 있으니 항상 바로 반복문을 사용하는 것이 낫지 않을지 궁금해집니다. 간단히 말하면, 그렇지 않습니다. 일반적으로 배열 메서드가 명확하고 적합할 때는 배열 메서드를 우선해서 사용합니다. 예를 들어 맵에서 데이터를 걸러내야 할 때는 filter() 메서드를 사용해야 합니다. 맵을 배열로 변환할 때는 map() 메서드를 사용합니다. 그렇지 않으면 값을 담을 배열을 생성하고 반복할 때마다 조작하는 코드를 작성하게 됩니다. for...of 문은 반드시 필요한 경우에만 사용하는 것이 좋습니다.

for...of 문은 생각하기에 따라 약간의 문제 또는 이점이 있습니다. 그리고 키-값 객체에서만 작동하는 비슷하지만 다른 반복문이 있습니다. 바로 for...in 문입니다.

for...in 문은 for...of 문과 매우 유사합니다. 객체에 필요한 작업을 직접 실행하기 때문에 Object.keys()를 실행해서 객체의 키를 배열로 변환하는 과정을 생략할 수 없습니다. 더 정확히 말하면 객체의 속성을 순회합니다.

자바스크립트 객체를 깊이 있게 다뤄봤다면 객체 속성에 존재하는 문제점을 알고 있을 것입니다. 객체는 프로토타입 체인에 있는 다른 객체에서 속성을 상속받습니다. 게다가 객체에는 열거할 수 없는 속성이 있어 순회에서 제외되기도 합니다.

즉, 객체의 속성은 단순하지 않습니다. 이에 대해서는 MDN을 더 살펴보길 바랍니다.*

그렇지만 대부분의 경우 우리가 다루는 것은 단순하기 때문에 여기서는 단순한 경우에 집중하겠습니다. 먼저 회사 정보가 담긴 맵을 객체로 변환합니다. 거의 동일하지만 키가 문자열이 되어야 하므로 숫자에서 문자로 바꿔야 합니다. 사실 객체 리터럴 문법에서는 키에 숫자를 쓸 수 있지만, 숫자로 입력해도 조용히 문자열로 변환됩니다. 그렇지만 그것은 객체의 문제점이지, 이점이라고 볼 수는 없습니다.

loops/for/forin.js

```
const firms = {
  '10': 'Ivie Group',
  '23': 'Soundscaping Source',
  '31': 'Big 6',
};
```

for...in 문을 사용할 때는 각 항목을 한 번에 하나씩 받습니다. for...of 문과 다르게 값을 받는 것이 아니므로, 매번 키를 사용해서 전체 컬렉션을 참조해야 합니다. 그 외의 다른 부분은 모두 익숙할 것입니다. 가급적 변수는 const로 선

---

* https://developer.mozilla.org/en-US/docs/Web/JavaScript/Reference/Statements/for...in# Iterating_over_own_properties_only (단축 URL: http://bitly.kr/fjMCSwP)

언해 반복문의 내부에서 사용합니다. 선언한 변수의 값은 반복문이 진행되면서 계속 바뀝니다.

앞서 살펴봤던 for...of 문을 for...in 문으로 변환해봅시다.

여러분이 작성한 코드는 아마 다음과 같을 것입니다.

loops/for/forin.js
```
for (const id in firms) {
  if (!isAvailable(parseInt(id, 10))) {
    return `${firms[id]}는 사용할 수 없습니다`;
  }
}
return '모든 회사를 사용할 수 있습니다';
```

키-값 쌍이 아니라 속성을 가져오기 때문에 이름과 값을 따로 추출할 필요가 없습니다. 값이 필요할 때마다 배열 표기법으로 개별 항목의 값을 가져올 수 있습니다. 이 경우 키를 정수로 사용하려면 parseInt()를 사용해서 변환해야 합니다. 이처럼 객체의 키에는 미묘한 변환이 있어 혼란스러울 수 있습니다.

for...of 문과 마찬가지로 for...in 문도 무조건적으로 사용하지 말고 사용이 적절한 경우에만 선택하는 것이 좋습니다. 키만 필요한 경우에는 배열 메서드를 사용하기 전에 Object.keys()로 키를 가져오는 것이 더 나을 수 있습니다. 값만 필요한 경우에도 마찬가지입니다. 흔히 있는 일은 아니지만 Object.values()로 값만 모아서 배열로 변환할 수 있습니다.

여기서 한 가지 더 주의해야 할 사항이 있습니다. 객체를 순회하면서 객체를 조작하지 마세요. 객체를 조작하는 것은 매우 위험하고, 특히 반복 중인 속성 외의 다른 속성을 추가하거나 수정하는 경우에는 버그가 빠르게 퍼질 수 있습니다.

이제 우리는 컬렉션을 반복하기 위한 완전히 새로운 도구를 가지게 되었습니다. 예제에서 살펴본 것처럼 문제를 여러 가지 메서드로 해결할 수 있기 때문에 개인이나 팀의 선호에 따라 다른 방법을 택할 것입니다. 시간이 지나면 다른 방

법보다 선호하는 몇 가지 방법이 생기게 될 것입니다. 사람들이 생각하는 것과 달리, 개발에서 정확하게 맞고 틀린 것은 많지 않습니다.

다음 장에서는 데이터를 다루는 것에서 벗어나 함수를 조합하는 방법을 살펴볼 것입니다. 먼저 매개변수를 다루는 새로운 방법을 찾아보겠습니다. 많은 변화가 있습니다. 새로운 방법을 찾기 위해 한 개 장의 분량이 필요할 정도랍니다. 자바스크립트는 함수를 이용해 다양하고 흥미로운 작업을 할 수 있기 때문에 단순한 매개변수가 유연해지는 매우 신나는 일도 일어납니다. 이제부터 정말 즐거운 부분이 시작되니 절대 책을 놓지 마세요.

6장

매개변수와 return 문을 정리하라

저는 언제든 지름길을 찾을 수 있다고 생각하는 사람으로 유명합니다. 고속도로를 운전하다가 공사 구간을 만나면 지체하지 않기 위해 재빨리 첫 번째 출구로 나가곤 합니다. 이렇게 고속도로를 빠져나가는 행동은 공사 구간 안내 표지를 따라 서행하는 편이 훨씬 더 수월하다는 아내의 항의마저 무시하는 선택이죠.

사실 대체로 아내가 옳습니다. 고속도로를 벗어나서 옆길로 가다 보면 갑자기 원래의 길에서 한참 벗어나기도 합니다. 그렇지만 저는 그런 것에 신경 쓰지 않습니다. 인적이 드문 곳에서 자랐으므로 외딴길에 대한 직감이 있다고 믿기 때문입니다. 포장되어 있던 도로가 비포장 도로로 이어지고 결국 밀밭에 있는 막다른 길에 닿기 전까지는 말이죠. 직감을 포기하고 GPS를 켜기 위해 휴대전화를 꺼냅니다. 이런! 밀밭 한가운데라 휴대전화가 완전히 불통 상태네요.

이렇게 간단한 동작이 순식간에 통제 불능 상태로 이어지기도 합니다. 이는 함수 인수에서도 늘 발생하는 일입니다. 처음에는 최선의 방법을 선택했을 것입니다. 함수는 두 개의 인수를 받아 간단한 값을 반환합니다. 그러다가 갑자기 예외적인 경우가 나타납니다. 데이터가 불일치하기 시작합니다. 문제를 이해하기 위해 수십 가지 상황을 다루는 여덟 개의 매개변수를 살펴봐야 합니다. 포기하고 싶지만, 그러다가 이 함수에 의존하는 모든 코드를 망칠 것 같아 겁이 날 것입니다.

이 장에서는 함수 인수를 변경하는 계획을 세워보고, 간결하면서 유연성을 제공하는 매개변수를 생성하는 방법을 살펴볼 것입니다.

먼저 인수가 제공되지 않는 상황을 다루기 위해 매개변수 기본값을 추가하는 방법을 살펴봅니다. 다음으로 해체 할당을 사용해 객체에서 정보를 가져오는 방법을 살펴보고, 해체 할당과 함수 매개변수를 결합해 다양한 옵션을 사용할 수 있게 만들어봅니다. 이렇게 배운 지식을 이용해서 정보를 새로운 객체로 다시 결합하고 사용 가능한 번들에서 많은 정보를 공유하는 return 문을 작성해봅니다. 이어서 매개변수로 돌아가 인수의 수를 예상하기 어려운 경우에 함수를 만드는 방법을 살펴볼 것입니다.

피할 수 없는 문제에 대처할 수 있는 계획을 잘 세워둔다면 약간 모험을 해도 문제없습니다. 이 장에서는 예상하지 못한 변경 사항까지 처리할 수 있는 함수를 작성하는 방법을 살펴보겠습니다. 제가 운전할 때는 해내지 못했던 일을 해결할 차례입니다. 미지의 세계로 나아가되 예측할 수 없는 문제까지 계획해봅시다.

28

매개변수
기본값을 생성하라

이번 팁에서는 매개변수가 채워져 있지 않을 때 매개변수 기본값으로 값을 설정하는 방법을 살펴봅니다.

아무리 열심히 계획을 세워도 상황은 달라집니다. 특히 함수 매개변수의 경우가 그렇습니다. 처음 함수를 작성할 때는 몇 가지 매개변수로 충분합니다. 그렇지만 코드가 늘어나고 예외적인 경우가 늘어나기 시작하면, 맨 처음의 매개변수로는 문제를 다 처리할 수 없게 됩니다.

이어지는 팁들에서는 매개변수를 처리하는 다양한 기법을 살펴볼 것입니다. 변화하는 요구 사항에 대처해야 할 때, 여기서 배우는 대부분의 기술을 활용할 수 있습니다. 우선 그중에서 가장 쉬운 방법인 매개변수 기본값을 사용하는 방법을 살펴보겠습니다.

다음 예제는 간단한 헬퍼 함수입니다. 파운드(pound)를 킬로그램(kilogram)으로 변환하려고 합니다. 그다지 어려운 것은 없어 보입니다. 파운드를 입력받고 2.2로 나눠서 킬로그램으로 변환합니다. (미국 사람이 아니라서 이런 한심한 문제를 다룰 필요가 없는 독자에게는 정말 미안합니다. 그렇지만 다른 값을 변환해야 하는 경우가 있을 것입니다.)

```js
function convertWeight(weight) {
  return weight / 2.2;
}
```

코드는 어려울 것이 없습니다. 이 코드는 앱 전체에서 사용하고 있습니다. 그렇지만 곧 누군가 온스(ounce)도 변환해야 한다는 이슈를 올렸습니다. 1파운드는 16온스이기 때문에 파운드에 더하려면 먼저 그 값을 10진수로 변환해야 합니다.

좋습니다. 매개변수에 온스를 추가하면 되겠네요. 그런데 문제가 있습니다. 함수를 사용한 곳을 빠짐없이 찾아서 온스를 입력할 위치(다음 예제 코드의 ounces)에 0을 넣어야 할까요? 아니면 온스에 값이 전달되지 않는 경우를 처리하는 코드를 작성해야 할까요?

첫 번째 방법을 선택해서 모든 함수 호출을 바꿀 수도 있지만, 실수할 가능성은 항상 있습니다. 다행히도 자바스크립트에서는 함수에 모든 매개변수를 전달할 필요가 없습니다. 매개변수를 선택적으로 적용할 수 있기 때문입니다. 매개변수를 누락하면 값은 undefined가 됩니다.

이 점을 숙지하고 두 번째 방법으로 문제를 해결해봅시다. 온스 값이 없는 경우를 처리하기 위해 코드를 약간 추가합니다.

```js
function convertWeight(weight, ounces) {
  const oz = ounces ? ounces / 16 : 0;
  const total = weight + oz;
  return total / 2.2;
}
```

convertWeight(44, 11)을 실행하면 20.3125가 나오기 때문에 모를 수도 있지만, 그 외 대부분의 경우 소수점 아래로 길게 이어지는 값이 반환됩니다. 예를 들어 convertWeight(44, 8)을 실행하면 20.22727....이 반환됩니다.

더욱 이상한 것은 convertWeight(6, 6)을 실행하면 3이 반환될 것 같지만, 실제로는 2.999999....가 나온다는 점입니다. 이는 부동 소수점 연산 때문입니다.* 이제 반올림 처리를 해서 부동 소수점 연산과 사용자가 예상하는 반환값이 어긋나는 경우를 보완할 차례입니다. 또한, 반올림을 하기 때문에 소수점 자릿수를 지정할 수 있도록 만들어야 합니다. 기본적으로 소수점 두 번째 자리까지 처리하게 할 것입니다.

앞에서는 함수에 매개변수가 누락되는 경우를 처리하기 위한 코드를 추가했습니다. 이와 마찬가지로 반올림을 처리하기 위해 헬퍼 함수인 roundToDecimalPlace를 추가합니다. 세부 구현은 저장소에 있는 코드를 참고하길 바랍니다.

그렇지만 한 가지 복잡한 문제가 있습니다. 기본값으로 소수점 두 번째 자리까지 나오게 하려면 단순히 매개변수 roundTo가 참인지 확인하는 것만으로는 부족합니다. 예를 들어 const round = roundTo ¦¦ 2는 적절한 방법이 아닙니다. 이렇게 하면 사용자가 소수점 자릿수로 0을 넘겼을 때 roundTo가 거짓 값으로 처리되어 소수점 두 번째 자리까지 반환하기 때문입니다.

대신에 매개변수로 아무 값도 전달되지 않아 undefined가 되지는 않는지 명시적으로 확인해야 합니다.

params/defaults/problem.js

```
function convertWeight(weight, ounces, roundTo) {
  const oz = ounces / 16 ¦¦ 0;
  const total = weight + oz;
  const conversion = total / 2.2;
  const round = roundTo === undefined ? 2 : roundTo;
  return roundToDecimalPlace(conversion, round);
}
```

---

* 모든 컴퓨터 과학자가 알아야 할 부동 소수점 연산(What Every Computer Scientist Should Know About Floating-Point Arithmetic) https://docs.oracle.com/cd/E19957-01/806-3568/ncg_goldberg.html (단축 URL: http://bit.ly/36Jbl9G)

함수가 계속 조금씩 복잡해지고 있습니다. 요구 사항이 계속 변화하는 세계에서는 피할 수 없는 일입니다. 우리가 피하려는 것은 정의되지 않은 변수로 인해 발생하는 문제입니다. 결국 새로운 매개변수를 추가할 때마다 기본값을 설정하기 위해 삼항 연산자나 단락 평가를 추가하게 됩니다.

요구 사항 변경은 피할 수 없는 삶의 일부입니다. 그것을 막을 수 있는 문법은 없습니다. 그렇지만 매개변수 기본값을 사용하면 변수 검증을 위한 코드를 최소화할 수 있습니다.

매개변수 기본값은 매개변수에 값을 전달하지 않았을 때 미리 정해둔 값을 기본값으로 사용하는 것을 의미합니다. 다른 언어에서 이미 본 적이 있을 것입니다. 매개변수 기본값을 사용하려면 매개변수명 옆에 등호로 기본값을 정의합니다. 매개변수에 값을 전달하지 않으면 설정한 기본값이 사용됩니다.

매개변수 기본값을 이용해서 개선한 함수에도 여전히 온스를 더하고 소수점 반올림을 처리하는 추가 요구 사항에 대한 코드는 남아있습니다. 그렇지만 이제 함수 사용자가 매개변수를 누락하더라도 어떤 값이든 반환될 것이라고 확신할 수 있습니다.

params/defaults/default.js

```
function convertWeight(weight, ounces = 0, roundTo = 2) {
  const total = weight + (ounces / 16);
  const conversion = total / 2.2;
  return roundToDecimalPlace(conversion, roundTo);
}
```

게다가 특정한 자료형이 필요하다는 단서를 다른 개발자에게 알려줄 수도 있습니다. 예를 들어 코드만 보고도 온스에는 정수를 넘겨줘야 한다는 것을 눈치챌 수 있습니다. 타입 시스템을 대체할 만큼 대단하지는 않지만 훌륭한 보조라고 할 수 있습니다.

매개변수 기본값이 완벽한 해결책은 아닙니다. 매개변수 순서가 여전히 중요하기 때문입니다. 온스를 추가하지 않는 경우에도 소수점 자릿수를 지정하려면 온스 자리에 0을 입력해야 합니다.

params/defaults/default.js

```
convertWeight(4, 0, 2);
```

값을 전달하고 싶지 않은 경우, 매개변수에 undefined를 전달하면 함수가 매개변수 기본값을 사용합니다. 그런데 이 방법은 주의해서 사용해야 합니다. undefined를 전달하면 실수를 저지르기가 쉽기 때문입니다. 예를 들어 null을 전달하면 설정한 기본값이 사용되지 않습니다.

만약 기본값이 무엇이든 상관없다면, 매개변수 기본값을 사용하면 좋습니다. 다른 개발자가 코드를 읽기에도 편하고, 나중에 함수를 조금 바꿔도 작동하지 않을 가능성이 낮습니다.

params/defaults/default.js

```
convertWeight(4, undefined, 2);
```

이 문제를 우회하는 일반적인 방법은 두 번째 매개변수로 객체를 전달하는 것입니다. 객체는 여러 개의 키-값 쌍을 둘 수 있기 때문에 새로운 옵션을 추가할 때마다 매개변수를 변경할 필요가 없습니다. 대신 새로운 옵션을 추가한 객체에서 정보를 꺼내야 할 필요가 있습니다.

다음 팁에서는 매개변수에서 객체를 더 쉽게 사용할 수 있도록 해체 할당으로 데이터를 꺼내는 방법을 살펴보겠습니다.

해체 할당으로 객체 속성에 접근하라

이번 팁에서는 해체 할당으로 객체와 배열에서 정보를 빠르게 가져오는 방법을 살펴봅니다.

이전 팁에서는 매개변수 기본값을 살펴봤습니다. 매개변수 기본값은 자바스크 립트에 추가된 훌륭한 기능이지만, 크나큰 한 가지 문제를 아직 해결하지 못했 습니다. 바로 매개변수는 항상 순서를 지켜야 한다는 점입니다. 두 번째 매개 변수는 중요하지 않으면서 세 번째 매개변수를 입력하고 싶은 경우에도 반드시 두 번째 매개변수에 값을 입력해야 합니다. 즉, 매개변수를 건너뛰고 싶은 경우 에는 매개변수 기본값이 별 소용이 없습니다.

함수에 인수가 여러 개 필요한 경우에는 어떻게 해야 할까요? 또는 함수의 요 구 사항이 변경될 것을 미리 알고 있는 경우에는 어떻게 하는 것이 좋을까요? 자바스크립트에서는 대부분의 개발자가 추가 인수를 객체에 담아 함수의 마지 막 매개변수로 전달합니다.

예를 들어 여러 장의 사진을 전달해 값을 HTML 문자열로 변환하려면 어떻게 할까요? 좀 더 정확하게 말하자면 이미지, 제목, 촬영한 사람, 위치를 순서대로 보여주고 싶고, 또 추가 정보도 있습니다. 사진에 따라 촬영 장비, 이미지 형

식, 렌즈 정보 등 개별적인 정보가 담길 수 있습니다. 어떤 정보가 담길지 전부 알 수 없지만, 어쨌든 입력된 정보를 모두 노출해야 합니다.

사진에 관련된 정보는 엄청나게 많습니다. 이런 정보를 개별 매개변수로 전달하는 것은 적절하지 않습니다. 그러다가 10여 개의 매개변수를 작성하게 될지도 모릅니다. 게다가 이미 구조화되어 있는 정보를 다시 변경하는 것은 의미가 없습니다. 사진에 대한 정보를 담은 다음 예제 코드를 살펴봅시다.

params/destructuring/destructuring.js

```
const landscape = {
  title: 'Landscape',
  photographer: 'Nathan',
  equipment: 'Canon',
  format: 'digital',
  src: '/landscape-nm.jpg',
  location: [32.7122222, -103.1405556],
};
```

이 경우에는 사진 정보가 담긴 객체 전부를 함수에 전달하는 것이 괜찮을 것 같네요. 함수에 전달한 뒤에는 무엇을 해야 할까요?

필요한 정보가 있을 때는 객체에서 photo.title과 같은 점 표기법으로 정보를 가져올 수 있을 것입니다. 또는 넘겨받은 정보를 변수에 할당해 사용하는 방법도 있습니다.

미리 알 수 있는 값을 받아서 처리하는 것은 어렵지 않습니다. 정말 어려운 문제는 미리 알 수 없는 과도한 양의 정보를 다루는 것입니다. 과도한 정보를 다루는 유일한 방법은 다른 곳에서 사용할 키-값 쌍은 제거하고 남은 값을 유지하는 것뿐입니다.

다행히 우리는 객체를 조작하기 전에 먼저 복제해야 한다는 점을 알고 있습니다. 객체를 복제한 후에는 필요치 않은 키를 한 번에 하나씩 삭제할 수 있습니다. 결과적으로 간단한 동작에 수많은 객체 할당이 필요합니다. 다음 예제 코

드의 함수를 보면, 코드의 2/3를 객체에서 정보를 가져오는 데 할애하고 있습니다.

```javascript
function displayPhoto(photo) {
  const title = photo.title;
  const photographer = photo.photographer || 'Anonymous';
  const location = photo.location;
  const url = photo.src;
  const copy = { ...photo };

  delete copy.title;
  delete copy.photographer;
  delete copy.location;
  delete copy.src;

  const additional = Object.keys(copy).map(key => `${key}:
${copy[key]}`);

  return (`
    <img alt="${title} 사진 ${photographer} 촬영" src="${url}" />
    <div>${title}</div>
    <div>${photographer}</div>
    <div>위도: ${location[0]} </div>
    <div>경도: ${location[1]} </div>
    <div>${additional.join(' <br/> ')}</div>
  `);
}
```

TIP 10 객체를 이용해 정적인 키-값을 탐색하라에서는 정적인 정보를 전달할 때 객체가 매우 유용하다는 점을 배웠습니다. 객체가 유용한 이유는 이제 곧 알게 될 것입니다.

자바스크립트에서는 해체 할당이라는 과정을 통해 객체에 있는 정보를 곧바로 변수에 할당할 수 있습니다. 해체 할당의 작동 원리는 이렇습니다. 먼저 객체에

있는 키와 같은 이름의 변수를 생성하고, 객체에 있는 키에 연결된 값을 생성한 변수의 값으로 할당합니다.

늘 그렇지만 직접 보는 것이 훨씬 이해하기 쉽습니다. 다음 예제 코드에서는 photographer를 키로 갖는 객체가 있고, 이 객체를 이용해서 이름이 photographer인 변수를 생성합니다.

```
const landscape = {
  photographer: 'Nathan',
};
const { photographer } = landscape;

photographer;
// Nathan
```

몇 가지 눈에 띄는 점이 있네요. 먼저 여전히 변수의 형식을 선언했습니다. 앞서 살펴본 것처럼 const의 사용을 추천합니다. 다음으로 값을 할당하는 변수의 이름은 객체에 있는 키와 반드시 일치해야 합니다. 끝으로, 변수가 객체를 이용해서 선언되었습니다. 마치 그저 변수를 선언한 것처럼 보이네요. 중괄호는 변수에 할당되는 값이 객체에 있다는 것을 나타냅니다.

이것이 키를 이용해서 변수를 할당하는 방법의 기본입니다. 하지만 이렇게 간단히 끝나지는 않겠죠? 객체에 키가 존재하지 않으면 어떻게 될까요? 이 경우 값이 그저 undefined가 되지만, 해체 할당을 하면서 동시에 기본값을 설정할 수도 있습니다.

```
const landscape = {};
const { photographer = 'Anonymous', title } = landscape;

photographer;
// Anonymous

title;
// undefined
```

이제 우리는 일반적인 매개변수를 객체로 대체할 수 있습니다. 객체의 키를 이용해서 변수를 설정할 수 있고 기본값도 설정할 수 있습니다. 그런데 키 이름을 모르면 어떻게 할까요? 객체에 남아있는 정보는 어떻게 가져올 수 있을까요? 사진에서 예측할 수 없는 추가 정보를 가져와야 했던 예제를 떠올려봅시다.

좋은 소식이 있군요. 우리가 좋아하는 마침표 세 개를 사용할 차례입니다. 세 개의 마침표와 변수 이름을 작성하면, 이 새로운 변수에 어떠한 추가 정보라도 담을 수 있습니다. 정보를 수집하기 위해 마침표 세 개를 사용하는 경우에는 펼침 연산자(spread operator)라고 부르지 않습니다. 이때는 나머지 매개변수(rest parameter)라고 부르며, 이에 대해서는 뒤에서 더 자세히 살펴보겠습니다.

변수 이름은 원하는 대로 지어도 좋습니다. 키 이름과 일치할 필요도 없습니다. 사실 일치하지 않아야 합니다. 변수에 할당되는 값은 객체에 남아있는 키-값 쌍을 모은 객체입니다.

```
const landscape = {
  photographer: 'Nathan',
  equipment: 'Canon',
  format: 'digital',
};

const {
  photographer,
  ...additional
} = landscape;

additional;
// { equipment: 'Canon', format: 'digital' }
```

객체에서 꺼낸 photographer를 제외한 나머지 키-값 쌍이 새로운 객체에 담깁니다. 사진 객체를 복사한 후 photographer 키를 삭제한 것과 같습니다.

서로 다른 행에 작성된 변수 할당을 살펴봅시다. 첫 번째 행에 photographer가 있고, 다음 행에 ...additional이 있습니다. 이것은 단지 가독성을 위해 선택된 스타일일 뿐입니다. 같은 행에서 두 개의 변수를 할당할 수도 있습니다.

이제 객체에서 정보를 가져올 수 있고, 기본값을 할당하고, 추가 키-값을 모아 변수에 할당할 수도 있습니다. 이 정도로 축하하기에는 이릅니다. 변수 이름으로 원래의 키와 다른 이름을 지정할 수도 있습니다. 이는 키 이름을 이미 다른 변수에서 사용했거나 키 이름이 마음에 들지 않아서 좀 더 적절한 이름을 붙여야 할 때 유용합니다.

원래 코드를 보면 photo.src의 정보를 변수 이름 url에 할당합니다. 이것을 해체 할당으로 처리하려면, 콜론에 키 이름을 먼저 쓰고 그 값을 할당할 변수 이름을 입력하면 됩니다.

```
const landscape = {
  src: '/landscape-nm.jpg',
};
const { src: url } = landscape;

src;
// ReferenceError: src is not defined
// 참조 오류: src가 정의되지 않았습니다.

url;
// '/landscape-nm.jpg'
```

객체에서 어떤 값을 사용할 것인지 나타내려면 여전히 키 이름을 반드시 사용해야 하지만, 원래의 키 이름에서는 벗어날 수 있게 되었습니다.

끝으로 배열에도 해체 할당을 사용할 수 있는데, 한 가지 큰 예외가 있습니다. 배열에는 키가 없기 때문에 변수 이름을 마음대로 정할 수 있지만, 대신 배열에 담긴 순서대로 할당해야 한다는 점입니다. 가령 세 번째 항목을 변수에 지정하려면 먼저 이전의 두 값을 변수에 할당해야 합니다. 그 외의 경우는 간단합니

다. 해체 할당은 배열에 값이 쌍으로 담겨 있어서 담긴 값의 순서가 정보의 일부인 경우에도 매우 유용한 방법입니다. 예를 들어 다음과 같이 배열에 위도와 경도가 담겨 있다면, 항상 배열의 첫 번째 값은 위도이고 두 번째 값은 경도이므로 순서대로 할당할 수 있습니다.

```
const landscape = {
  location: [32.7122222, -103.1405556],
};
const { location } = landscape;
const [latitude, longitude] = location;

latitude;
// 32.7122222

longitude;
// -103.1405556
```

물론 위와 같은 경우에는 먼저 객체에서 location 배열을 꺼내고, 다음으로 latitude와 longitude를 꺼내서 할당했습니다. 그렇지만 반드시 두 번에 걸쳐 할당할 필요는 없습니다. 해체 할당 과정은 다음과 같이 한 번으로 줄일 수 있습니다.

```
const landscape = {
  location: [32.7122222, -103.1405556],
};
const { location: [latitude, longitude] } = landscape;

latitude;
// 32.7122222

longitude;
// -103.1405556
```

좋습니다. 생각해야 할 것이 너무나 많아 보이지만, 빠르게 정리해봅시다. 우리가 원래 작성했던 기능을 해체 할당을 이용해서 다시 작성해보면 다음과 같습니다.

params/destructuring/alternate.js

```javascript
function displayPhoto(photo) {
  const {
    title,
    photographer = 'Anonymous',
    location: [latitude, longitude],
    src: url,
    ...other
  } = photo;
  const additional = Object.keys(other).map(key => `${key}:
${other[key]}`);
  return (`
    <img alt="${title} 사진 ${photographer} 촬영" src="${url}" />
    <div>${title}</div>
    <div>${photographer}</div>
    <div>위도: ${latitude} </div>
    <div>경도: ${longitude} </div>
    <div>${additional.join(' <br/> ')}</div>
  `);
}
```

예전보다 훨씬 나아 보이네요. 혹시 매개변수 정리와 해체 할당이 무슨 연관이 있는지 갸우뚱하고 있나요?

해체 할당의 가장 큰 장점은 해체 할당을 함수의 매개변수에 적용할 수 있다는 점입니다. 해체 할당을 매개변수에 사용하면, 변수를 선언하지 않아도 마치 정보를 함수 몸체에서 할당한 것처럼 작동합니다. 참고로 해체 할당은 let으로 변수를 할당하기 때문에 해당 변수를 재할당할 수도 있습니다.

그럼 이를 바탕으로 예전 코드를 좀 더 정리해봅시다.

```javascript
function displayPhoto({
  title,
  photographer = 'Anonymous',
  location: [latitude, longitude],
  src: url,
  ...other
}) {
  const additional = Object.keys(other).map(key => `${key}:
${other[key]}`);
  return (`
    <img alt="${title} 사진 ${photographer} 촬영" src="${url}" />
    <div>${title}</div>
    <div>${photographer}</div>
    <div>위도: ${latitude} </div>
    <div>경도: ${longitude} </div>
    <div>${additional.join(' <br/> ')}</div>
  `);
}
```

여전히 중괄호가 필요하지만, 그 외에는 모두 동일합니다. 이제 displayPhoto
(landscape)처럼 함수를 호출하면서 객체만 전달하면 필요한 모든 값이 적절
한 매개변수에 할당될 것입니다.

해체 할당을 사용하면 변수 할당에 관한 문제를 해결할 수 있을 뿐만 아니라,
매개변수로 객체를 전달하기 때문에 키-값의 순서를 염려하지 않아도 됩니다.

그리고 다른 키-값 쌍을 꺼내야 하는 경우에도 해체 할당에 새로운 변수를 추
가하는 것만으로 충분합니다. 가령 명시적으로 equipment를 할당하려는 경우
에도 변수 목록에 새 변수 이름을 추가하면 끝입니다. 다른 시점에서 함수를 호
출하는 것을 걱정할 필요도 없습니다. 다른 객체에 equipment가 없는 경우에는
그저 undefined로 처리될 것입니다.

해체 할당에 대한 소개가 조금 혼란스러웠나요? 그러나 객체에서 정보를 쉽게 꺼낼 수 있다는 점은 이해했을 것입니다. 해체 할당의 유일한 단점은 키-값 쌍 또는 클래스의 인스턴스인 객체에서만 사용할 수 있다는 점입니다.

맵에는 해체 할당을 사용할 수 없습니다. 그렇지만 해체 할당은 함수 간에 정보를 전달하는 경우에 사용되며, 이 경우 값을 순회하거나 재할당하지 않으므로 문제가 될 것이 없습니다. 즉, 데이터가 정적이므로 객체는 훌륭한 선택입니다.

머릿속이 가득 찰 만큼 배운 것 같지만 아직 절반밖에 살펴보지 못했습니다. 다음 팁에서는 방향을 바꿔서 객체에 정보를 담는 방법을 살펴보겠습니다.

키-값 할당을 단순화하라

이번 팁에서는 축약한 키-값 할당을 이용해 객체를 빠르게 만드는 방법을 살펴봅니다.

이전 팁에서는 객체에서 값을 가져오는 명료하고 깔끔한 방법을 배웠습니다. 이제 우리의 작업대에 필요한 도구가 모두 준비되었으니 제대로 사용해볼 차례입니다. 명세를 작성한 사람이 객체에 값을 다시 넣을 수 있는 방법 없이 객체를 분리할 수 있는 인터페이스만 만들어뒀다면, 그 인터페이스는 아무런 쓸모가 없을 것입니다.

그렇지만 우리는 운이 좋은가 봅니다. 객체에서 값을 꺼낼 때 사용한 기법을 그대로 거꾸로 사용할 수 있습니다. 비슷한 문법으로 새로운 객체를 생성하는 간결하고 예측 가능한 코드를 작성해봅시다.

앞서 살펴본 것처럼 사진 정보를 담고 있는 객체를 살펴봅시다.

params/assignment/assignment.js

```
const landscape = {
  title: 'Landscape',
  photographer: 'Nathan',
```

```
    location: [32.7122222, -103.1405556],
  };
```

위에는 위치 정보로 위도와 경도가 담겨 있지만, 실제로 필요한 것은 지역의 이름이라고 합시다.

코드의 다른 부분에 위경도 좌표를 이용해서 지역 정보를 조회할 수 있는 헬퍼 함수가 있습니다. 함수의 세부 구현은 여기서 중요하지 않습니다. 중요한 것은 다른 객체의 정보를 가져올 수 있다는 점입니다.

params/assignment/assignment.js

```
const region = {
  city: 'Hobbs',
  county: 'Lea',
  state: {
    name: 'New Mexico',
    abbreviation: 'NM',
  },
};
```

이제 반환된 객체에서 도시(city)와 주(state)를 가져다 새 객체에 할당해야 합니다. 다행히 객체에 정보를 추가하는 것은 매우 간단합니다.

변수와 이름이 같은 키를 갖는 키-값 쌍을 객체에 추가하려면 변수 이름만 적으면 됩니다. 콜론을 추가로 작성할 필요도 없습니다.

기존 방법과 혼용하는 것도 가능합니다. 특정 키-값 쌍은 변수 이름과 동일하게 할당하고, 다른 것은 기존처럼 콜론으로 할당할 수 있습니다.

params/assignment/assignment.js

```
function getCityAndState({ location }) {
  const { city, state } = determineCityAndState(location);
  return {
    city,
```

```
      state: state.abbreviation,
    };
    // {
    //   city: 'Hobbs',
    //   state: 'NM'
    // }
  }
```

이 경우에는 해체 할당으로 꺼낸 city를 단축 속성명으로 추가하고, 키 state 는 기존의 키-값 할당 방법을 사용했습니다.

만약 객체에서 한 가지 정보만 제거하고 나머지는 그대로 유지하고 싶다면 어떻게 해야 할까요? 예를 들어, getCityAndState() 함수를 이용해서 좌표를 문자열로 바꾸되 원래 객체의 다른 정보는 그대로 유지하려고 합니다.

객체 펼침 연산자와 일반적인 키-값 할당을 함께 사용해서 한 가지 정보를 제거하고 나머지는 그대로 유지할 수 있습니다.

params/assignment/assignment.js

```
function setRegion({ location, ...details }) {
  const { city, state } = determineCityAndState(location);
  return {
    city,
    state: state.abbreviation,
    ...details,
  };
}
```

이 코드를 너무 빨리 지나치면 안 됩니다. 잘 살펴보면 흥미로운 일이 벌어지는 것을 알 수 있습니다. 해체 할당으로 위치 정보를 담은 키-값 쌍을 할당할 때, location 이외의 모든 것을 변수 details에 할당했습니다. 기존 방식을 택했다면 먼저 객체를 복사하고 delete로 photo.location을 삭제했을 것입니다.

새로운 키-값 쌍이 담긴 객체에 details를 펼쳐 넣으면 우리가 정확히 필요로 하는 객체를 만들어낼 수 있습니다. 객체를 다루는, 미묘하지만 강력한 방법입니다.

반환되는 새로운 객체에는 location이 없고, 대신 원래 객체에 담겨 있던 모든 정보와 함께 city와 state를 확인할 수 있습니다.

params/assignment/assignment.js

```
{
  title: 'Landscape',
  photographer: 'Nathan',
  city: 'Hobbs',
  state: 'NM',
}
```

이미 알고 있겠지만, 펼침 연산자는 제가 좋아하는 ES6 기능입니다. 또한, 해체 할당은 제가 아는 다수의 개발자도 즐겨 쓰는 기능으로 해체 할당 덕분에 객체와 함수를 다루는 방법에서 변화를 경험했다고 이야기하기도 했습니다. 펼침 연산자와 해체 할당은 여러분이 객체와 함수를 다루는 방식도 바꿔줄 것입니다.

이제 객체에서 값을 꺼내고 다시 집어넣는 도구가 생겼습니다. 키-값 쌍을 명시적으로 객체에 할당할 때 꼭 한 번 더 생각해보길 바랍니다. 값을 변수에 할당할 때 키 이름을 그대로 사용할 수도 있기 때문입니다. 머지 않아 해체 할당과 단축 속성명에 아주 익숙해질 것이고, 이를 통해 변화하는 여러분의 코드도 사랑하게 될 것입니다.

다음 팁에서는 우리가 좋아하는 세 개의 마침표로 된 나머지 매개변수를 이용해서 다수의 매개변수를 다루는 방법을 살펴보겠습니다.

31

나머지 매개변수를 여러 개의
인수를 변수로 전달하라

이번 팁에서는 나머지 매개변수를 이용해 개수를 알 수 없는 다수의 매개변수를 전달하는 방법을 살펴봅니다.

이전 팁에서는 객체 해체 할당으로 여러 개의 매개변수를 하나의 인수로 결합하는 방법을 살펴봤습니다.

매개변수를 객체로 전달하는 것은 훌륭한 기법이지만 전달하는 매개변수들이 서로 다르다는 것을 미리 알고 있는 경우에만 유용합니다. 즉, 객체를 다루는 경우에만 쓸모가 있습니다.

여기서 한 가지 의문이 생깁니다. 전체 개수를 알 수 없는 비슷한 매개변수들은 어떻게 처리해야 할까요?

사진 앱을 다시 떠올려봅시다. 사용자가 사진에 태그를 입력할 수 있게 하되, 태그의 길이를 일정한 수준으로 제한해야 한다면 어떻게 해야 할까요? 다음과 같이 간단하게 크기와 태그 배열을 받는 유효성 검사 함수를 작성할 수 있을 것입니다. 이 함수는 모든 태그가 조건을 통과하면 true를 반환합니다.

```
function validateCharacterCount(max, items) {
  return items.every(item => item.length < max);
}
```

위에서 사용한 every() 메서드는 살펴보지 않았던, 새롭지만 간단한 배열 메서드입니다. filter() 메서드와 마찬가지로 참 또는 거짓인 값을 반환하는 콜백 함수를 인수로 전달합니다. every() 메서드는 배열의 모든 항목을 대상으로 콜백 함수를 실행해 모든 항목에서 참 값이 반환되면 결과적으로 true를 반환합니다. 그렇지 않은 경우에는 false를 반환합니다.

함수를 실행하는 것은 간단합니다. 다음과 같이 문자열이 담긴 배열을 전달합니다.

```
validateCharacterCount(10, ['Hobbs', 'Eagles']);
// true
```

이 코드는 매우 범용적인 훌륭한 코드입니다. 덕분에 다른 곳에 쉽게 재사용할 수 있습니다. 이 코드의 유일한 단점은 함수의 사용자에게 특정한 컬렉션 형식을 강제한다는 점뿐입니다. 예를 들어 다른 개발자는 사용자 이름 한 건만 테스트해야 할 수도 있습니다. 이 경우에도 코드를 사용하려면 배열로 전달해야 합니다. 그렇지 않으면 오류가 발생할 것입니다.

```
validateCharacterCount(10, 'wvoquine');
// TypeError: items.every is not a function
// 타입 오류: items.every는 함수가 아닙니다.
```

매개변수를 설명하기 위해 문서를 작성할 수도 있겠지만 그보다 나은 방법이 있습니다. 예전에는 자바스크립트 개발자들이 내장된 arguments 객체를 이용

해 문제를 해결했습니다. arguments 객체는 함수에 전달된 모든 인수를 담은 배열과 유사한 컬렉션입니다.

params/rest/problem.js

```
function getArguments() {
  return arguments;
}
getArguments('Bloomsday', 'June 16');
// { '0': 'Bloomsday', '1': 'June 16' }
```

'배열과 유사한'이라는 설명에 주목하세요. 안타깝게도 arguments는 객체이므로 배열로 변환해야 합니다. 정확하게 말하면, 배열 인스턴스가 아닌 Array 객체에 정적으로 메서드를 호출해야 합니다. 이어지는 예제 코드의 2행에서 확인할 수 있습니다. 2행의 코드는 첫 번째 인수인 글자 수를 제외한 이후의 모든 인수를 배열에 담습니다.

params/rest/problem.js

```
01    function validateCharacterCount(max) {
02      const items = Array.prototype.slice.call(arguments, 1);
03      return items.every(item => item.length < max);
04    }
```

이제 함수에서 전달받은 인수를 배열로 바꾼다는 점을 알고 있기 때문에 원하는 만큼 인수를 전달할 수 있습니다.

그렇다면 전달할 인수가 이미 배열인 경우에는 어떻게 해야 할까요? 인수를 배열로 전환하기 때문에 인수 목록으로 변환해서 전달해야 합니다.

펼침 연산자를 배웠을 때를 다시 떠올려봅시다. 그때는 펼침 연산자를 사용하려면 다른 무언가가 필요했습니다. 지금까지는 다른 배열에만 펼침 연산자를 사용했습니다. 그렇지만 인수에도 펼침 연산자를 사용할 수 있습니다. 즉, 매개변수를 목록으로 수집하는 경우에 문자열이나 배열을 쉽게 처리할 수 있습니다.

이 기법을 활용하면 함수에 다양한 형태의 매개변수를 적용할 수 있습니다.

params/rest/problem.js

```
validateCharacterCount(10, 'wvoquie');
// true
const tags = ['Hobbs', 'Eagles'];
validateCharacterCount(10, ...tags);
// true
```

이 방법은 훨씬 유연하지만 완벽하지는 않습니다. 가장 큰 문제는 arguments 객체를 다루는 문법이 난해하다는 점입니다. 그래서 일부 골수 자바스크립트 개발자를 제외하면 이런 방법을 사용하는 개발자는 찾기 어렵지요. 또한, arguments 객체를 사용하는 경우에는 함수 매개변수로 인수 목록을 받는다는 사실을 알기도 어렵습니다. 다른 개발자들은 함수 몸체를 살펴봐야 함수에 전달할 수 있는 것이 무엇인지 알 수 있습니다.

이 문제를 해결하기 위해 나머지 매개변수를 사용할 수 있습니다. 나머지 매개변수를 이용하면 인수 목록을 전달해 변수에 담을 수 있습니다.

Note ☰ **자바스크립트와 함수형 언어**

자바스크립트는 자바(Java), 스킴(Scheme)(LISP 또는 함수형 언어), 셀프(Self)(프로토타입 기반 언어)를 비롯한 다양한 언어에게서 큰 영향을 받았습니다.[*] 이는 자바스크립트를 이용해 다양한 패러다임을 다룰 수 있다는 뜻입니다. 그 결과 자바스크립트를 통해 서로 다른 패러다임에서 온 발상을 살펴볼 수 있으며, 특히 함수형 언어에서 온 개념을 다뤄볼 수 있습니다.

우리는 이미 순수 함수, 부수 효과, 커링 등과 같은 여러 가지 함수형 언어의 개념을 살펴봤습니다. 나머지 매개변수도 스킴과 같은 LISP의 변종에서 찾아볼 수 있습니다. 고차 함수(higher-order function)를 살펴보면 좀 더 깊은 함수형 언어의 개념을 알 수 있습니다. 자바스크립트는 객체 지향의 틀을 깨고 새로운 발상을 시도해보는 데 좋습니다.

---

[*] https://www.youtube.com/watch?v=DogGMNBZZvg (단축 URL: http://bit.ly/2NLLgnu)

다음 예제 코드에서는 우리가 즐겨 쓰는 마침표 세 개(...)로 나머지 매개변수를 작성하고, 뒤에 이를 할당할 변수 이름을 작성했습니다. 이후로 전달되는 매개변수는 이 변수에 배열로 담깁니다.

params/rest/rest.js

```
function getArguments(...args) {
  return args;
}
getArguments('Bloomsday', 'June 16');
// ['Bloomsday', 'June 16']
```

정말 간단하지요. 나머지 매개변수를 이용해서 validateCharacterCount() 함수를 다시 작성해볼까요?

아마도 어렵지 않게 다음과 같이 함수를 새로 작성할 수 있을 것입니다.

params/rest/rest.js

```
function validateCharacterCount(max, ...items) {
  return items.every(item => item.length < max);
}
```

단순하고 간결할 뿐만 아니라 예측 가능성도 높아졌습니다. 이제 다른 개발자들이 이 함수를 보면, 최소한 두 개 이상의 인수를 받을 수 있다는 것을 알 수 있습니다. 나머지 매개변수를 본 적 없는 개발자들도 스택오버플로우에 검색할 단어를 쉽게 생각해낼 수 있을 것입니다.

기존에 작성했던 함수와 동일한 방법으로 인수 목록을 전달하거나 배열을 펼쳐 넣어 함수를 호출할 수 있습니다. arguments 객체를 사용했던 이전의 코드와 전혀 차이가 없습니다.

params/rest/rest.js

```
validateCharacterCount(10, 'wvoquie');
// true
```

```
validateCharacterCount(10, ...['wvoquie']);
// true
const tags = ['Hobbs', 'Eagles'];
validateCharacterCount(10, ...tags);
// true
validateCharacterCount(10, 'Hobbs', 'Eagles');
// true
```

이 정도면 목록이나 배열을 접하는 경우를 충분히 설명했을 것입니다. 나머지 인수를 사용하는 몇 가지 이유를 더 살펴보면 다음과 같습니다.

첫째, 인수를 배열로 다루는 것을 다른 개발자들에게 알려야 하는 경우입니다. 타입 검사가 없는 경우에는 미래 개발자들에게 도움이 될 만한 단서가 되기도 합니다. 전달하는 데이터가 배열 형식일 때도 많은 개발자가 나머지 매개변수를 사용할 것입니다. 함수를 호출할 때 항상 정보를 펼쳐 넣어야 해서 번거롭지만, 대신 기대되는 매개변수 유형을 보여주는 명확한 표지가 됩니다.

둘째, 나머지 매개변수는 코드 디버깅에 좋은 방법이 될 수 있습니다. 예를 들어 나머지 매개변수를 이용해서 추가 매개변수를 가져오는 것으로 의심되는 라이브러리 함수를 해석하는 데 도움을 얻을 수 있습니다. 또한, 나머지 인수를 사용하면 길게 나열된 인수를 확인할 수도 있습니다.

앞서 map() 메서드를 여러 번 사용해봤으므로, map() 메서드의 콜백 함수에서 검사 중인 항목을 인수로 받는다는 것을 알고 있을 것입니다. 사실 콜백 함수에는 개별 항목에 이어서 몇 가지 인수가 더 전달됩니다. 매개변수의 나머지 부분을 수집해서 console.log로 표시하도록 해보면, 콜백 함수에서 검사 중인 항목의 순서와 전체 컬렉션을 전달받는 것을 확인할 수 있습니다.

params/rest/rest.js
```
['Spirited Away', 'Princess Mononoke'].map((film, ...other) => {
  console.log(other);
  return film.toLowerCase();
});
```

```
// [0, ['Spirited Away', 'Princess Mononoke']]
// [1, ['Spirited Away', 'Princess Mononoke']]
```

map() 메서드는 문서에 잘 설명되어 있으므로 그리 대단한 문제는 아닙니다. 그렇지만 나머지 매개변수를 이용하면 다른 방법으로는 확인하기 어려운 매개 변수를 찾는 데 도움이 될 수 있습니다. 나머지 매개변수를 디버깅에 활용하는 것은 매우 훌륭한 방법입니다.

셋째, 나머지 인수는 함수 간에 속성을 전달하면서 해당 속성을 조작할 필요가 없을 때 사용하면 좋습니다.

여러 개의 함수를 감싸서 인수를 전달할 때 유용한 방법입니다. 다음 예제 코드 처럼 모달 창에서 변경 사항을 저장할 때 다른 함수로 정보를 갱신하면서 동시 에 창을 닫아야 하는 경우를 예로 들 수 있습니다.

params/rest/rest.js

```
function applyChanges(...args) {
  updateAccount(...args);
  closeModal();
}
```

끝으로 나머지 매개변수가 매개변수만을 위한 것은 아니라는 점을 기억하세요. 앞서 살펴본 것처럼 객체의 키-값 쌍이나 배열에 담긴 나머지 값을 가져올 때 도 사용할 수 있습니다.

펼침 연산자와 마찬가지로 부수 효과를 제거하면서 일반적인 배열 메서드를 다 시 만들 수도 있습니다. 배열의 첫 번째 항목을 반환한 후 제거하는 shift() 메 서드를 다시 만들고 싶다면, 나머지 매개변수와 해체 할당을 조합하는 것으로 쉽게 해결할 수 있습니다.

```
const queue = ['stop', 'collaborate', 'listen'];
const [first, ...remaining] = queue;
first;
// 'stop'
remaining;
// ['collaborate', 'listen'];
```

첫 번째 값과 나머지 값이 담긴 배열을 확인할 수 있습니다. 게다가 원본 배열은 그대로 유지되어 있습니다.

인수에 나머지 매개변수를 사용하는 경우의 유일한 단점은 언제나 마지막 인수에 사용해야 한다는 점입니다. 나머지 매개변수를 사용할 때는 반드시 함수의 마지막 매개변수여야 합니다. 해체 할당의 경우에도 마지막 값이어야 합니다. 즉, 첫 번째 항목을 반환하는 shift( ) 메서드는 다시 만들 수 있지만, 마지막 항목을 반환하는 pop( ) 메서드는 다시 만들 수 없습니다.

```
const [...beginning, last] = queue;
// SyntaxError: Rest element must be last element
// 문법 오류: 나머지 요소는 마지막 요소가 되어야 합니다.
```

그렇지만 여전히 나머지 매개변수는 매우 유용하며, 여러분의 코드에 활용할 수 있는 기회도 상당히 많을 것입니다.

이제 우리가 함수로 해낼 수 있는 것이 정말 많아졌습니다. 그렇지만 이것은 시작에 불과합니다. 매개변수와 return 문에 대한 공부는 이것으로 마치고, 다음 장에서는 좀 더 강력하고 유연한 함수를 만드는 방법을 살펴보겠습니다.

7장

유연한 함수를
만들어라

몇 년 전 뉴욕타임스는 한 가구 장인에게 이케아(IKEA), 타깃(Target) 같은 할인 판매점의 가구를 평가해달라고 요청했습니다.*

당연한 이야기이지만 할인 판매점의 가구는 장인에게 좋은 인상을 심어주지 못했습니다. 그는 목재의 마감이나 헐거운 나사 외에도 여러 가지 문제를 찾아냈습니다. 믿기 힘들지만, 목재를 자르기 전에 칠을 했을 뿐 아니라 목재를 절단한 톱날이 무디다는 사실도 벗겨진 페인트 자국에서 알아낸 것입니다. 벗겨진 페인트 흔적 하나가 장인에게 제조 공정과 사용 도구를 알려준 셈입니다.

장인은 다른 사람이 보지 못하는 것을 볼 수 있습니다. 이 장에서는 함수의 장인이 되기 위한 비법을 소개하면서 예전에는 전혀 생각해보지 못했던 개념을 살펴볼 것입니다. 문제가 사라지는 동시에 새로운 개념이 계속해서 등장합니다.

함수는 매우 흔하기 때문에 쉽게 지나칠 수 있습니다. 그렇지만 자바스크립트의 함수는 다릅니다. 함수의 사용법을 잘 알고 있다고 생각하겠지만, 함수가 가진 더 많은 능력을 살펴보면 분명 놀랄 것입니다. 이 장에서는 기본기를 다루지 않습니다. 그동안 다뤄보지 않은 방식으로 함수를 사용하는 방법을 깨우치는 장이 될 것입니다.

이를 위해 먼저 테스트 가능한 코드를 작성하는 방법부터 배울 텐데요. 테스트 가능한 함수는 좀 더 간결하고 유지 보수하기 쉽지만, 배울 때 약간의 노력이 필요합니다. 이어서 화살표 함수로 돌아가서 매개변수에 대한 모든 개념을 한 줄짜리 함수에 적용하는 방법을 알아보겠습니다. 다음으로 함수를 반환하는 함수인 고차 함수를 살펴보면서 명확하고 재사용 가능한 함수를 만들기 위해 정보를 잠그는 두 가지 기법을 배울 것입니다. 끝으로는 다시 화살표 함수로 돌아가서, 예상하지 못한 순간에 발생해 여러분을 성가시게 하는 문맥 문제를 해결하는 방법을 살펴봅시다.

---

* http://www.nytimes.com/2005/10/20/garden/cheap-its-chic-but-is-it-good.html (단축 URL: https://nyti.ms/2KcNco7)

함수, 커링, 고차 함수는 평범한 자바스크립트 개발자를 광신도로 바꿔버리는 개념입니다. 또한, 제가 자바스크립트에서 가장 사랑하는 개념이기도 합니다.

이 장을 마치면 새로운 시각으로 문제를 보게 될 것입니다. this가 undefined를 반환할 때 당황하지 않습니다. 문맥 문제를 화살표 함수로 해결할 수도 있지요. 변수에 접근할 수 없을 때는 클로저(closure)를 사용할 수 있음을 알게 됩니다. 장인이 세상을 다르게 보듯이, 함수의 장인이 되고 나면 모든 문제를 새로운 시각으로 접근하게 될 것입니다.

테스트하기 쉬운 함수를 작성하라

제게 문학을 가르친 교수님은 작문 수업에는 읽기 공부가 충분하지 않고, 읽기 수업에는 작문 공부가 부족하다고 이야기하셨지요. 코드와 테스트도 그렇습니다. 코드를 다루는 책은 테스트에 대해 충분히 이야기하지 않고, 테스트에 대한 책은 코드 작성에 대해 충분히 이야기하지 않습니다.

이제 이 문제를 고쳐봅시다. 테스트는 중요합니다. 현재 테스트를 하지 않고 있다면 생각을 바꾸는 것이 좋습니다. 테스트를 작성하면 코드를 쉽게 리팩토링할 수 있고, 오래된 코드를 훨씬 쉽게 이해할 수 있습니다. 그리고 테스트를 작성하면 일반적으로 더 명확하고 버그가 적은 애플리케이션을 만들 수 있습니다.

대부분의 개발자가 위 사실에 동의합니다. 그런데도 왜 테스트를 외면하는 걸까요?

이유는 간단합니다. 테스트를 작성하는 것이 어렵기 때문입니다. 더 정확하게 이야기하면, 많은 개발자가 기존 코드에 테스트를 적용하려고 하기 때문에 테스트를 작성하는 것이 어렵다고 생각합니다. 그리고 개발자들이 다루는 기존 코드는 외부 의존성에 강하게 결합되어 있는 테스트하기 어려운 코드입니다.

테스트하기 어려운 코드를 살펴보면 종종 필요 이상으로 복잡한 것을 알 수 있습니다. 코드에 테스트를 작성하느라 골치를 썩이기보다는 테스트할 수 있는 코드를 작성하는 것에 집중해야 합니다. 테스트 가능한 코드를 작성하면 코드가 점차 개선되고, 테스트를 작성하기 쉬워지며, 사용자 경험도 개선될 것입니다. 손해를 볼 것이 하나도 없습니다.

테스트를 처음 시작한다면 대표적인 테스트 프레임워크인 재스민(Jasmine)(https://jasmine.github.io), 모카(Mocha)(https://mochajs.org), 제스트(Jest)(https://facebook.github.io/jest/) 이렇게 세 가지 중에서 하나를 골라 문서를 살펴보길 바랍니다. 이 책의 예제 코드를 위해 작성된 테스트 코드는 테스트 실행기로 모카를 사용하고 100%에 가까운 코드 커버리지도 갖추고 있으니 참고하면 도움이 될 것입니다.

이번 팁을 최대한 활용하려면 describe( ), it( ) 함수의 기본을 이해해야 하며 기댓값을 알고 있어야 합니다.

자, 테스트 가능한 코드를 작성하려면 어떻게 해야 할까요? 다음 예제 코드는 언뜻 간단해 보이지만 자세히 살펴보면 미묘하게 복잡합니다.

functions/test/problem.js
```
01   import { getTaxInformation } from './taxService';
02
03   function formatPrice(user, { price, location }) {
04     const rate = getTaxInformation(location); // <label id="test.
external" />
05     const taxes = rate ? `추가 세금 $${price * rate}` : '추가 세금';
06
07     return `${user}님의 합계 금액: $${price} 및 ${taxes}`;
08   }
09
10   export { formatPrice };
```

위 예제 코드에서 어디가 복잡한지 알아채지 못했나요? 함수가 처리하는 내용은 가격에서 세금 정보를 계산하고 사용자 정보와 결합해 문자열을 만드는 것 외에는 그다지 특별해 보이지 않습니다.

이 코드를 테스트할 때 어려운 부분은 4행에서 외부 함수를 호출할 때 시작됩니다. 파일의 맨 위에서 외부 함수를 불러오고 있습니다. 지금은 파일 외부에서 무언가를 불러온다는 것만 알면 됩니다. **TIP 47 가져오기와 내보내기로 기능을 분리하라**에서 함수 불러오기를 더 자세히 살펴보겠습니다.

불러온 함수를 직접 사용할 때는 테스트하려는 함수가 불러온 함수와 밀접하게 결합되는 문제가 있습니다. getTaxInformation()을 실행하지 않으면 formatPrice()를 실행할 수 없습니다. 그리고 여기서 만약 getTaxInformation() 함수가 외부 서비스나 설정 파일에 접근해야 한다면, 네트워크 통신과도 밀접하게 결합될 것입니다. 즉, 테스트를 실행할 때 테스트가 외부 API에도 접근해야 하며, 그 결과 테스트는 네트워크 접근, 응답 시간 등에 의존하게 되었습니다. 다시 말하지만 이는 상당히 큰 문제입니다. 우리가 필요한 것은 단지 문자열뿐 인데 말이죠.

이 문제를 피하려면 모의 객체(mock)를 생성해서 함수를 가로채고 명시적인 반환값을 설정하게 만들어야 합니다. 모의 객체를 이용해서 현재 함수에 대한 테스트를 작성하면 다음과 같습니다.

functions/test/problem.spec.js

```
01    import expect from 'expect';
02
03    import sinon from 'sinon';
04    import * as taxService from './taxService';
05    import { formatPrice } from './problem';
06
07    describe('가격 표시', () => {
08      let taxStub;
09
10      beforeEach(() => {
11        taxStub = sinon.stub(taxService, 'getTaxInformation'); //
```

```
<label id="test.stub" />
12      });
13
14      afterEach(() => {
15        taxStub.restore(); // <label id="test.restore" />
16      });
17
18      it('세금 정보가 없으면 세금 추가를 안내해야 한다', () => {
19        taxStub.returns(null); // <label id="test.stub2" />
20        const item = { price: 30, location: 'Oklahoma' };
21        const user = 'Aaron Cometbus';
22        const message = formatPrice(user, item);
23        const expectedMessage = 'Aaron Cometbus님의 합계 금액: $30 및
추가 세금';
24        expect(message).toEqual(expectedMessage);
25      });
26
27      it('세금 정보가 있으면 세금 금액을 알려줘야 한다', () => {
28        taxStub.returns(0.1);
29
30        const item = { price: 30, location: 'Oklahoma' };
31        const user = 'Aaron Cometbus';
32        const message = formatPrice(user, item);
33        const expectedMessage = 'Aaron Cometbus님의 합계 금액: $30 및
추가 세금 $3';
34        expect(message).toEqual(expectedMessage);
35      });
36    });
37
```

정말 어려운 부분은 11행부터입니다. getTaxInformation() 함수를 덮어 써서
간단한 반환값이 되도록 하는 스텁(stub)을 생성합니다.

스텁을 만들 때 불러온 코드는 건너뛰기 때문에 실제 코드를 실행하지 않고 출
력될 값만 선언합니다. 스텁을 사용할 때의 장점은 어떤 종류든 외부 의존성을
걱정할 필요가 없다는 점입니다. 반면에 단언문(assertion)을 작성할 때마다 반
환값을 반복해서 설정해야 하는 단점이 있습니다. 스텁을 사용한 예는 예제 코
드의 19행을 참고하길 바랍니다.

끝으로, 테스트 꾸러미가 종료되면 원래의 메서드를 사용하도록 코드를 복구해야 합니다. 이 작업은 15행의 afterEach() 메서드에서 처리합니다. 코드를 복원하는 것은 필수 단계입니다. 이 테스트 꾸러미에서 가로채어 덮어 쓴 코드를 복구하지 않으면 모든 테스트에서 덮어 쓴 코드를 사용하기 때문입니다.

한때 강하게 결합되고 많은 스텁을 사용하는 테스트 꾸러미를 만든 적이 있습니다. 파일 위치를 바꾸기 전까지는 모든 것이 잘 작동했습니다. 그런데 갑자기 테스트가 다른 순서로 실행되고 많은 테스트가 실패하기 시작했습니다. 모든 스텁을 정확하게 복구했다고 생각했지만 제 착각이었습니다. 그동안 테스트를 통과한 이유는 단 하나, 테스트가 특정한 순서대로 실행됐기 때문이었습니다.

테스트 꾸러미가 짧다고 해서 속지 마세요. 테스트 코드에 스파이(spy), 모의 객체, 스텁과 같은 여러 가지 외부 헬퍼를 사용하고 있다면, 코드가 복잡하고 강하게 결합되어 있다는 증거입니다. 이럴 때는 코드를 단순화해야 합니다.

다행히 밀접하게 결합된 코드를 수정하는 것은 꽤 간단합니다. 외부 함수를 인수로 전달하도록 바꾸기만 하면 됩니다. 의존성을 인수로 전달하는 것을 의존성 주입(dependency injection)이라고 합니다.

Note ☰　**스텁, 모의 객체, 스파이**

최선을 다해 테스트 코드를 작성해도 결국 테스트를 위해 헬퍼가 필요한 경우가 있을 것입니다. 다행히도 우리를 도와줄 몇 가지 기법이 있습니다. 그중 대표적인 세 가지가 스텁, 모의 객체, 스파이입니다.

위의 예제에서는 스텁을 다루고 있습니다. 스텁은 외부 코드를 덮어 써서 명시적인 결과를 반환하게 만듭니다. 스텁이라는 이름이 붙은 이유는 함수의 내부 논리를 모두 제거하고 결과만 선언하기 때문입니다.

모의 객체는 좀 더 복잡합니다. 모의 객체는 원본 객체를 대체한 후, 원본 객체가 수신할 메시지와 호출할 메서드를 바탕으로 단언문을 작성합니다. 예를 들어, 객체를 대신하는 모의 객체를 만들고 이 객체에 jabberwocky를 인수로 해서 format() 메서드를 호출하는 단언문을 작성할 수 있습니다.

○ 계속

모의 객체와 스텁의 결정적인 차이점은 모의 객체를 사용할 때는 코드를 호출하기 전에 기댓값을 설정한다는 것입니다. 마틴 파울러(Martin Fowler)가 모의 객체와 스텁의 차이점을 설명한 글을 참고하면 좋습니다.*

스파이는 모의 객체와 비슷하지만, 코드를 실행한 후에 스파이가 어떻게 호출되었는지 확인합니다. 예를 들어 formatPrice()를 호출할 때 getTaxInformation()이 Iowa를 인수로 해서 한 번 호출되는지 확인하려면, 스파이로 스텁을 설정해두고 formatPrice()를 호출한 뒤에 스파이에 단언문을 작성하면 됩니다. 이 책의 예제 코드를 살펴보면 스파이를 자주 찾을 수 있을 것입니다.

모의 객체, 스파이, 스텁에 대해 더 알아보고 싶다면 사이먼 코페이(Simon Coffey)가 루비(Ruby)를 이용해서 설명한 글을 추천합니다.**

코드의 결합을 제거하려면 getTaxInformation()을 인수로 전달하는 것만으로 충분합니다. 코드의 다른 부분은 변경할 필요가 없습니다.

functions/test/test.js

```js
function formatPrice(user, { price, location }, getTaxInformation) {
  const rate = getTaxInformation(location);
  const taxes = rate ? `추가 세금 $${price * rate}` : '추가 세금';
  return `${user}님의 합계 금액: $${price} 및 ${taxes}`;
}
export { formatPrice };
```

이제 의존성 주입을 사용하기 때문에 스텁이 필요하지 않게 되었습니다. 테스트를 작성할 때 불러오기를 생략할 필요가 없으며, 그 대신에 필요한 값을 반환하는 간단한 함수를 전달하면 됩니다. 스텁과 매우 비슷하지만 외부 의존성이 모두 제거되었습니다. 이제 테스트할 함수가 다른 함수도 입력값으로 받아 출력값을 반환합니다. getTaxInformation()은 테스트하지 않는다는 것도 기억하

---

* https://martinfowler.com/articles/mocksArentStubs.html (단축 URL: http://bit.ly/2NU5yeC)

** https://about.futurelearn.com/blog/stubs-mocks-spies-rspec (단축 URL: http://bit.ly/2NMqIQZ)

세요. 특정한 입력값을 받은 formatPrice()가 특정한 결과를 반환하는지 테스트합니다.

테스트 코드를 작성하면 다음과 같습니다.

functions/test/test.spec.js

```javascript
import expect from 'expect';

import { formatPrice } from './test';

describe('가격 표시', () => {
  it('세금 정보가 없으면 세금 추가를 안내해야 한다', () => {
    const item = { price: 30, location: 'Oklahoma' };
    const user = 'Aaron Cometbus';
    const message = formatPrice(user, item, () => null);
    expect(message).toEqual('Aaron Cometbus님의 합계 금액: $30 및 추가 세금');
  });

  it('세금 정보가 있으면 세금 금액을 알려줘야 한다', () => {
    const item = { price: 30, location: 'Oklahoma' };
    const user = 'Aaron Cometbus';
    const message = formatPrice(user, item, () => 0.1);
    expect(message).toEqual('Aaron Cometbus님의 합계 금액: $30 및 추가 세금 $3');
  });
});
```

예제 코드에서 알 수 있듯이 테스트 대상인 함수와 expect 라이브러리 외에는 아무것도 필요하지 않습니다. 테스트 코드를 작성하기가 훨씬 쉬워졌고, 코드가 단일 책임을 갖도록 책임을 줄이는 면에서도 더욱 효과적입니다.

의존성 주입으로는 문제가 해결되지 않았다고 말하는 사람도 있을지 모르겠습니다. 문제가 단지 다른 함수로 옮겨졌을 뿐이라고 말이죠.

그건 사실입니다. 코드에는 몇 가지 부수 효과와 입출력이 있을 수 있습니다. 이러한 부분을 최대한 적게 사용하는 것이 테스트 가능한 코드를 작성하는 묘수입니다.

예를 들어 모든 비동기 호출을 서비스로 옮길 수 있습니다. 그런 다음 함수에서 사용해야 할 때 옮겨뒀던 서비스를 주입해 테스트하는 것이 비동기 응답을 모의 객체로 처리하는 것보다 쉽습니다(후자는 매우 어렵습니다).

가장 큰 장벽은 테스트 작성이 어렵다는 인식일 텐데, 이는 사실이 아닙니다. 테스트 코드를 작성하기 어렵다면 코드를 다시 살펴보세요. 코드를 테스트하기가 쉽지 않다면 테스트가 아니라 코드를 변경해야 합니다.

또한, 이 외의 다른 문제가 발생하더라도 포기하지 말아야 합니다. 강하게 결합된 코드는 단지 복잡성의 한 모습일 뿐입니다. 코드가 풍기는 악취는 여러 가지입니다. 테스트 코드 중에는 기술적으로 틀리지 않았지만 명확하지 않은 코드가 있기도 합니다. 이에 대해서는 자바스크립트 테스트에서 발생하는 다른 문제를 설명한 조슈아 모크(Joshua Mock)의 글을 추천합니다.[*]

가장 좋은 방법은 지금부터 바로 테스트 코드를 작성하는 것입니다. 더 많은 예제가 필요하다면 이 책의 예제 코드를 살펴보는 것을 추천합니다. 예제 코드는 거의 100%의 테스트 커버리지를 갖추고 있으며 종류도 다양합니다. 어떤 테스트 코드에서는 스파이와 모의 객체도 사용합니다. 테스트에 대해 더 알아보고 싶다면 『Test-Driving JavaScript Applications』라는 책을 살펴보길 바랍니다.

다음 팁에서는 화살표 함수를 더 자세히 살펴보면서 함수 작성의 세세한 부분까지 공부해보겠습니다.

---

[*] https://www.toptal.com/javascript/writing-testable-code-in-javascript (단축 URL: http://bit.ly/2NlXe12)

33

화살표 함수로 복잡도를 낮춰라

이번 팁에서는 화살표 함수에서 인수를 해체 할당하는 방법, 객체를 반환하는 방법, 고차 함수를 만드는 방법을 배워보겠습니다.

TIP 20 화살표 함수로 반복문을 단순하게 만들어라에서 화살표 함수를 한 차례 살펴봤습니다. 이제 화살표 함수를 좀 더 깊이 알아보겠습니다.

앞에서는 화살표 함수를 사용하면 함수 선언, 괄호, return 문, 중괄호 등 불필요한 정보를 제거할 수 있다고 설명했습니다. 여기서는 조금 전에 배웠던 해체 할당과 같은 기능을 사용해서 몇 가지 개념을 어떻게 다뤄야 할지 살펴볼 것입니다. 또한, 이어지는 팁에서 더 자세히 살펴볼 새로운 개념도 소개하겠습니다.

우선 해체 할당부터 살펴봅시다. 이름과 성이 담긴 객체를 가져와서 문자열로 결합하려고 합니다. 이보다 더 간단해질 수는 없습니다. 어려울 것이 전혀 없습니다.

functions/arrow/problem.js

```js
const name = {
  first: 'Lemmy',
  last: 'Kilmister',
```

```
};

function getName({ first, last }) {
  return `${first} ${last}`;
}
```

위의 예제 코드를 화살표 함수로 바꾸는 것은 매우 간단합니다. 매개변수와 템플릿 리터럴을 제외한 모든 것을 제거하고, => 화살표를 추가하면 끝입니다.

사실 이게 전부는 아닙니다. 매개변수는 좀 더 신경을 써야 합니다. 해체 할당, 나머지 매개변수, 매개변수 기본값 등을 사용하는 특별한 매개변수의 경우에는 여전히 괄호를 포함해야 합니다.

이는 사소한 것 같지만 모르고 있으면 실수로 이어집니다. 괄호가 없으면, 자바스크립트 엔진은 우리가 객체 선언이 아니라 함수 선언을 한다는 것을 잘 알지 못합니다. 여기서 실수하면 다음과 같은 오류가 발생할 것입니다.

functions/arrow/close.js

```
const getName = { first, last } => `${first} ${last}`;

// Error: Uncaught SyntaxError: Malformed arrow function parameter
list
// 오류: 처리되지 않은 문법 오류: 잘못된 화살표 함수 매개변수 목록
```

오류가 발생하는 것은 오히려 운이 좋은 편이죠. Node.js REPL에서 이렇게 작성하면, 닫는 중괄호를 작성하는 것을 잊어버린 것처럼 멈춰버립니다. 대체 무슨 상황인지 매우 혼란스러울 것입니다.

해결책은 간단합니다. 특별한 매개변수를 사용할 때는 보통의 함수와 마찬가지로 매개변수를 괄호로 감싸주세요.

functions/arrow/arrow.js

```
const comic = {
  first: 'Peter',
```

```
  last: 'Bagge',
  city: 'Seattle',
  state: 'Washington',
};

const getName = ({ first, last }) => `${first} ${last}`;
getName(comic);
// Peter Bagge
```

화살표 함수에서 객체를 반환하는 경우에 return 문을 생략한다면 주의가 필요합니다. 화살표 함수에서 화살표 우측에 있는 중괄호는 객체를 나타내는 것인지, 아니면 함수 몸체를 감싸는 것인지 구분하기 어렵습니다. 따라서 객체를 반환하는 경우에는 객체를 괄호로 감싸야 합니다.

functions/arrow/arrow.js

```
const getFullName = ({ first, last }) => ({ fullName: `${first}
${last}` });
getFullName(comic);
// { fullName: 'Peter Bagge' }
```

좀 더 개선의 여지가 있습니다. 괄호를 사용해서 값을 반환할 때는 코드를 여러 줄에 걸쳐 작성할 수 있습니다. return 문을 생략하는 동시에 반환값을 여러 줄로 작성할 수 있습니다.

functions/arrow/arrow.js

```
const getNameAndLocation = ({ first, last, city, state }) => ({
  fullName: `${first} ${last}`,
  location: `${city}, ${state}`,
});
getNameAndLocation(comic);
// {
//    fullName: 'Peter Bagge',
//    location: 'Seattle, Washington'
// }
```

끝으로, 화살표 함수는 다른 함수를 반환하는 함수인 고차 함수를 만드는 데 좋습니다. 고차 함수는 다음 팁에서 자세히 살펴볼 것이므로 지금은 고차 함수를 만드는 방법만 알아보겠습니다.

고차 함수는 그저 다른 함수를 반환하는 함수일 뿐이므로 초기 매개변수는 다를 것이 없습니다. 그리고 다른 때와 마찬가지로 함수 몸체에서 다른 함수를 반환하게 만들면 됩니다.

functions/arrow/problem.js

```
const discounter = discount => {
  return price => {
    return price * (1 - discount);
  };
};
const tenPercentOff = discounter(0.1);
tenPercentOff(100);
// 90
```

당연하지만 고차 함수의 반환값은 다른 함수이므로, 화살표 함수의 기능을 활용해서 return을 직접 작성하지 않고 중괄호 없이 함수를 반환할 수 있습니다. 다음과 같이 작성해봅시다.

functions/arrow/arrow.js

```
const discounter = discount => price => price * (1 - discount);

const tenPercentOff = discounter(0.1);
tenPercentOff(100);
// 90;
```

저처럼 기억력이 나쁜 편이라면 고차 함수에 대한 기억이 이미 희미해졌을 것입니다. 어떤 경우에 고차 함수를 사용할 수 있을까요? 알고 보면 고차 함수는 매우 유용합니다. 매개변수를 가두는 데 사용할 수 있을 뿐만 아니라, 우리가

앞서 살펴본 몇 가지 개념, 즉 배열 메서드와 나머지 매개변수에도 도움을 줄 수 있습니다.

앞서 살펴본 모든 예제에서는 다른 매개변수로 호출하기 전에 고차 함수에서 반환된 함수를 먼저 변수에 할당해 호출했습니다. 하지만 반드시 그럴 필요는 없습니다. 첫 번째 매개변수 바로 뒤에 괄호를 연결해서 두 번째 매개변수를 전달하면, 첫 번째 함수에 이어 바로 다른 함수를 호출할 수 있습니다. 이 방법은 고차 함수를 두 개의 다른 매개변수 집합을 가진 단일 함수로 변환할 때 필수적으로 사용합니다.

functions/arrow/arrow.js

```
discounter(0.1)(100);
// 90
```

다음 팁에서는 단일 책임 매개변수를 생성하는 방법을 살펴봄으로써 고차 함수에서 매개변수를 별도로 관리하는 이유를 깨닫게 될 것입니다.

34

부분 적용 함수로 단일 책임 매개변수를 관리하라

이번 팁에서는 부분 적용 함수(partially applied function)로 매개변수를 집중시키는 방법을 살펴봅니다.

이전 팁에서는 화살표 함수로 고차 함수를 쉽게 생성하는 방법을 배웠습니다. 객체 지향 프로그래밍에 더 익숙하거나 고차 함수를 사용하는 코드를 많이 접해보지 못했다면, 고차 함수를 언제 사용해야 하는지 이해하기 어려울 텐데요.

고차 함수는 매개변수를 가두는 방법을 통해 특별한 값을 제공하므로, 나중에 원래의 인수에 접근할 수 있게 해두고 함수 실행을 마칠 수 있습니다. 또한, 매개변수를 분리해 함수의 의도를 명확하게 유지할 수 있습니다. 매개변수 데이터를 가두는 방법은 다음 팁에서 더 자세히 살펴볼 것입니다. 그에 앞서 여기서는 고차 함수를 이용해 매개변수에 단일 책임을 부여하는 방법을 살펴보겠습니다.

고차 함수는 다른 함수를 반환하는 함수입니다. 즉, 함수 실행이 완전히 끝날 때까지 최소한 두 단계에 걸친 매개변수가 존재합니다. 부분 적용 함수를 사용할 경우, 일부 매개변수를 전달하면 해당 매개변수를 잠그는 함수가 반환되어 여기에 더 많은 매개변수를 사용할 수 있습니다. 즉, 부분 적용 함수를 이용하면 한 번에 전달해야 할 함수 인수의 수(항수(arity))가 줄어드는 대신 인수를 더 전달해야 하는 다른 함수를 반환합니다.

여기서 우리가 알아야 할 것은 서로 독립적인 여러 매개변수 집합을 둘 수 있다는 점입니다. 아마도 매개변수는 이미 단일 책임을 지는 것처럼 보일 것입니다. 매개변수는 결국 함수에 입력되는 데이터이므로 서로 관련되어 있는 것이 당연하기는 합니다. 그렇지만 입력값 간에 서로 다른 관계를 갖기도 합니다. 어떤 입력값은 서로 관련이 있지만, 다른 입력값은 더 독립적입니다.

웹사이트에 행사 안내 페이지가 있다고 가정해봅시다. 특정 장소에서 행사가 열리며, 서로 다른 행사가 열리지만 행사 장소는 크게 달라지지 않습니다. 행사가 열리는 건물의 주소, 이름, 개방 시간 등은 동일합니다. 또한, 행사 장소는 담당자들이 관리하며 행사들 간에 담당자가 변경되는 일은 거의 없습니다.

이런 가정을 바탕으로 행사 장소, 행사 장소별 담당자, 행사 안내 페이지에 대한 정보를 결합하는 함수를 생각해봅시다. 서로 다른 출처에서 얻은 정보를 결합해 완전한 정보를 반환해야 합니다.

다음은 우리가 받을 데이터의 예입니다. 건물에는 주소와 개방 시간이 있습니다. 행사 담당자에게는 이름과 전화번호가 있습니다. 그리고 행사 형태는 두 가지입니다. 첫째, 프로그램(program)은 행사 시간이 건물의 개방 시간보다 짧습니다. 둘째, 전시회(exhibit)는 건물이 열려 있는 동안 계속 진행되지만 큐레이터에 대한 정보가 있어야 합니다.

functions/partial/partial.js

```js
const building = {
  hours: '8 a.m. - 8 p.m.',
  address: 'Jayhawk Blvd',
};
const manager = {
  name: 'Augusto',
  phone: '555-555-5555',
};
const program = {
  name: 'Presenting Research',
```

```
  room: '415',
  hours: '3 - 6',
};
const exhibit = {
  name: 'Emerging Scholarship',
  contact: 'Dyan',
};
```

이제 건물, 행사 장소 담당자, 프로그램 또는 전시회라는 세 가지 인수를 받아
서 하나의 정보 집합으로 결합하는 간단한 함수를 작성해봅시다.

functions/partial/problem.js

```
function mergeProgramInformation(building, manager, event) {
  const { hours, address } = building;
  const { name, phone } = manager;
  const defaults = {
    hours,
    address,
    contact: name,
    phone,
  };

  return { ...defaults, ...event };
}
```

코드를 살펴보면, 함수를 호출할 때마다 전달하는 첫 번째 매개변수는
building으로 항상 동일합니다. 이 함수를 반복해서 호출하고 있습니다.

functions/partial/problem.js

```
const programInfo = mergeProgramInformation(building, manager,
program);
const exhibitInfo = mergeProgramInformation(building, manager,
exhibit);
```

이런 반복은 함수가 자연스럽게 분리될 수 있다는 단서입니다. 처음 두 매개변수는 건물에 대한 기초 정보이고 일련의 프로그램과 전시회에 적용됩니다.

고차 함수를 이용해서 단일 책임 매개변수를 만들면 앞에 위치한 두 개의 인수를 재사용할 수 있습니다. 첫 번째 매개변수 집합은 기초 데이터를 수집합니다. 두 번째 매개변수 집합은 기초 데이터를 덮어 쓰는 사용자 지정 정보입니다.

이를 위해 외부 함수는 매개변수로 building과 manager만 갖고, 이 함수를 실행하면 매개변수로 program 하나만 사용하는 함수를 반환하도록 만들어야 합니다(여기에 넘겨지는 값은 프로그램, 이벤트, 전시회 등이 있을 것입니다).

functions/partial/partial.js

```
function mergeProgramInformation(building, manager) {
  const { hours, address } = building;
  const { name, phone } = manager;
  const defaults = {
    hours,
    address,
    contact: name,
    phone,
  };

  return program => {
    return { ...defaults, ...program };
  };
}
```

어려워 보이지만 실제로는 간단합니다. 앞에서 설명한 것처럼 고차 함수는 완전히 완료되기 전에 여러 번 호출되어야 하는 함수입니다. 이게 전부입니다. 한 번에 함수의 두 부분을 모두 호출하려면 괄호에 이어 괄호를 작성하면 됩니다. 그러면 외부 함수가 호출된 후 바로 내부 함수가 호출됩니다. 결과는 이전과 같습니다.

```
const programInfo = mergeProgramInformation(building, manager)
(program);
// {
//    name: 'Presenting Research',
//    room: '415',
//    hours: '3 - 6',
//    address: 'Jayhawk Blvd',
//    contact: 'Augusto',
//    phone: '555-555-5555'
// }
const exhibitInfo = mergeProgramInformation(building, manager)
(exhibit);
// {
//    name: 'Emerging Scholarship',
//    contact: 'Dyan'
//    hours: '8 a.m. - 8 p.m.',
//    address: 'Jayhawk Blvd'
//    phone: '555-555-5555'
// }
```

매개변수에 단일 책임을 부여하기는 했지만 반복까지 제거되지는 않습니다. 다행히도 부분 적용을 사용하면 그 문제도 해결할 수 있습니다. 다음 팁에서는 반환된 함수를 재사용하는 방법을 살펴보겠습니다.

마지막으로 부분 적용과 고차 함수를 사용해 매개변수에 단일 책임을 부여하는데는 한 가지 이유가 더 있습니다. 바로 나머지 매개변수를 재사용할 수 있기 때문입니다.

TIP 31 나머지 매개변수로 여러 개의 인수를 변수로 전달하라에서 나머지 매개변수 뒤로는 어떤 매개변수도 올 수 없다는 것을 배웠습니다. 즉, 인수 집합에서 나머지 매개변수는 한 번만 사용할 수 있습니다. 대부분의 경우에는 이것으로 충분하지만, 때로는 매개변수에 나머지 매개변수가 여러 차례 필요한 경우가 있습니다.

배열 데이터가 있거나 원본 데이터에 일대일로 대응되는 추가 데이터가 있는 경우 자주 발생합니다.

예를 들어 지역 이름이 담긴 배열을 받아서 지역을 상징하는 새(bird) 이름을 반환하는 함수가 있는 경우, 결과 배열은 괜찮아 보이지만 결과적으로는 원본과 결괏값을 배열 쌍으로 연결해야 합니다.

functions/partial/partial.js

```
const birds = getBirds('kansas', 'wisconsin', 'new mexico');
// ['meadowlark', 'robin', 'roadrunner']
```

두 개의 배열을 쌍으로 결합하는 것은 매우 일반적인 작업이므로 이런 함수를 zip 함수라고 부릅니다.

여러 매개변수를 사용할 수 있는 zip 함수를 작성하려면 원본 배열을 넘겨받는 (아래 예제 코드의 ...left) 고차 함수가 필요하고, 결괏값 배열을 넘겨받아서 (아래 예제 코드의 ...right) 결합하는 함수를 반환하게 만들어야 합니다. 매개변수가 서로 독립적이므로 나머지 매개변수를 두 번 모두 사용할 수 있습니다.

functions/partial/partial.js

```
const zip = (...left) => (...right) => {
  return left.map((item, i) => [item, right[i]]);
};
zip('kansas', 'wisconsin', 'new mexico')(...birds);
// [
//   ['kansas', 'meadowlark'],
//   ['wisconsin', 'robin'],
//   ['new mexico', 'roadrunner']
// ]
```

자주 사용하는 기술은 아니지만 인터페이스를 간결하게 유지해야 할 때 매우 유용합니다. 때로는 매개변수가 함께 속하지 않는 경우에도 모든 정보가 필요

합니다. 부분 적용 함수는 큰 노력 없이 매개변수를 결합할 수 있는 훌륭한 방법입니다.

다음 팁에서는 함수를 호출해 정보를 한 번 수집한 후 반복적으로 다시 사용하는 방법을 살펴보겠습니다.

커링과 배열 메서드를
조합한 부분 적용 함수를 사용하라

이번 팁에서는 함수의 부분 적용을 통해 변수를 저장해두는 방법을 살펴보겠습니다.

이전 팁에서는 고차 함수와 부분 적용을 이용해 매개변수에 단일 책임을 부여하는 방법을 살펴봤는데요. 관련이 없는 매개변수로 인한 문제는 해결했지만, 같은 매개변수를 반복해서 사용하는 문제는 해결할 수 없었습니다. 여전히 같은 매개변수를 여러 번 전달하고 있습니다.

고차 함수를 사용하면 값을 한 번 저장한 후 나중에 사용할 수 있는 새로운 함수를 만들어서 반복을 피할 수 있습니다. 고차 함수에서 반환된 함수는 바로 다시 호출할 필요가 없습니다. 고차 함수를 한 번 호출하면 계속해서 사용할 수 있는 새로운 함수가 반환되기 때문입니다. 마치 인수를 하드 코딩해둔 함수를 작성하는 것과 같습니다.

이전 팁에서 살펴봤던 건물(building)과 행사 장소 담당자(manager)를 재사용하려면, 첫 번째 함수 호출의 반환값을 변수에 할당하면 됩니다. 그 결과 일부 정보를 담고 있는 사전 제작 함수가 생성됩니다.

함수를 한 번 호출해 저장해둔 매개변수를 다시 사용하는 것은 내부 변수를 미리 알고 있는 함수를 선언하는 것과 같습니다. 둘은 동일합니다.

functions/partial/program.js

```javascript
const setStrongHallProgram = mergeProgramInformation(building,
manager);
const programInfo = setStrongHallProgram(program);
const exhibitInfo = setStrongHallProgram(exhibit);
```

functions/curry/higherorder.js

```javascript
const setStrongHallProgram = program => {
  const defaults = {
    hours: '8 a.m. - 8 p.m.',
    address: 'Jayhawk Blvd',
    name: 'Augusto',
    phone: '555-555-5555'
  }
  return { ...defaults, ...program}
}

const programs = setStrongHallProgram(program);

const exhibit = setStrongHallProgram(exhibit);
```

첫 번째 함수는 고차 함수의 부분 적용을 활용해 작성했습니다. 두 번째 함수는 정보를 하드 코딩했습니다. 두 차례에 걸쳐 인수를 받는 고차 함수가 하드 코딩된 정보보다 유연하기는 합니다. 그렇지만 두 함수를 살펴보며 유사점을 찾을 수 있습니다.

고차 함수를 이용하면 매개변수를 별도로 분리할 수 있습니다. 그렇지만 함수를 완전히 분리하기 전에 함수에 필요한 인수의 수를 줄일 수 있도록 인수를 분리하는 것이 훨씬 더 중요합니다. 한 번에 인수를 하나만 받는 함수를 '커링 (currying)'이라고 하며, 이는 하나의 인수만 전달하는 메서드를 다룰 때 매우 유

용합니다. 자바스크립트는 순수한 형태의 커링을 완벽하게 지원하지는 않지만,* 부분 적용을 이용해서 일련의 단일 매개변수로 매개변수 숫자를 줄이는 방법이 일반적입니다.

Note ≡ **커링과 부분 적용**

부분 적용(partial application) 함수는 매개변수를 여러 번 받을 수 있습니다. 그래서 종종 커링과 혼동됩니다. 실제로 커링과 부분 적용 함수는 매우 비슷하지만, 이 둘은 엄연히 다릅니다.

부분 적용 함수와 커링 함수는 모두 원래보다 필요한 인수의 수가 적은 함수를 반환해 인수 수를 줄입니다. 함수에는 함수가 받을 수 있는 전체 인수의 수가 있으며 항수라고 부릅니다. 부분 적용 함수는 원래의 함수보다 항수가 적은 함수를 반환합니다. 인수가 총 세 개 필요한 경우에 인수 두 개를 먼저 전달했다면, 여기서 반환된 함수에는 인수가 하나만 있으면 됩니다. 원래의 함수는 세 개의 인수가 필요했습니다. 여기에 부분 적용 함수를 이용하면 항수가 하나인 함수를 반환합니다.

반면에 커링 함수는 여러 개의 인수를 받는 함수에서 정확히 인수 하나만 받는 일련의 함수를 반환할 때 사용합니다. 가령 인수 세 개가 필요한 함수가 있다면, 먼저 인수 하나를 받는 고차 함수가 다른 함수를 반환하고, 반환된 함수도 인수 하나를 받습니다. 이 함수에서 끝으로 인수 하나를 받는 마지막 함수가 반환됩니다.

TIP 22 map( ) 메서드로 비슷한 길이의 배열을 생성하라에서 강아지에 대한 정보가 담긴 배열을 필터링했던 것을 다시 떠올려봅시다. 그때는 필터 함수만 만들고 실제로 적용하지는 않았습니다. 다음은 강아지 배열을 약간 수정한 것입니다.

functions/curry/curry.js

```
const dogs = [
  {
    이름: '맥스',
    무게: 10,
    견종: '보스턴테리어',
    지역: '위스콘신',
    색상: '검정색',
  },
```

---

* http://2ality.com/2017/11/currying-in-js.html (단축 URL: http://bit.ly/2JYmb7u)

```
    {
        이름: '도니',
        무게: 90,
        견종: '래브라도레트리버',
        지역: '캔자스',
        색상: '검정색',
    },
    {
        이름: '섀도',
        무게: 40,
        견종: '래브라도레트리버',
        지역: '위스콘신',
        색상: '갈색',
    },
];
```

강아지 배열과 필터 조건을 인수로 받은 후 필터링 조건에 맞는 강아지의 이름
만 모아서 반환하는 함수를 작성해봅시다.

강아지 배열을 첫 번째 매개변수로 전달하고, 배열 메서드 filter()와 map()을
조합해 최종 결과 집합을 얻습니다.

functions/curry/problem.js

```
function getDogNames(dogs, filter) {
  const [key, value] = filter;
  return dogs
    .filter(dog => dog[key] === value)
    .map(dog => dog['이름']);
}

getDogNames(dogs, ['색상', '검정색']);
// ['맥스', '도니']
```

위 함수는 나쁘지 않아 보이지만, 사실은 제약이 매우 심합니다. 두 가지 문제
점을 찾을 수 있습니다.

첫째, 필터 함수에 제약이 있습니다. 필터 함수는 필터와 각각의 강아지를 정확하게 비교할 때만 정상적으로 작동합니다. 즉, ===을 사용할 때만 작동합니다. 만약 무게가 일정한 수준보다 적은 강아지를 찾아야 한다면 필터 조건을 어떻게 해야 할까요?

둘째, 모든 배열 메서드와 마찬가지로 map()은 검사하는 항목만 인수로 받을 수 있기 때문에 유효 범위 내의 다른 변수들을 가져올 방법이 필요합니다. map()은 다른 함수 내부의 함수이므로 이를 감싸고 있는 함수의 변수에 접근할 수 있습니다. 즉, 매개변수를 이용해서 외부 함수에 필요한 변수를 전달할 방법이 필요합니다.

우선 첫 번째 문제부터 풀어봅시다. 정해진 체중보다 무게가 적게 나가는 강아지를 찾을 수 있는 함수를 작성해봅시다. 우리는 함수에 다른 함수를 주입하는 방법을 **TIP 32 테스트하기 쉬운 함수를 작성하라**에서 이미 살펴봤습니다. 여기서 시작해보세요. 비교 함수를 하드 코딩하지 않고 필터 함수에 콜백 함수로 전달할 수 있게 만들어봅시다.

functions/curry/curry.js

```
function getDogNames(dogs, filterFunc) {
  return dogs
  .filter(filterFunc)
  .map(dog => dog['이름'])
}

getDogNames(dogs, dog => dog['무게'] < 20);
// ['맥스']
```

목표 달성이 머지 않았습니다. 그렇지만 이 경우에도 숫자 20과 같은 값을 하드 코딩하고 있습니다. 즉, 변수를 사용할 때 직접 코딩해서 넣거나 유효 범위의 충돌이 없는지 확인하는 절차를 거치고 있습니다. 별문제가 아닌 것처럼 보이지만, 유효 범위 충돌은 우리가 가장 예상하지 못한 순간에 찾아오곤 합니다.

런타임에 상위의 유효 범위에서 변수에 접근할 수 있을 것이라는 믿음을 갖기보다는 필요한 값을 함수에 주입하는 편이 훨씬 낫습니다.

우리의 목표는 부분 적용 함수를 이용해서 필요한 값을 미리 담아두는 것입니다. 부분 적용 함수를 변수에 할당해서 다른 함수에 데이터로 전달하는 방법으로 나머지 인수를 제공할 수 있습니다.

이렇게 되면 getDogNames() 함수를 다시 작성할 필요도 없습니다. getDogNames()는 모든 형태의 비교 함수를 받을 수 있기 때문에 모든 준비가 끝났습니다. 이제 우리가 해야 할 일은 비교 함수를 다시 작성해서 비교를 위한 값을 매번 하드 코딩할 필요가 없도록 만드는 것뿐입니다.

이전에 살펴본 팁에서 배운 기술을 바탕으로 인수 집합을 두 개 만듭니다. 첫 번째 집합은 무게이고, 두 번째 집합은 개별 강아지의 정보입니다.

이제 무게를 하나 정해서 먼저 함수를 적용하고, 또 다른 경우에는 다른 무게를 적용할 수도 있게 되었습니다. 실제 비교에 사용할 기준 무게는 함수에 담깁니다. 즉, 서로 다른 무게를 기준으로 해도 계속해서 함수를 재사용할 수 있습니다. 유효 범위 충돌이 발생할 가능성도 거의 없습니다.

functions/curry/curry.js

```
const weightCheck = weight => dog => dog['무게'] < weight;

getDogNames(dogs, weightCheck(20));
// ['맥스']

getDogNames(dogs, weightCheck(50));
// ['맥스', '섀도']
```

커링 함수를 사용하면 여러 지점에서 다양한 매개변수를 전달할 수 있습니다. 또한, 함수를 데이터로 전달할 수도 있습니다.

가장 중요한 부분은 반드시 두 개의 함수와 두 개의 인수 집합으로 제한할 필요가 없다는 점입니다. 커링을 사용해 원래의 비교 함수를 다시 작성한다면 어떻게 할 수 있을까요?

먼저 첫 번째 함수에서 색상과 같은 비교 대상을 지정합니다. 다음 함수에서 '검정색'과 같은 비교할 값을 전달합니다.

마지막 함수는 개별 강아지에 대한 정보를 받습니다. 다음 예제 코드처럼 동일한 논리를 매개변수만 달리해서 여러 가지 항목으로 비교할 수 있습니다.

functions/curry/curry.js

```
const identity = field => value => dog => dog[field] === value;
const colorCheck = identity('색상');
const stateCheck = identity('지역');

getDogNames(dogs, colorCheck('갈색'));
// ['섀도']

getDogNames(dogs, stateCheck('캔자스'));
// ['섀도']
```

이제 우리가 무엇을 했는지 정리해봅시다. 우리는 특정한 요구 사항이 있는 함수를 가져와서 여러 가지 다른 비교를 할 수 있도록 추상화를 만들었습니다. 부분 적용 함수를 변수에 할당할 수 있고, 이 변수를 데이터로 전달할 수도 있습니다. 즉, 간단한 도구 모음을 사용해서 매우 정교하게 비교할 수 있습니다.

예를 들어 모든 조건을 충족하는 강아지를 찾아야 한다면, 검사에 사용할 여러 개의 비교 함수를 전달하고 배열 메서드인 every()를 사용할 수 있습니다. every() 메서드는 모든 값이 true를 반환할 때 true를 반환합니다.

최소한 하나의 조건을 충족하는 강아지를 찾는 경우에는 every() 대신 다른 배열 메서드 some()을 사용합니다. some() 메서드는 실행 결과 중 하나라도 true를 반환하면 true를 반환합니다.

```
function allFilters(dogs, ...checks) {
  return dogs
  .filter(dog => checks.every(check => check(dog)))
  .map(dog => dog['이름']);
}

allFilters(dogs, colorCheck('검정색'), stateCheck('캔자스'));
// ['도니']

function anyFilters(dogs, ...checks) {
  return dogs
  .filter(dog => checks.some(check => check(dog)))
  .map(dog => dog['이름']);
}

anyFilters(dogs, weightCheck(20), colorCheck('갈색'));
// ['맥스', '섀도']
```

너무 정신없나요? 잘 이해되지 않는다면 코드를 REPL에 복사해서 실행해보세요. 이 방법이 공부하는 데 가장 좋습니다. 커링은 인수가 하나만 있어야 하는 함수를 작성할 때 훌륭한 도구라는 점만 기억해둡시다. 커링은 복잡한 문제를 매우 간단하게 만들어줍니다.

다음 팁에서는 변수 범위, 즉 문맥과 관련된 문제를 살펴보겠습니다. 화살표 함수를 이용해서 this 키워드와 관련된 번거로운 문제를 해결하는 방법을 살펴봅시다.

화살표 함수로 문맥 혼동을 피하라

이번 팁에서는 화살표 함수를 이용해 문맥 오류를 피하는 방법을 살펴보겠습니다.

유효 범위와 문맥은 자바스크립트 개발자가 가장 어렵게 느끼는 두 가지 개념입니다. 함수의 유효 범위는 간단히 말하면 함수가 접근할 수 있는 변수라고 할 수 있습니다. 유효 범위는 **TIP 3 블록 유효 범위 변수로 정보를 격리하라**에서 이미 한번 살펴봤으니, 이제 문맥을 살펴볼 차례입니다. 문맥은 함수 또는 클래스에서 this 키워드가 참조하는 것이기도 합니다.

유효 범위와 문맥은 파악하기가 어렵기도 하지만, 사람들이 종종 혼동하는 개념이기도 합니다. 저도 늘 어렵다고 느낍니다. 라이언 모르(Ryan Morr)는 두 개념의 차이를 명심할 수 있는 간단한 방법을 소개했습니다. 바로 유효 범위는 함수와 연관되어 있고, 문맥은 객체와 연관되어 있다는 것입니다.* 사실 정확한 설명이라고 할 수는 없지만, 모든 함수에 이 방식을 적용할 수 있습니다. 사실상 좋은 일반 규칙입니다.

---

* http://ryanmorr.com/understanding-scope-and-context-in-javascript (단축 URL: http://bit.ly/2JY8Lsi)

문맥을 이해하기 위해 먼저 매우 간단한 객체를 살펴보겠습니다. 예를 들어 폼 요소에 유효하지 않은 값을 입력했을 때 노출할 메시지를 설정하는 validator 라는 객체가 있다고 가정해봅시다. 객체에는 속성과 메서드가 하나씩 있는데, 각각 노출할 내용을 담은 message 속성과 setInvalidMessage() 메서드입니다. setInvalidMessage() 메서드는 this.message로 message 속성을 참조합니다. 객체에서 메서드를 호출해 실제 동작을 확인해봅시다.

functions/context/basic.js

```
const validator = {
  message: '는 유효하지 않습니다.',
  setInvalidMessage(field) {
    return `${field}${this.message}`;
  },
};

validator.setInvalidMessage('도시');
// 도시는 유효하지 않습니다.
```

위의 예제 코드에서 this.message는 해당 객체의 속성을 참조합니다. 이렇게 작동하는 이유는 객체에서 setInvalidMessage() 메서드가 호출될 때 함수에서 this 바인딩을 생성하면서 해당 함수가 담긴 객체도 문맥에 포함시키기 때문입니다.

다음 단계로 넘어가기에 앞서, this 키워드에 대한 개념이 꽤 복잡하다는 것을 알아두세요. 『You Don't Know JS』 시리즈 중에는 this 키워드에 대해서만 다루는 책도 있습니다. 이 this 관련 책은 자바스크립트 개발자라면 반드시 읽어야 할 책인데, 팁 한 편으로 그 정도의 정보를 전하기는 어렵습니다. 그 대신 여기서는 문맥을 다룰 때 생기는 가장 일반적인 실수 중 하나를 살펴보려고 합니다.

객체에서 this를 다룰 때는 일반적으로 큰 문제가 없지만, 객체에 담긴 함수를 다른 함수의 콜백 함수로 사용하는 경우에는 주의가 필요합니다.

예를 들어 setTimeout(), setInterval() 메서드나 map(), filter() 메서드 등 자주 사용하는 배열 메서드를 사용할 때 문제가 발생할 수 있습니다. 이 함수들은 콜백 함수를 받으면서 콜백 함수의 문맥도 변경합니다.

setInvalidMessage()를 여러 개의 입력폼에 대한 메시지를 처리하도록 리팩토링해서 배열 fields를 받도록 하면 어떨까요? 코드 수정은 어렵지 않습니다. 다음 예제 코드처럼 새로운 메서드인 setInvalidMessages()를 생성하고 메시지를 처리할 입력폼을 담은 배열을 받아 각각의 항목에 메시지를 추가해주면 됩니다.

functions/context/problem.js

```
const validator = {
  message: '는 유효하지 않습니다.',
  setInvalidMessages(...fields) {
    return fields.map(function (field) {
      return `${field}${this.message}`;
    });
  },
};
```

문제는 함수를 호출하면 TypeError 또는 undefined를 받는다는 것입니다. 여기서 대부분의 개발자들이 좌절하고 this에 대한 참조를 제거하도록 리팩토링합니다.

functions/context/context.spec.js

```
validatorProblem.setInvalidMessages(field);
// TypeError: Cannot read property 'message' of undefined
// 타입 오류: undefined의 속성 'message'를 읽을 수 없습니다.
```

코드를 수정하기 전에 문제의 원인을 잠시 생각해봅시다. 함수를 호출할 때마다 호출되는 위치를 바탕으로 this 바인딩을 만듭니다. 처음 작성했던 setInvalidMessage()는 객체를 문맥으로 해서 호출되었습니다. 여기서는 this의 문맥이 해당 객체였습니다. map() 메서드에 콜백 함수로 전달한 경우에는 map() 메서드의 문맥에서 호출되므로 이 경우에는 this 바인딩이 validator 객체가 아닙니다. 이때의 문맥은 전역 객체가 됩니다. 브라우저에서는 window가, Node.js REPL 환경에서는 global이 될 것입니다. 즉, 콜백 함수로 전달되면 message 속성에 접근할 수 없게 됩니다.

화살표 함수를 이용하면 이런 문제를 해결할 수 있습니다. 화살표 함수는 함수를 호출할 때 this 바인딩을 새로 만들지 않습니다. 화살표 함수를 이용해서 map() 콜백을 다시 작성하면 모든 것이 의도대로 작동합니다.

functions/context/context.js

```
const validator = {
  message: '는 유효하지 않습니다.',
  setInvalidMessages(...fields) {
    return fields.map(field => {
      return `${field}${this.message}`;
    });
  },
};

validator.setInvalidMessages('도시');
// ['도시는 유효하지 않습니다.']
```

항상 화살표 함수를 사용할 만한 좋은 이유가 될 수도 있겠네요. 그렇지만 가끔은 this 문맥을 직접 설정해야 할 때도 있습니다.

예를 들어 다음 예제 코드처럼 원래의 setInvalidMessage() 메서드를 명명된 메서드가 아니라 속성에 할당한 화살표 함수로 작성한 경우에는 어떻게 해야 할까요?

```
const validator = {
  message: '는 유효하지 않습니다.',
  setInvalidMessage: field => `${field}${this.message}`,
};
```

이것을 호출해보면 똑같은 타입 오류(TypeError)가 발생합니다.

```
validatorMethod.setInvalidMessage(field);
// TypeError: Cannot read property 'message' of undefined
// 타입 오류: undefined의 속성 'message'를 읽을 수 없습니다.
```

이 경우에는 현재 객체에 대해 새로운 this 문맥 바인딩을 만들지 않았습니다. 새로운 문맥을 만들지 않았기 때문에 전역 객체에 바인딩된 것입니다.

정리하면 화살표 함수는 이미 문맥이 있고 다른 함수 내부에서 이 함수를 사용하려고 할 때 유용합니다. 그렇지만 새로운 this 바인딩을 설정할 필요가 있을 때는 문제가 됩니다.

문맥 바인딩은 다음에 또 다룹니다. 문맥 바인딩은 클래스에서 큰 역할을 하며, **TIP 42 bind( )로 문맥 문제를 해결하라**에서 또 살펴볼 것입니다.

다음 장에서는 자바스크립트의 클래스를 살펴보겠습니다. 객체 지향 프로그래밍에 익숙한 사람이라면 낯익은 부분도 많겠지만, 기대하지 않은 부분도 많이 발견할 수 있을 것입니다.

8장

클래스로
인터페이스를
간결하게 유지하라

문어는 뇌가 있습니다. 그렇지만 뇌가 여러 개라고 말할 수도 있습니다. 문어의 몸 전체가 신경세포로 연결되어 있어 다리로 생각한다고 볼 수 있기 때문입니다. 설사 다리가 잘려도 문어는 여전히 자극에 반응하고 색을 바꾸거나 다른 물건에 다가가 그것을 잡을 수도 있습니다.

이는 연구자들에게 도전 과제를 안겨줍니다. 문어는 생각할 수 있지만 포유류와 같은 방식은 아닙니다. 문어는 포유류와 유사하게 반응합니다. 특정 사람을 기억할 수 있고, 특별히 좋아하는 음식이 있는가 하면, 탈출을 계획하기도 합니다. 그렇지만 문어의 의식이 작동하는 방식은 특이합니다. 문어의 정신 세계는 포유류와 유사하지만 다릅니다.

이 장에서는 문어처럼 익숙하면서도 다른 면이 있는 개념을 살펴볼 것입니다. 지난 수년간 개발자들은 다른 언어와 비교해서 자바스크립트가 가지는 특성에 대해 불평해왔습니다. 불평하는 개발자들은 자바스크립트가 다른 객체 지향 언어처럼 작동하지 않으므로 온전하지 않다고 이야기합니다. 문제는 자바스크립트와 비교 대상이 되는 언어들이 서로 다른 것이 아니라, 오히려 혼란을 야기할 정도로 유사하다는 것입니다.

ES6 이후 문제는 더욱 복잡해졌습니다. 이제 자바스크립트가 class, extends, static 같은 익숙한 문법을 사용하는데, 다른 객체 지향 언어를 다뤄본 입장에서는 자바스크립트 코드가 종종 예상대로 작동하지 않기 때문입니다. 이 장에서는 이런 문제를 다루기 위해 자바스크립트의 클래스가 다른 언어와 비슷한 개념을 사용하는 동시에 어떠한 차이점이 있는지 살펴볼 것입니다.

먼저 우리는 클래스를 만들고 확장할 것입니다. 이는 대부분의 객체 지향 언어와 비슷해 보일 것입니다. 이어서 클래스 문법과 자바스크립트 프로토타입이 조합된 자바스크립트 클래스의 내부를 살펴보겠습니다. 다음으로 게터(getter), 세터(setter), 제너레이터(generator)를 이용해서 복잡한 부분을 감추는 방법을 배울 것입니다. 끝으로, 클래스에서 this 키워드로 인해 겪는 일반적인 문제와 해결 기법을 살펴봅니다.

자바스크립트의 클래스는 비록 조금 다르지만 여전히 클래스 문법의 많은 이점을 가져다줍니다. 물론 약간의 문제점도 따라오기는 합니다. 클래스는 코드를 정돈할 때, 객체의 새로운 인스턴스를 생성할 때, 지역 속성을 저장할 때 도움이 됩니다. 자바스크립트는 독특한 역사와 패러다임을 가진 언어라는 점을 기억하길 바랍니다. 클래스를 사용해 자바스크립트와 다른 객체 지향 언어에 대해 알고 있던 기존 지식을 모두 활용할 수 있는 방법을 살펴봅시다.

읽기 쉬운 클래스를 만들어라

이번 팁에서는 자바스크립트에서 확장 가능한 클래스를 생성하는 법을 살펴봅니다.

자바스크립트에 클래스 문법이 없었던 것은 오랫동안 지적되었던 문제점 중 하나입니다. 자, 이제 자바스크립트에서도 클래스 문법을 사용할 수 있습니다! 그렇지만 아무 논쟁 없이 자바스크립트에 클래스가 등장한 것은 아닙니다. 클래스 문법의 지지자들은 클래스가 일반적인 개발 패러다임이며 다른 언어를 다뤄본 개발자들에게 매우 익숙한 개념이라고 주장합니다. 반면에 이에 대해 회의적인 시각을 가진 사람들은 클래스 문법이 언어 내부의 자연스러운 부분을 왜곡하고 나쁜 습관을 조장한다고 생각합니다.

다른 논쟁과 마찬가지로 미사여구가 넘쳐납니다. 클래스는 이제 자바스크립트의 일부이며, 여러분이 앵귤러(Angular)나 리액트(React)처럼 인기 있는 프레임워크를 사용한다면 여러분의 코드에서도 찾아볼 수 있을 것입니다. 클래스는 훌륭한 기능입니다.

TIP 39 클래스로 기존의 프로토타입을 확장하라를 통해 살펴보겠지만, 언어 자체가 바뀐 것은 아닙니다. 자바스크립트는 여전히 프로토타입 기반의 언어입니

다. 이제 다소 복잡한 개념을 숨겨놓고 익숙한 문법으로 사용할 수 있게 된 것입니다. 그 결과 몇 가지 놀라운 점도 나타났습니다.

이번 팁에서는 자바스크립트에서 클래스를 작성하는 방법을 빠르게 살펴보겠습니다. 다른 언어에서 클래스를 작성해본 적이 있다면 인터페이스가 꽤 익숙할 것입니다.

가장 먼저 Coupon 클래스를 만들어봅시다. 클래스를 선언할 때는 class 키워드를 사용합니다. 그리고 새로운 인스턴스를 생성할 때는 new 키워드를 사용합니다.

classes/constructor/problem.js

```
class Coupon {
}
const coupon = new Coupon();
```

클래스의 인스턴스를 생성할 때는 가장 먼저 생성자 함수를 실행합니다. 생성자 함수에서는 여러 속성을 정의할 수 있습니다. 생성자 함수를 반드시 선언해야 하는 것은 아니지만, 클래스의 속성을 선언하는 곳이므로 대부분의 경우에는 생성자 함수를 사용하게 될 것입니다.

다음 단계는 생성자 메서드를 생성하는 것입니다. 여기에 constructor()라고 이름을 붙입니다. constructor()를 클래스에 추가할 때는 함수를 작성하는 문법과 비슷하지만 function 키워드 없이 작성합니다. 생성자는 함수이므로 자유롭게 인수를 전달할 수도 있습니다.

생성자의 역할 중 하나는 this 문맥을 생성하는 것입니다. 생성자의 내부에서 객체에 키-값 쌍을 추가하는 것처럼 this에 할당하는 방법으로 클래스에 속성을 추가할 수 있습니다. 또한, 생성자에 인수를 전달할 수 있기 때문에 새로운 인스턴스를 생성할 때 속성을 동적으로 설정할 수도 있습니다. 지금은 모든 속성을 생성자에서 설정해야 하지만 추후에는 바뀔 것으로 보입니다.

일단은 Coupon 클래스에 두 개의 속성 price와 expiration을 설정합니다. 속성을 설정한 후에는 우리에게 익숙한 배열 문법이나 점 표기법으로 호출할 수 있습니다. 우리는 여전히 자바스크립트를 작성하고 있으며 객체를 다루고 있다는 점을 잊지 마세요.

```
class Coupon {
  constructor(price, expiration) {
    this.price = price;
    this.expiration = expiration || '2주';
  }
}
const coupon = new Coupon(5);
coupon.price;
// 5
coupon['expiration'];
// '2주'
```

속성을 공개(public) 또는 비공개(private)로 선언하지 않습니다. 현재는 모든 속성이 공개 속성입니다. 비공개 필드, 즉 비공개 속성 또는 메서드는 TC39 위원회에서 논의 중입니다.

우리의 Coupon 클래스와 객체 인스턴스가 좀 더 흥미로워지기는 했지만, 할 수 있는 것은 여전히 많지 않아 보입니다. 다음 단계는 두 가지 간단한 메서드를 추가하는 것입니다. getPriceText() 메서드는 양식에 맞는 가격을 반환하고, getExpirationMessage()는 양식에 맞춘 메시지를 가져올 때 사용합니다.

생성자와 동일한 문법으로 클래스에 메서드를 추가할 수 있습니다. 메서드는 화살표 함수가 아닌 보통 함수로 작성합니다. 대수롭지 않은 것 같지만, 클래스에 화살표 함수를 사용하면 보통 함수와 다르게 동작합니다. 이에 대해서는 **TIP 36 화살표 함수로 문맥 혼동을 피하라**에서 살펴봤습니다. 클래스에서 화살표 함수를 사용하는 방법은 **TIP 42 bind( )로 문맥 문제를 해결하라**에서 살펴볼 것입니다. 문맥 이야기가 나온 김에 언급하자면, 클래스 메서드를 클래스의 인스턴스에서

호출한다면 this 문맥에 완전하게 접근할 수 있습니다. 대부분의 경우 예측한 대로 작동합니다. 예외적인 경우는 이어지는 팁에서 살펴보겠습니다.

이런 점을 이용하면 다른 속성이나 메서드를 참조하는 메서드를 만들 수 있습니다.

classes/constructor/methods.js

```
class Coupon {
  constructor(price, expiration) {
    this.price = price;
    this.expiration = expiration || '2주';
  }
  getPriceText() {
    return `$ ${this.price}`;
  }
  getExpirationMessage() {
    return ` 이 쿠폰은 ${this.expiration} 후에 만료됩니다.`;
  }
}
const coupon = new Coupon(5);
coupon.getPriceText();
// '$ 5'
coupon.getExpirationMessage();
// '이 쿠폰은 2주 뒤에 만료됩니다.'
```

이제 매우 기본적이지만 유용한 클래스가 생성되었습니다. this 문맥을 연결해 주는 생성자 함수를 이용해서 새로운 객체를 생성할 수 있습니다. 메서드를 호출하고 속성에도 접근할 수 있습니다. 또한, 이 모든 것이 직관적인 인터페이스를 이용합니다. 다른 객체 지향 언어를 다뤄봤다면 클래스의 기본적인 부분은 익숙하겠지만, 무엇보다 자바스크립트 클래스가 갖는 특이한 부분을 잘 기억해 두는 것이 좋습니다. 특히 속성을 설정하는 부분이 그렇습니다. 우리는 객체를 생성하기 때문에 문맥이나 유효 범위 문제도 겪게 될 것입니다.

다음 팁에서는 상속을 이용해 클래스 간에 코드를 공유하는 방법을 살펴보겠습니다.

상속으로 메서드를 공유하라

이번 팁에서는 클래스를 확장하고 부모 클래스의 메서드를 호출하는 방법을 살펴봅니다.

이전 팁에서 기본적인 클래스를 생성하고 속성과 메서드를 작성하는 방법을 살펴봤습니다. 자바스크립트의 클래스가 매우 기대되는 동시에 다소 염려해야 할 부분도 있었습니다. 논란의 핵심은 상속입니다.

초기 버전의 자바스크립트에서 클래스 상속을 구현하는 것은 꽤 복잡한 과정이 필요했습니다. 먼저 객체의 속성을 순회해야 합니다. 그리고 개별 속성이 객체 프로토타입이 아닌 해당 객체에만 존재하는 속성인지 확인해야 합니다. 그리고 메서드를 추가하기 전에 부모로부터 새로운 객체에 프로토타입을 복사해야 했습니다.

정말 쉽지 않았지요.

클래스를 사용하면 상속이 간단해집니다. 그렇지만 최근 몇 년간 자바스크립트 개발자들은 상속에 대해 흥미를 잃었을 뿐 아니라, 지나친 상속은 나쁜 것이며 비대한 코드로 이어진다고 주장했습니다. 메서드를 공유하기 위해 구성(composition)처럼 상속이 필요치 않은 방법도 있습니다. 즉, 상속을 사용할 때는 주의가 필요하다는 뜻입니다.

상속은 어떻게 동작할까요? Coupon 클래스를 다시 살펴봅시다. 할인율이 높은 대신 짧은 기간 동안만 사용할 수 있는 쿠폰을 생성하기 위해 FlashCoupon 클래스가 필요하다고 가정해봅시다. 클래스를 생성하려면 간단히 FlashCoupon이라는 새로운 클래스를 선언하고 extends 키워드를 이용해서 Coupon 클래스를 상속받도록 합니다.

새로운 FlashCoupon 클래스는 기존의 속성과 메서드를 모두 상속받았습니다. 예를 들어 price 속성과 getPriceText() 메서드에도 접근할 수 있습니다.

classes/extend/basic.js

```
import Coupon from './extend';
class FlashCoupon extends Coupon {
}
const flash = new FlashCoupon(10);
flash.price;
// 10
flash.getPriceText();
// "$ 10"
```

물론 새로운 속성이나 메서드를 추가할 것이 아니라면 상속에는 아무런 의미도 없습니다. 이 쿠폰을 다르게 만들려면 유효 기간 기본값을 새로 추가해야 합니다. '2주'가 아니라 '2시간'으로 유효 기간을 새로 수정해봅시다.

유효 기간을 변경하려면 부모 클래스와 마찬가지로 price와 expiration을 받는 생성자 함수를 추가합니다. 새로운 생성자에서 부모 클래스의 생성자에 접근하려면 super()를 호출해야 합니다. super()는 부모 클래스의 생성자를 호출하기 때문에 부모 클래스의 생성자에 필요한 인수가 있다면 super()를 이용해서 넘겨줄 수 있습니다. 이 경우에는 부모 생성자에 가격(price)을 넘겨줘야 합니다. 그 뒤에 새로운 속성을 추가하거나 부모 생성자가 설정한 속성을 덮어 쓸 수 있습니다.

FlashCoupon 클래스는 유효 기간(expiration)을 설정해야 하지만, 가격은 신경 쓰지 않아도 됩니다. 가격은 부모 클래스 생성자가 처리하기 때문입니다.

```
classes/extend/constructor.js
```

```js
import Coupon from './extend';
class FlashCoupon extends Coupon {
  constructor(price, expiration) {
    super(price);
    this.expiration = expiration || '2시간';
  }
}
const flash = new FlashCoupon(10);
flash.price;
// 10
flash.getExpirationMessage();
// "이 쿠폰은 2시간 후에 만료됩니다."
```

위 예제를 보면 부모 클래스에 있는 getExpirationMessage() 메서드를 사용하지만 expiration 속성은 자식 클래스에 있는 것을 사용합니다. getExpiration Message()를 호출하면 익숙한 메시지에 새로운 유효 기간이 적용된 것을 확인할 수 있습니다.

물론 메시지가 썩 마음에 들지 않을 수도 있습니다. 이 쿠폰은 어쨌거나 깜짝 쿠폰이므로, 사용자에게 특별한 쿠폰이라는 점을 알려줘야 합니다. 메서드를 호출할 때마다 자바스크립트 엔진은 먼저 현재 클래스에 메서드가 있는지 확인합니다. 만약 메서드가 없다면 상속 연결의 상위로 올라가서 각 클래스나 프로토타입을 확인합니다. 즉, 클래스에 같은 이름의 메서드를 새로 작성하면 부모 클래스에서 상속한 메서드를 대체합니다.

FlashCoupon 클래스에서 새로운 메서드 getExpirationMessage()를 추가해봅시다. 이 메서드는 부모 클래스의 메서드와 거의 똑같지만, 대신 반환하는 메시지가 "이 쿠폰은 깜짝 쿠폰이며 ${this.expiration} 후에 만료됩니다."로 좀 다릅니다.

이제 메서드와 속성을 상속하는 클래스가 만들어졌습니다. 일부 속성을 설정하기 위해 부모 클래스의 생성자를 호출했고 다른 속성은 덮어 쓰기도 했습니다. 또한, 부모 클래스의 메서드를 대체하는 메서드도 작성했습니다.

마지막 단계로 부모 메서드를 호출하는 메서드를 작성합니다. 일단 부모 클래스인 Coupon 클래스에 두 개의 메서드 getRewards()와 isRewardsEligible()을 추가합니다. 먼저 getRewards()는 사용자 정보를 받고 isRewardsEligible()을 호출해 사용자가 추가 할인을 받을 수 있는지 확인합니다. 만약 사용자가 추가 할인을 받을 수 있다면 가격을 할인해줍니다.

주의할 점은 부모 클래스에 추가하는 모든 메서드를 자식 클래스가 상속받는다는 것입니다. 이는 큰 이점이기도 하지만, 자식 클래스에서 필요하지 않은 메서드를 부모 클래스에 추가하면 자식 클래스가 비대해지기 쉽습니다.

classes/extend/extend.js

```
class Coupon {
  constructor(price, expiration) {
    this.price = price;
    this.expiration = expiration || '2주';
  }
  getPriceText() {
    return `$ ${this.price}`;
  }
  getExpirationMessage() {
    return `이 쿠폰은 ${this.expiration} 후에 만료됩니다.`;
  }
  isRewardsEligible(user) {
    return user.rewardsEligible && user.active;
  }
  getRewards(user) {
    if (this.isRewardsEligible(user)) {
      this.price = this.price * 0.9;
    }
  }
}
export default Coupon;
```

사용자에게 할인을 제공하는 것은 좋지만, 깜짝 쿠폰은 할인율이 더욱 높기 때문에 조건을 충족한 사용자에게만 깜짝 쿠폰으로 더 큰 할인을 제공하고자 합니다. 쿠폰을 너무 많이 줄 수는 없으니 다음 조건을 생각했습니다. 앞서 살펴본 쿠폰 발급 조건처럼, 최근에 접속한 사용자(user.active)이며 보상을 받을 자격이 있는 경우(user.rewardsEligible)에 구매하는 상품의 가격이 20달러 이상일 때만 사용할 수 있는 쿠폰을 발급하려고 합니다.

조건을 추가하기 위해 먼저 FlashCoupon 클래스에 같은 이름의 메서드를 추가합니다. 그리고 isRewardsEligible() 메서드에서 super를 이용해 부모 클래스의 메서드를 호출합니다. 그 뒤에 필요한 코드를 추가합니다. 생성자에서는 super()를 호출할 때 특정한 메서드를 호출할 필요가 없었지만, 부모 클래스의 다른 메서드를 호출하려고 할 때는 동일한 명칭의 메서드 내부에서 호출할 때도 꼭 해당 메서드를 명시해야 합니다.

그 결과 FlashCoupon 클래스는 다음 예제 코드처럼 Coupon 클래스의 몇 가지 속성과 메서드를 상속하고 일부는 새롭게 대체했습니다.

classes/extend/flash.js

```
import Coupon from './extend';
class FlashCoupon extends Coupon {
  constructor(price, expiration) {
    super(price);
    this.expiration = expiration || '2시간';
  }
  getExpirationMessage() {
    return `이 쿠폰은 깜짝 쿠폰이며 ${this.expiration} 후에 만료됩니다.`;
  }
  isRewardsEligible(user) {
    return super.isRewardsEligible(user) && this.price > 20;
  }
  getRewards(user) {
    if (this.isRewardsEligible(user)) {
      this.price = this.price * 0.8;
    }
```

```
    }
  }
  export { FlashCoupon };
```

클래스의 기본적인 부분을 모두 살펴봤습니다. 객체 지향 프로그래밍에 익숙한 사람이라면 여기서 다룬 내용이 어렵지 않았을 것입니다. 그렇지만 자바스크립트가 루비, 자바 등과 같은 클래스를 쓰는 다른 언어와 다르다는 점을 명심하세요. 자바스크립트는 프로토타입 기반 언어입니다. 우리가 사용하는 클래스는 다른 패러다임을 위해 제공되는 익숙한 문법에 불과합니다. 내부적으로는 기존과 동일한 프로토타입 기반의 동작을 하기 때문에 레거시 코드와 클래스를 결합할 수 있는 이점이 있습니다.

다음 팁에서는 ES6 이전의 자바스크립트와 클래스의 연관 관계를 살펴보고, 동일한 코드베이스에서 두 가지 접근법을 결합하는 방법을 다루겠습니다.

39

클래스로 기존의
프로토타입을 확장하라

이번 팁에서는 기존의 프로토타입과 함께 클래스를 사용하는 방법을 살펴봅니다.

이제 자바스크립트에서 클래스를 작성하는 법을 알았으니, 새로운 클래스 문법이 자바스크립트 프로토타입과 어떤 관계를 갖는지 살펴볼 차례입니다. 여기서는 자바스크립트의 클래스와 프로토타입이 다르지 않다는 점을 이해하는 것이 중요합니다. 클래스는 단지 보통의 자바스크립트를 작성하는 간결한 방법일 뿐입니다. 자바스크립트의 클래스와 전통적인 객체 지향 언어의 차이를 이해함으로써 새로운 문법과 레거시 코드를 통합할 수 있고, 그 과정에서 나타나는 미묘한 버그를 방지할 수 있을 것입니다.

자바스크립트와 전통적인 객체 지향 언어 사이에는 어떤 차이가 있을까요? 기본적인 부분을 살펴보면 이렇습니다. 예를 들어 루비와 같은 전통적인 객체 지향 언어에서 클래스를 사용하는 경우에는 클래스가 객체를 위한 청사진이 됩니다. 새로운 인스턴스를 생성하면 새로운 객체에 모든 속성과 메서드가 복제됩니다.*

---

* https://github.com/getify/You-Dont-Know-JS/blob/1st-ed/this%20%26%20object%20prototypes/
ch4.md (단축 URL: http://bitly.kr/aUCzEbU)

자바스크립트는 프로토타입 언어입니다. 자바스크립트에서는 새로운 인스턴스를 생성할 때 메서드를 복제하지 않습니다. 그 대신 프로토타입에 대한 연결을 생성합니다. 객체의 인스턴스에 있는 메서드를 호출하면 프로토타입에 있는 메서드를 호출합니다. 이는 객체 인스턴스일 뿐 청사진이 아닙니다. 에릭 엘리엇(Eric Elliot)이 이에 대해 자세히 설명한 글이 있으니 참고하길 바랍니다.*

자바스크립트에서 class라는 단어를 보더라도 그것이 새로운 기능이 아니라는 점을 알아야 합니다. 클래스는 단지 프로토타입을 사용하기 위한 속기법일 뿐입니다. 이는 기존의 코드베이스와 클래스 문법을 통합할 수 있음을 의미합니다.

지금까지 클래스에서 객체 인스턴스를 생성하는 방법은 살펴봤지만, 생성자 함수로 객체 인스턴스를 생성하는 방법은 살펴보지 않았습니다. ES5 이전의 자바스크립트에서는 new 키워드를 이용해 새로운 객체 인스턴스를 생성하려고 할 때 함수를 사용했습니다. 생성자 함수와 클래스의 constructor 메서드가 매우 비슷하다는 점을 알 수 있습니다. 우리가 살펴본 새로운 문법이 레거시 코드에도 잘 들어맞을 듯한 예감이 듭니다.

자바스크립트에서 생성자 함수를 이용해 객체 인스턴스를 만들기 위해서는 간단히 함수를 작성하면 됩니다. 함수를 생성자로 사용하려면 코딩 컨벤션(coding convention)으로 함수명을 대문자로 시작합니다. 함수 내부에서 this 키워드를 사용해 속성을 연결할 수 있습니다.

new 키워드를 이용해서 새로운 인스턴스를 생성할 때는 함수를 생성자로 사용하고 this 문맥을 바인딩합니다. 생성자 함수를 이용해서 Coupon 클래스를 작성해보면 다음과 같습니다.

---

* https://medium.com/javascript-scene/master-the-javascript-interview-what-s-the-difference-between-classprototypal-inheritance-e4cd0a7562e9 (단축 URL: http://bitly.kr/itElsMe)

```
function Coupon(price, expiration) {
  this.price = price;
  this.expiration = expiration || '2주';
}
const coupon = new Coupon(5, '2개월');
coupon.price;
// 5
```

예제 코드가 익숙할 것입니다. 클래스에 작성했던 constructor 메서드를 꺼내서 독립적으로 작동하게 만든 것뿐이니까요. 문제가 있다면, 모든 메서드가 없어졌다는 것입니다. 이것이 바로 자바스크립트가 전통적인 객체 지향 언어와 다른 점입니다.

new 키워드로 새로운 인스턴스를 생성할 때, 생성자를 실행하고 this 문맥을 바인딩하지만 메서드를 복제하지는 않습니다. 생성자에서 this에 메서드를 추가할 수도 있지만, 프로토타입에 직접 추가하는 것이 훨씬 더 효율적입니다.

프로토타입은 생성자 함수의 기반이 되는 객체입니다. 모든 객체 인스턴스는 프로토타입에서 속성을 가져옵니다. 게다가 새로운 인스턴스도 프로토타입에 있는 메서드를 사용할 수 있습니다.

프로토타입에 메서드를 추가하려면 생성자 이름 Coupon을 사용해서 객체 인스턴스에 함수나 속성을 추가하는 것처럼 prototype 속성에 메서드를 추가하면 됩니다. getExpirationMessage() 메서드를 프로토타입에 추가해봅시다. 잊지 말아야 할 점은 이미 작동하는 Coupon의 인스턴스가 있다는 것입니다. 인스턴스의 프로토타입을 다루고 있기 때문에 새로운 인스턴스를 생성한 후에도 추가한 메서드에 접근할 수 있습니다.

```
Coupon.prototype.getExpirationMessage = function () {
  return `이 쿠폰은 ${this.expiration} 후에 만료됩니다.`;
};
coupon.getExpirationMessage();
// 이 쿠폰은 2개월 후에 만료됩니다.
```

class 키워드를 이용해서 객체를 생성할 때도 여전히 프로토타입을 생성하고 문맥을 바인딩합니다. 단지 class 키워드를 이용하면 더욱 직관적인 인터페이스를 사용할 수 있는 것뿐입니다.

생성자 함수와 프로토타입을 사용해 작성한 코드는 이전 팁에서 생성한 클래스와 동일합니다. 겉으로는 다르게 보이지만, 내부적으로는 단지 프로토타입을 생성할 뿐입니다.

그리고 이 두 가지 방식이 동일하므로 프로토타입을 이용해서 생성한 레거시 코드에 새로운 코드를 추가할 때 클래스를 사용할 수도 있습니다. 예를 들어 Coupon 프로토타입을 확장하고 싶다면, 클래스 문법으로 생성한 Coupon 클래스를 확장하는 것과 동일한 프로세스를 따릅니다. 단지 새로운 클래스를 생성할 때 Coupon 프로토타입을 확장한다고 선언하기만 하면 됩니다.

```
class FlashCoupon extends Coupon {
  constructor(price, expiration) {
    super(price);
    this.expiration = expiration || '2시간';
  }
  getExpirationMessage() {
    return `이 쿠폰은 깜짝 쿠폰이며 ${this.expiration} 후에 만료됩니다.`;
  }
}
```

자바스크립트에 많은 시간을 쏟았다면 프로토타입 체인 같은 개념을 살펴보는 것도 좋겠지만, 지금은 클래스가 새로운 기능이 아니라는 점만 알면 됩니다. 오래된 개념을 위한 새로운 이름일 뿐입니다. MDN 웹사이트에 소개된 클래스와 프로토타입의 관계에 대한 몇 가지 예시도 살펴보길 바랍니다.[*]

다음 팁에서는 클래스 문법으로 돌아가서 get과 set을 이용해 간단한 인터페이스를 만드는 방법을 살펴보겠습니다.

---

[*] https://developer.mozilla.org/ko/docs/Web/JavaScript/Reference/Classes#Sub_classing_with_extends (단축 URL: http://bitly.kr/4xxSQAn)

40

get과 set으로 인터페이스를 단순하게 만들어라

이번 팁에서는 get과 set을 이용해 단순한 인터페이스 뒤로 로직을 숨기는 방법을 알아봅니다.

우리는 클래스의 기본적인 부분을 습득했습니다. 인스턴스를 생성하고 속성과 메서드를 호출하고 부모 클래스를 확장할 수도 있습니다. 그렇지만 머지않아 우리가 작성한 클래스의 속성 중 노출할 생각이 없었던 것을 누군가 조작하려고 하는 경우가 생길 것입니다. 또는 속성에 잘못된 자료형을 설정해 정수가 필요한 코드에 문자열을 넣어서 버그가 발생할 수도 있습니다.

자바스크립트의 주요 문제점 중 하나는 비공개 속성을 기본적으로 지원하지 않는다는 점입니다. 모든 것이 접근 가능하게 드러나 있습니다. 클래스를 사용하는 쪽에서 메서드나 속성을 어떻게 사용할지 제어할 수 없습니다.

Coupon 클래스를 떠올려보세요. 생성자에서 처음에 설정하는 price 속성이 있습니다. 클래스를 사용하는 사람은 인스턴스의 속성에 점 표기법을 이용해서 coupon.price로 접근할 수 있습니다. 여기까지는 아무런 문제가 없습니다. 그렇지만 Coupon의 인스턴스는 단순한 객체에 불과하기 때문에 coupon.price = 11 같은 코드를 작성해서 속성을 변경할 수도 있습니다.

이 자체가 그다지 대단한 문제는 아닙니다. 그렇지만 다른 개발자나 클래스를 만든 우리 스스로가 의도치 않게 코드의 다른 부분에 값을 설정하는 경우가 생길 수도 있습니다. 예를 들어 가격을 정수로 설정하지 않고 문자열을 사용한다면 어떻게 될까요? 이렇게 변경해도 그다지 상관없어 보일지 모르지만, 모든 메서드가 price에 정수가 들어올 것으로 기대하기 때문에 작은 변화가 클래스에 퍼지면서 예상하지 못한 버그를 만들어낼 수 있습니다.

classes/get/problem.js

```
class Coupon {
  constructor(price, expiration) {
    this.price = price;
    this.expiration = expiration || '2주';
  }
  getPriceText() {
    return `$ ${this.price}`;
  }
  getExpirationMessage() {
    return `이 쿠폰은 ${this.expiration} 후에 만료됩니다.`;
  }
}
const coupon = new Coupon(5);
coupon.price = '$10';
coupon.getPriceText();
// '$ $10'
```

price에 문자열을 설정하면 메시지가 정상적으로 노출되지 않습니다. 어떻게 하면 좋을까요?

한 가지 해결책은 게터와 세터를 이용해서 로직을 추가하고 속성을 뒤로 숨기는 것입니다. 게터 또는 세터는 함수를 속성처럼 보이게 해서 복잡성을 숨기는 방법입니다.

변경은 매우 간단합니다. 이미 데이터를 가져오는 몇 개의 함수가 있습니다. getPriceText() 메서드와 getExpirationMessage() 메서드의 함수 이름에 'get'

이라는 단어가 보입니다. 그리고 당연하지만 메서드를 실행할 때는 점 표기법을 이용해 coupon.getPriceText()로 실행합니다.

세터로 메서드를 리팩토링하는 것은 쉽습니다. 메서드 앞에 get 키워드를 추가하면 됩니다. 그 후에 함수 이름을 동작 대신 명사로 수정할 수도 있습니다. 이름을 지을 때 코딩 컨벤션으로 메서드나 함수는 동사로 시작하게 하고 속성은 명사로 합니다.

메서드를 게터로 바꾸면 다음과 같습니다. get 키워드 외에는 바뀐 것이 없습니다.

classes/get/price.js

```
class Coupon {
  constructor(price, expiration) {
    this.price = price;
    this.expiration = expiration || '2주';
  }
  get priceText() {
    return `$ ${this.price}`;
  }
  get expirationMessage() {
    return `이 쿠폰은 ${this.expiration} 후에 만료됩니다.`;
  }
}
```

간단한 변경을 처리한 뒤에는 점 표기법으로 메서드를 호출할 수 있으며, 이 경우에는 괄호를 쓰지 않습니다. 실제로는 코드를 실행하는 것이지만 메서드가 마치 속성처럼 작동합니다.

classes/get/price.js

```
const coupon = new Coupon(5);
coupon.price = 10;
coupon.priceText;
// '$10'
coupon.messageText;
```

```
// '이 쿠폰은 2주 후에 만료됩니다.'
coupon.messageText;
```

이렇게 하면 정보를 가져오기가 쉬워지지만, 누군가가 잘못된 값을 설정하는 것은 막을 수 없습니다. 이를 위해서는 세터도 생성해야 합니다.

세터는 게터처럼 작동합니다. 메서드를 속성처럼 보이게 해서 메서드를 숨겨줍니다. 그렇지만 세터의 경우에는 인수를 하나만 받고, 정보를 노출하는 것이 아니라 속성을 변경합니다. 세터에 인수를 전달할 때는 괄호를 사용하지 않습니다. 그 대신 객체에 값을 설정하는 것처럼 등호를 사용해서 값을 전달합니다.

예를 들어 다음과 같이 전달하는 인수의 절반을 가격으로 설정하는 세터를 만들어봅시다. 그다지 유용한 세터는 아니지만, 메서드의 로직을 세터의 뒤로 숨기는 것이 매우 간단하다는 점을 보여줄 것입니다.

세터를 생성하려면 메서드 앞에 set 키워드를 추가합니다. 메서드 내부에서는 속성값을 변경할 수 있습니다.

classes/get/set.js

```
class Coupon {
  constructor(price, expiration) {
    this.price = price;
    this.expiration = expiration || '2주';
  }

  set halfPrice(price) {
    this.price = price / 2;
  }
}
```

세터에 대응되는 게터가 없으면 이상한 문제가 생길 수 있습니다. 다음의 경우 halfPrice에 값을 설정할 수 있습니다. halfPrice는 일반적인 속성처럼 보이지만 값을 가져올 수 없습니다.

```
const coupon = new Coupon(5);
coupon.price;
// 5
coupon.halfPrice = 20;
coupon.price;
// 10
coupon.halfPrice;
// undefined
```

따라서 게터와 세터는 항상 짝을 맞춰서 만드는 것이 좋습니다. 실제로 같은 이름을 가질 수 있으며, 그래야만 합니다. 이 방법은 완벽하게 유효합니다. 다만 게터나 세터의 이름과 같은 이름을 가진 속성은 둘 수 없습니다. 이는 유효하지도 않고 많은 혼란을 일으킬 수 있습니다.

예를 들어 다음과 같이 price 속성이 있을 때 세터를 만들면 호출 스택이 무한히 쌓이게 됩니다.

```
class Coupon {
  constructor(price, expiration) {
    this.price = price;
    this.expiration = expiration || 'Two Weeks';
  }
  get price() {
    return this.price;
  }
  set price(price) {
    this.price = `$ ${price}`;
  }
}
const coupon = new Coupon(5);
// RangeError: Maximum call stack size exceeded
// 범위 오류: 호출 스택의 최대치를 초과함
```

해결책은 다른 속성을 게터와 세터 사이의 가교로 사용하는 것입니다. 사용자나 다른 개발자는 가교로 만든 속성에 접근하는 것을 원치 않을 것이며, 클래스 내부적인 용도로만 사용하려고 할 것입니다. 이런 경우 대부분의 언어에서는 비공개 속성을 사용할 수 있습니다. 현재 자바스크립트에서는 비공개 속성을 지원하지 않으므로 코딩 컨벤션을 따를 수밖에 없습니다.

자바스크립트 개발자들은 이름 앞에 밑줄을 입력해 메서드나 속성이 비공개라는 점을 표시합니다. 가령 어떤 객체에 _price라는 속성이 있다면, 이 속성에는 직접 접근하지 않는 것이 좋습니다.

중간 처리를 위한 속성을 설정한 후에는 게터와 세터를 밑줄 없이 같은 이름으로 두고 값에 접근하거나 수정할 수 있습니다.

이제 정수가 아닌 값을 price에 설정하는 문제를 해결할 수 있는 도구가 생겼습니다. 먼저 간단하게 생성자에서 this.price 속성을 this._price로 변경합니다. 그 후에 this._price에 접근할 수 있는 게터와 정수만 남기고 숫자가 아닌 문자는 모두 제거하는 세터를 생성합니다. 다음 예제 코드의 경우에는 세터가 소수점까지 지워버리므로 완벽하다고 할 수 없지만, 예시로 보기에는 충분합니다.

classes/get/get.js

```js
class Coupon {
  constructor(price, expiration) {
    this._price = price;
    this.expiration = expiration || '2주';
  }
  get priceText() {
    return `$${this._price}`;
  }
  get price() {
    return this._price;
  }
  set price(price) {
    const newPrice = price
```

```
      .toString()
      .replace(/[^\d]/g, '');
    this._price = parseInt(newPrice, 10);
  }
  get expirationMessage() {
    return `이 쿠폰은 ${this.expiration} 후에 만료됩니다.`;
  }
}
const coupon = new Coupon(5);
coupon.price;
// 5
coupon.price = '$10';
coupon.price;
// 10
coupon.priceText;
// $ 10
export default Coupon;
```

이 방법을 사용할 때의 이점은 기존의 코드를 리팩토링할 필요가 없다는 것입니다. 기존에 coupon.price를 사용하던 모든 코드가 의도대로 잘 작동합니다.

게터와 세터가 가져다주는 큰 이점은 복잡도를 숨길 수 있다는 점입니다. 단점은 이와 함께 우리의 의도까지 가려진다는 것이죠. 만약 다른 개발자가 우리가 만든 클래스를 사용해서 다른 곳에 코드를 작성한다면, 실제로는 메서드를 호출하지만 속성을 설정한다고 생각할 수도 있습니다. 게터와 세터는 때때로 디버깅하기가 매우 어렵고 테스트하기도 어렵습니다. 늘 그렇지만 주의해서 사용하고 충분한 테스트와 문서화를 통해 여러분의 의도를 명확하게 전달하길 바랍니다.

다음 팁에서는 복잡도를 숨기는 다른 기법으로서 제너레이터를 사용해 데이터 구조를 이터러블로 변경하는 방법을 살펴보겠습니다.

41

제너레이터로 이터러블 속성을 생성하라

이번 팁에서는 제너레이터를 이용해 복잡한 데이터 구조를 이터러블(iterable)로 변환하는 방법을 살펴봅니다.

TIP 14 맵과 펼침 연산자로 키-값 데이터를 순회하라에서는 이터러블 덕분에 손쉽게 맵을 순회할 수 있다는 점을 살펴봤습니다. 컬렉션을 순회할 수 있게 되면 펼침 연산자, 배열 메서드를 비롯해 데이터 변환을 위한 여러 가지 다른 도구에도 접근할 수 있습니다. 이터러블은 여러분이 데이터를 다룰 때 개별 데이터에 접근할 수 있도록 해서 좀 더 많은 유연성을 제공합니다.

객체에는 내장된 이터레이터가 없다는 점을 이미 알고 있을 것입니다. 객체는 직접적으로 순회할 수 없습니다. 객체의 일부를 먼저 배열로 변환해야 합니다. 이는 객체의 구조와 이터러블의 유연성이 동시에 필요한 경우에 큰 문제가 될 수 있습니다.

이번 팁에서는 복잡한 데이터 구조를 간단한 배열처럼 쉽게 다루는 기법을 살펴봅니다. 제너레이터라는 새롭고 특별한 함수를 이용하면 데이터를 한 번에 하나씩 반환할 수 있습니다. 이를 통해 깊게 중첩된 객체를 단순한 구조로 변환하는 방법을 살펴봅니다.

제너레이터는 클래스에만 국한되지 않습니다. 제너레이터는 특화된 함수입니다. 이와 동시에 다른 함수들과 매우 다르기도 합니다. 자바스크립트 커뮤니티에서도 대부분의 새로운 기능을 환영하고 받아들이는 동안, 제너레이터로 무엇을 할 수 있는지 잘 알지 못했습니다. 2016년 후반에 유명한 자바스크립트 개발자인 켄트 도즈(Kent Dodds)가 수행한 설문 조사에 따르면, 설문에 응답한 개발자의 81%가 제너레이터를 거의 또는 전혀 사용하지 않는다고 응답했습니다. *

하지만 이제 달라지고 있습니다. 개발자와 라이브러리 제작자들이 제너레이터의 사용법을 알아냈습니다. 지금까지 소개된 사용 사례 중 가장 좋은 건 객체를 이터러블로 변환하는 것입니다.

제너레이터란 무엇일까요? MDN에서는 제너레이터를 함수가 호출되었을 때 그 즉시 끝까지 실행하지 않고 중간에 빠져나갔다가 다시 돌아올 수 있는 함수라고 설명하고 있습니다. **

Note ≡   **실무 사용 사례 찾기**

요즘은 자바스크립트 명세가 매년 갱신되기 때문에 새로운 기능을 정기적으로 마주하게 됩니다. 때때로 새로운 문법을 마주치지만, 왜 포함되었는지와 어디에 사용해야 하는지는 알기가 어렵습니다. 가끔은 새로운 문법을 코드에 넣는 방법을 이해하기 위해 시간이 걸리기도 합니다. 이해할 수 없는 새로운 문법에 붙잡혔을 때는 실무에 사용한 사례를 찾아보는 것이 좋습니다.

새로운 문법의 사용 사례를 찾는 가장 좋은 방법은 오픈 소스 라이브러리를 뒤져보는 것입니다. 저는 문법 예제를 찾기 위해 주로 리액트(React), 리덕스(Redux), 로대시(Lodash) 같은 몇 가지 큰 프로젝트를 살펴봅니다. 깃허브, 깃랩(Gitlab), 또는 프로젝트를 호스팅하고 있는 어느 곳에든 가서 문법을 검색해보세요. 맵 객체의 사용법을 배울 때도 리액트 저장소에 가서 'new Map'을 검색해 몇 가지 훌륭한 예제를 발견할 수 있었습니다. 제너레이터를 사용하는 패턴도 칸 아카데미의 깃허브 저장소를 살펴보면서 찾았습니다.

다양한 사용 패턴을 빠르게 찾아볼 수 있을 것입니다. 또한, 많은 예를 찾을 수 없다면 그 문법이 유용하지 않거나 아직 폭넓게 이해되지 않았다는 단서로 볼 수 있습니다.

---

* https://twitter.com/kentcdodds/status/775447130391535616 (단축 URL: http://bit.ly/2JWRq2Y)

** https://developer.mozilla.org/ko/docs/Web/JavaScript/Reference/Statements/function* (단축 URL: https://mzl.la/2PTLMIS)

이는 완전히 실행되지만 함수를 반환하는 고차 함수의 경우와는 다릅니다. 제너레이터는 함수 몸체의 실행을 즉시 끝내지 않는 하나의 함수입니다. 즉 제너레이터는 다음 단계 전까지 기본적으로 일시 정지하는 중단점이 있는 함수입니다.

제너레이터를 생성하려면 function 키워드 뒤에 별표(*)를 추가합니다. 이렇게 하면 함수의 일부를 반환하는 next()라는 특별한 메서드에 접근할 수 있습니다. 함수 몸체 안에서는 yield 키워드를 이용해 정보를 반환합니다. 함수를 실행할 때는 next() 메서드를 이용해서 함수가 내보낸 정보를 가져올 수 있습니다.

next()를 호출하면 두 개의 키 value와 done이 있는 객체를 가져옵니다. yield로 선언한 항목이 value입니다. done은 남은 항목이 없다는 것을 알려줍니다.

예를 들어 노벨 문학상 수상자인 나기브 마푸즈(Naguib Mahfouz)의 '카이로 3부작'을 읽고 싶지만 한 번에 한 권씩 제목을 알고 싶다면, 3부작에서 각각의 책을 반환하는 함수를 작성해야 합니다. next()를 호출할 때마다 다음 책을 차례대로 주는 것입니다.

3부작 제너레이터를 사용하려면 먼저 함수를 호출하고 결과를 변수에 할당해야 합니다. 그리고 변수에 새로운 책이 필요할 때마다 next()를 호출합니다.

classes/generators/simple.js

```js
function* getCairoTrilogy() {
  yield '궁전 샛길';
  yield '욕망의 궁전';
  yield '설탕 거리';
}

const trilogy = getCairoTrilogy();
trilogy.next();
// { value: '궁전 샛길', done: false }
trilogy.next();
// { value: '욕망의 궁전', done: false }
trilogy.next();
```

```
// { value: '설탕 거리', done: false }
trilogy.next();
// { value: undefined, done: true }
```

정말 흥미로운 코드입니다. 함수를 단계별로 조각조각 실행할 수 있습니다. 이 방법은 정보가 매우 많고 일부만 접근해야 할 때 유용합니다. 정보의 일부만 꺼내고 다음 조각을 다른 곳에서 사용하기 위해 제너레이터를 전달해줄 수도 있을 것입니다. 또한, 고차 함수의 경우처럼 다른 곳에 사용할 수 있습니다.

그렇지만 이번 팁에서 중점적으로 살펴볼 내용은 이것이 아닙니다. 그보다는 제너레이터가 함수를 이터러블로 바꿔준다는 점이 더욱 흥미롭습니다. 데이터를 한 번에 하나씩 접근하기 때문에 쉽게 이터러블을 만들 수 있습니다.

제너레이터를 이터러블로 사용할 때 반드시 next() 메서드를 사용해야 하는 것은 아닙니다. 이터러블이 필요한 작업은 무엇이든 가능합니다. 제너레이터는 배열의 인덱스나 맵의 키를 다루는 것처럼 각 항목을 한 번에 하나씩 거쳐갑니다.

예를 들어 '카이로 3부작'을 배열에 담으려면 다음과 같이 간단하게 펼침 연산자를 사용하면 됩니다.

classes/generators/simple.js

```
[...getCairoTrilogy()];
// [ '궁전 샛길', '욕망의 궁전', '설탕 거리']
```

독서 목록을 담은 객체인 readingList에 모든 책을 담으려면 간단한 for...of 문만 사용하면 됩니다.

classes/generators/simple.js

```
const readingList = {
  '깡패단의 방문': true,
  '맨해튼 비치': false,
};
for (const book of getCairoTrilogy()) {
```

```
    readingList[book] = false;
}
readingList;
// {
//    '깡패단의 방문': true,
//    '맨해튼 비치': false,
//    '궁전 샛길': false,
//    '욕망의 궁전': false,
//    '설탕 거리': false
// }
```

이러한 제너레이터가 클래스에 어떻게 사용될까요? 제너레이터가 멋진 이유는
게터와 세터처럼 클래스에 단순한 인터페이스를 제공할 수 있기 때문입니다.
제너레이터를 사용하면 복잡한 데이터 구조를 다루는 클래스를 만들 때, 다른
개발자들이 단순한 배열을 다루는 것처럼 데이터에 접근할 수 있게 설계할 수
있습니다.

간단한 데이터 구조를 떠올려봅시다. 여기에 한 가족의 가계도가 있습니다. 가
계도에는 이름과 자식들이 있을 것입니다. 각각의 자식들은 또 자식들을 낳았
겠지요.

트리 데이터 구조는 검색하고 조회하는 데는 이점이 있지만, 정보를 평면화하
기가 꽤 어렵습니다. 이를 위해서는 빈 배열을 생성하고 가족 구성원을 담아 반
환하는 메서드를 만들어야 합니다.

classes/generators/problem.js

```
class FamilyTree {
  constructor() {
    this.family = {
      name: 'Doris',
      child: {
        name: 'Martha',
        child: {
          name: 'Dyan',
          child: {
```

```
          name: 'Bea',
        },
      },
    },
  };
}
getMembers() {
  const family = [];
  let node = this.family;
  while (node) {
    family.push(node.name);
    node = node.child;
  }
  return family;
}
}
const family = new FamilyTree();
family.getMembers();
// ['Doris', 'Martha', 'Dyan', 'Bea'];
export default FamilyTree;
```

제너레이터를 사용하면 배열에 담지 않고 데이터를 바로 반환할 수 있습니다. 게다가 사용자가 메서드 이름을 찾아볼 필요도 없으며, 가계도를 담고 있는 속성을 마치 배열인 것처럼 다룰 수 있습니다.

메서드를 제너레이터로 바꾸는 것은 간단합니다. 그저 getCairoTrilogy() 제너레이터에서 살펴본 개념과 메서드에 담긴 개념을 조합하면 됩니다.

먼저 메서드 이름을 getMembers() 대신 * [Symbol.iterator]()로 바꿉니다. 이상하게 보일 수도 있지만, 이후 어떤 일이 벌어지는지 살펴보면 생각이 달라질 것입니다. 먼저 별표는 제너레이터를 생성한다는 것을 표시합니다. Symbol. iterator는 클래스의 이터러블에 제너레이터를 연결합니다. 맵 객체가 맵이터레이터(MapIterator)를 가지고 있는 것과 비슷합니다.

메서드의 몸체에는 while 문을 추가합니다. 앞서 살펴본 getCairoTrilogy() 제너레이터와 다른 점은 특정한 값을 명시적으로 반환하지 않는 부분입니다. 대신에 반복문의 매 회마다 yield로 값을 넘겨줍니다. 반환할 것이 남아있는 한 제너레이터가 계속 진행됩니다.

family.push(node.name);을 실행하는 대신에 우리가 해야 할 일은 결괏값을 yield node.name으로 넘겨주는 것뿐입니다. 즉, 중간 단계의 배열을 사용할 필요가 없어졌습니다. 배열을 없애버려도 나머지 부분은 모두 변함이 없습니다.

이제 펼침 연산자나 for...of 문처럼 이터러블이 필요한 작업이 있다면 클래스 인스턴스에 바로 호출해 사용할 수 있습니다.

classes/generators/generators.js

```javascript
class FamilyTree {
  constructor() {
    this.family = {
      name: 'Doris',
      child: {
        name: 'Martha',
        child: {
          name: 'Dyan',
          child: {
            name: 'Bea',
          },
        },
      },
    };
  }
  * [Symbol.iterator]() {
    let node = this.family;
    while (node) {
      yield node.name;
      node = node.child;
    }
  }
}
```

```
const family = new FamilyTree();
[...family];
// ['Doris', 'Martha', 'Dyan', 'Bea'];
```

그렇다면 제너레이터를 사용하면서 늘어나는 복잡도를 과연 감수할 가치가 있을까요? 그것은 목표에 달려 있습니다. 제너레이터를 사용할 때의 이점은 다른 개발자들이 클래스의 세부 구현 내용을 알 필요가 없다는 것입니다. 클래스가 실제로는 트리 데이터 구조를 사용한다는 점을 알지 못해도 상관없습니다. 다른 개발자들에게는 그저 이터러블을 가진 클래스일 뿐입니다.

물론 때로는 복잡도를 숨기는 것이 디버깅을 더 어렵게 만듭니다. 게터와 세터의 경우처럼 다른 개발자에게 너무 많은 것을 숨기지 않도록 주의해야 합니다. 그렇지만 더욱 복잡한 데이터 구조를 다뤄야 하는 부담을 다른 개발자에게까지 주고 싶지 않다면, 제너레이터가 훌륭한 해결책이 되어줄 것입니다.

다음 팁에서는 클래스에 문맥 문제가 발생하는 경우를 살펴보고, bind()를 이용해서 문제를 해결하는 방법을 살펴보겠습니다.

bind( )로 문맥 문제를 해결하라

이번 팁에서는 this를 다룰 때 발생하는 오류를 bind( )로 해결하는 방법을 살펴봅니다.

TIP 36 화살표 함수로 문맥 혼동을 피하라에서 함수로 새로운 문맥을 생성하는 방법과 새로운 문맥에서 예상하지 못한 결과가 발생하는 경우를 살펴봤습니다. 문맥을 변경하는 것은 혼란을 일으킬 수 있는데, this 키워드를 콜백이나 배열 메서드에서 사용할 때 특히 더 문제가 될 수 있습니다.

안타깝지만 클래스를 사용해도 문제가 사라지지는 않습니다. 앞에서 화살표 함수를 이용해 새로운 문맥 없이 다른 함수를 생성하는 방법을 배웠지요? 이번 팁에서는 문맥 문제를 예방할 수 있는 다른 기법을 배워볼 것입니다. 여기서 살펴볼 기법들은 객체 리터럴과 클래스에 사용할 수 있지만 클래스 문법과 사용하는 것이 좀 더 일반적이며, 특히 리액트(React) 또는 앵귤러(Angular) 같은 라이브러리를 사용한다면 훨씬 더 흔히 볼 수 있습니다.

앞서 살펴봤던 Validator 예제를 다시 살펴봅시다. 원래의 예제는 객체 리터럴로 작성했지만, 이제 클래스에 대해 조금 알았기 때문에 클래스로 만들어볼 것입니다. Validator 클래스에는 속성으로 message가 있고, 두 가지 메서드도 있

습니다. setInvalidMessage() 메서드는 입력값 하나가 유효하지 않은 경우 이
에 대한 메시지를 반환하고, setInvalidMessages() 메서드는 모든 입력값이
담긴 배열을 순회해 유효하지 않은 경우에 대한 일련의 메시지들을 반환합
니다.

classes/bind/problem.js

```js
class Validator {
  constructor() {
    this.message = '가 유효하지 않습니다.';
  }
  setInvalidMessage(field) {
    return `${field}${this.message}`;
  }
  setInvalidMessages(...fields) {
    return fields.map(this.setInvalidMessage);
  }
}
```

여기서 바뀐 것을 살펴보면, 객체에 있던 속성과 메서드를 클래스의 속성과 메
서드로 옮긴 것밖에 없습니다.

Validator 클래스의 문맥 문제는 기존의 객체에서 발생한 문맥 문제와 동일합
니다. setInvalidMessages() 메서드를 호출하면 함수는 클래스에 대한 this 바
인딩을 생성합니다. setInvalidMessages() 메서드를 살펴보면, 배열에 map()
을 호출하면서 콜백에 setInvalidMessage() 메서드를 전달합니다. map() 메서
드가 setInvalidMessage()를 실행하면, 이때 this는 클래스가 아니라 배열 메
서드의 문맥으로 새로운 연결을 생성합니다.

classes/bind/bind.spec.js

```js
const validator = new ValidatorProblem();
validator.setInvalidMessages('도시');
// TypeError: Cannot read property 'message' of undefined
// 타입 오류: undefined의 속성 'message'를 읽을 수 없습니다.
```

문맥 문제는 리액트 커뮤니티에서도 쉽게 찾아볼 수 있습니다. 거의 모든 클래스에는 어떤 형태이든 간에 문맥 문제가 있습니다. 이에 대해 코리 하우스(Cory House)는 리액트에서 발생하는 문맥 문제를 해결하는 서로 다른 여러 가지 훌륭한 방법을 소개한 바 있습니다.* 좀 더 일반적인 클래스에서도 이런 해결책을 사용할 수 있다는 것을 확인해봅시다.

첫 번째 해결책은 **TIP 36 화살표 함수로 문맥 혼동을 피하라**에서 제안한 방법과 동일합니다. 메서드를 화살표 함수로 바꾸세요. 화살표 함수는 새로운 this 연결을 생성하지 않기 때문에 오류가 발생하지 않습니다.

이 방법의 유일한 단점은 클래스 문법을 사용할 때 함수를 메서드가 아니라 속성으로 옮겨야 한다는 것입니다. 객체에서는 메서드와 속성이 모두 키-값 선언을 사용하므로 큰 문제가 되지 않습니다. 그렇지만 클래스에서 속성은 생성자에서 설정하고 메서드는 따로 위치합니다. 따라서 이 해결책을 선택하면, 어떤 메서드는 생성자 내부에서 설정되고 다른 메서드는 클래스 메서드로 설정되는 상황에 봉착합니다.

classes/bind/constructorArrow.js

```
class Validator {
  constructor() {
    this.message = '가 유효하지 않습니다.';
    this.setInvalidMessage = field => `${field}${this.message}`;
  }
  setInvalidMessages(...fields) {
    return fields.map(this.setInvalidMessage);
  }
}
```

메서드를 생성자의 속성으로 옮기면 문맥 문제는 해결할 수 있지만 다른 문제가 발생합니다. 메서드가 여기저기에 정의되는 것입니다. 또한, 이런 식으로 메서드를 많이 작성하다 보면 생성자가 빠르게 비대해집니다.

---

* https://medium.freecodecamp.org/react-binding-patterns-5-approaches-for-handling-this-92c651b5af56 (단축 URL: http://bitly.kr/5UUvUAM)

더 나은 해결책은 bind() 메서드를 이용하는 것입니다. 모든 함수에 사용할 수 있는 bind() 메서드를 이용하면 문맥을 명시적으로 정할 수 있습니다. 함수에서 this로 연결할 곳을 명시적으로 정하기 때문에 this로 참조된 곳을 항상 알 수 있습니다.

예를 들어 this의 속성을 참조하는 함수가 있다고 가정해봅시다. 실제로 이 함수에는 해당 속성이 존재하지 않으며, this가 참조하는 속성이 아직 존재하지 않을 수도 있습니다. 함수를 선언할 때 속성이 반드시 존재해야 한다는 규칙은 없습니다. 그렇지만 런타임에서 함수를 호출할 때 해당 속성이 없으면 undefined를 받게 될 것입니다. 이 함수에서는 bind()를 이용해 특정한 객체를 명시적으로 this로 설정할 수 있습니다.

classes/bind/bind.js

```javascript
function sayMessage() {
  return this.message;
}
const alert = {
  message: '위험해!',
};

const sayAlert = sayMessage.bind(alert);
sayAlert();
// 위험해!
```

함수가 this를 사용할 때마다 우리가 연결한 객체로 연결될 것입니다. 카일 심슨(Kyle Simpson)은 이것을 명시적 연결이라고 부르는데, 문맥이 런타임에 자바스크립트 엔진에 의해 설정되지 않도록 우리가 직접 문맥을 선언하기 때문입니다.*

---

* https://github.com/getify/You-Dont-Know-JS/blob/1st-ed/this%20%26%20object%20prototypes/ ch2.md#explicit-binding (단축 URL: http://bitly.kr/Z4OCgPm)

앞에서 살펴본 예제에서는 sayMessage( ) 함수를 명시적으로 message 속성이 있는 객체에 연결했습니다.

이제 좀 더 혼란스러운 것을 살펴볼 차례입니다. 함수를 this에 연결해서 기존의 문맥에 연결할 수도 있습니다. 함수를 this에 연결하는 것이 이상하게 느껴질 수도 있겠습니다만, 우리가 지금 하려는 것은 함수가 새로운 문맥을 생성하지 않고 기존의 문맥을 사용하게 만드는 것입니다. 화살표 함수와 달리 함수는 여전히 this 연결을 생성합니다. 단지 새로운 문맥을 만들지 않고 기존의 문맥을 사용하는 것이 다른 점입니다.

Validator 클래스에서 다음과 같이 함수를 map( ) 메서드에 넘겨주기 전에 먼저 기존의 문맥에 연결할 수 있습니다.

classes/bind/bind.js

```
class Validator {
  constructor() {
    this.message = '가 유효하지 않습니다.';
  }
  setInvalidMessage(field) {
    return `${field}${this.message}`;
  }
  setInvalidMessages(...fields) {
    return fields.map(this.setInvalidMessage.bind(this));
  }
}
```

이런 접근 방법은 훌륭합니다. 유일한 단점은 다른 메서드에서 함수를 사용하면 다시 bind( )로 연결해야 한다는 것입니다. 많은 개발자가 생성자에서 메서드와 같은 이름을 가진 속성에 this를 연결한 메서드를 설정해 bind( )를 여러 번 호출하는 것을 피합니다.

이는 생성자에서 화살표 함수를 생성하는 것과 매우 유사합니다. 이 방법의 장점은 메서드를 원래의 위치에 그대로 유지할 수 있다는 것입니다. 단지 생성자

에서 this에 연결할 뿐입니다. 이제 모든 메서드를 클래스의 몸체 한 곳에 선언할 수 있게 되었습니다. 속성은 생성자에서 선언합니다. 그리고 문맥도 속성과 마찬가지로 생성자에서만 설정합니다.

classes/bind/constructor.js

```
class Validator {
  constructor() {
    this.message = '가 유효하지 않습니다.';
    this.setInvalidMessage = this.setInvalidMessage.bind(this);
  }

  setInvalidMessage(field) {
    return `${field}${this.message}`;
  }

  setInvalidMessages(...fields) {
    return fields.map(this.setInvalidMessage);
  }
}
```

화살표 함수를 사용한 방식과 함수를 this에 연결하는 방식 모두 현재의 명세에서 잘 작동합니다. 추후에는 생성자 밖에서 클래스 속성을 설정할 수 있는 명세가 도입될 것입니다. 새로운 명세를 적용하면 다른 메서드 옆에 화살표 함수를 속성으로 할당할 수 있게 됩니다. 양쪽에서 가장 좋은 방법을 사용할 수 있게 되는 셈입니다.

classes/bind/properties.js

```
class Validator {
  message = '가 유효하지 않습니다.';
  setMessage = field => `${field}${this.message}`;
  setInvalidMessages(...fields) {
    return fields.map(this.setMessage);
  }
}
```

제안되어 있는 다른 명세와 마찬가지로 적절한 바벨 플러그인을 사용하면 지금 바로 이 기능을 사용할 수 있습니다. 이 기능은 현재 지원되는 Node.js 버전이 없기 때문에 REPL에서는 실행해볼 수 없습니다.*

다른 문맥 문제와 마찬가지로 상세한 부분에 너무 매달리지 않는 것이 좋습니다. 문맥 연결은 유기적으로 살펴봐야 더 잘 이해됩니다. this를 다루다가 예상하지 못한 동작이나 이상한 오류와 마주쳤다면 명시적으로 문맥을 연결할 수 있다는 점을 명심하세요. 문제가 생기기 전에는 걱정할 필요가 없습니다. 문맥 연결은 비용이 클 수 있으므로 특정한 문제를 풀어야 하는 경우에만 사용하는 것이 좋습니다.

이제 클래스를 쉽게 생성하고 확장할 수 있게 되었을 것입니다. 논쟁에도 불구하고, 클래스는 자바스크립트를 다뤄본 적이 없는 개발자들이 자바스크립트를 훨씬 더 직관적으로 작성할 수 있도록 도와주고, 이미 오랜 기간 자바스크립트를 다뤄온 개발자들도 좀 더 간결한 코드를 작성할 수 있도록 해줍니다.

다음 장에서는 프라미스, fetch 메서드, 비동기 함수를 살펴보면서 코드 밖에 있는 데이터를 다루는 방법을 배워보겠습니다.

---

* 역주 바벨은 7.0부터 클래스 속성을 지원합니다. 공개 클래스 속성은 크롬(Chrome) 72, 비공개 클래스 속성은 크롬 74부터 지원합니다. Node.js는 버전 12부터 클래스 속성을 지원하므로 해당 버전부터는 REPL 에서도 사용할 수 있습니다. 좀 더 자세한 지원 현황은 https://github.com/tc39/proposal-class-fields#implementations(단축 URL: http://bitly.kr/7fx4M8r)를 참고하길 바랍니다.

9^장

외부 데이터에
접근하라

19세기에 여러 나라의 엔지니어들이 팀을 이뤄서 그들 앞에 놓인 가장 위대한 엔지니어링 문제에 도전하고 있었습니다. 바로 대서양을 가로지르는 전신 케이블을 설치하는 것이었습니다. 이 프로젝트가 성공하기까지 여러 번의 실패를 거쳤고 상당한 자금과 시간이 소요되었습니다. 결국은 유럽에서 미국까지 단 17시간 만에 메시지를 보낼 수 있게 되었습니다. 당시에는 배를 이용해 대서양을 건너는 데 거의 2주가 걸렸으므로 통신 수단으로서 획기적인 발전을 이뤘던 셈입니다.

빠른 통신이 성공과 실패를 가를 수도 있습니다. 자바스크립트가 다시 인기를 끌게 된 이유도 그렇습니다. 페이지를 한 번 불러오면 이후로는 자바스크립트를 이용해서 서버와 주고받는 모든 통신을 처리할 수 있다는 장점을 빼놓을 수 없지요. 갑자기 웹사이트를 통해 일련의 분리된 페이지들이 아니라 사실상 소프트웨어와 같은 경험을 얻을 수 있게 되었습니다. 페이지를 매번 불러오지 않아도 된다면 사용자의 시간과 자원을 절약할 수 있습니다. 사용자는 새로운 이미지나 자산을 다시 불러올 필요가 없습니다. 대기 시간이 줄어들기 때문에 사용자 경험도 크게 향상됩니다. 외부 데이터에 접근하는 것은 이른바 단일 페이지 웹 애플리케이션에서 매우 중요합니다.

이 장에서는 외부 데이터에 접근하는 방법과 전달받은 데이터를 사용하는 방법을 살펴봅니다. 자바스크립트는 비동기 언어로, 요청한 데이터를 기다리는 동안 코드 실행을 중단하지 않습니다. 자바스크립트는 우리에게 빠른 웹사이트를 제공하지만 비동기 요청은 다루기에 다소 어려울 수도 있습니다.

우리는 먼저 자바스크립트에서 비동기 요청을 다루기 위해 사용하는 방법인 프라미스(promise)를 깊이 살펴봅니다. 이어서 새로운 async/await 문법을 사용해 프라미스를 좀 더 간결하게 사용하는 방법을 알아보겠습니다. 그리고 원격 데이터에 접근하기 위해 fetch()를 사용하는 방법을 살펴볼 것입니다. 끝으로 데이터를 브라우저에 저장해서 서버 접근 없이 사용자의 상태를 유지하는 방법을 배웁니다.

대서양을 횡단하는 해저 케이블만큼의 성능 향상은 절대 이룰 수 없겠지만, 성능에는 매초가 중요합니다. 모바일 사용자가 페이지를 조작할 때 브라우저에서 매번 페이지를 새로 그리면, 사용자를 페이지에 붙잡아두기가 어려워질 것입니다. 서버를 없앨 수는 없지만, 서버 요청을 기다리는 것이 최대한 고통스럽지 않게 사용자 경험을 제공할 수 있습니다.

43

프라미스를 이용해 비동기적으로 데이터를 가져오라

이번 팁에서는 프라미스를 이용해 지연된 데이터 응답을 처리하는 방법을 살펴봅니다.

자바스크립트는 비동기 언어입니다. 알고 보면 단순한 개념인데, '비동기'라는 다소 어려운 이름이 붙어있네요. 비동기 언어는 그저 이전의 코드가 완전히 해결되지 않아도 이어지는 코드를 실행할 수 있는 언어를 의미합니다.

이해했나요? 위 설명이 그다지 명확하지 않았을 수도 있겠네요. 코드 실행이 중단되는 이유를 생각해봅시다. API에서 데이터를 가져오는 경우가 있을 것입니다. DOM이나 다른 곳에서 데이터를 가져올 수도 있습니다. 사용자 응답을 기다려야 하는 경우도 있습니다. 흔한 예는 진행을 위해 어떤 정보가 필요하고, 정보를 얻는 데 시간이 소요되는 경우입니다. 더 많은 예를 알아보고 싶다면, 비동기 코드와 동기 코드의 차이점을 다룬 피터 올슨(Peter Olson)의 훌륭한 글을 살펴보길 바랍니다.*

---

* https://www.pluralsight.com/guides/introduction-to-asynchronous-javascript (단축 URL: http://bit.ly/2PUd8s5)

비동기 언어의 가치는 지연된 정보를 기다리는 동안 이 정보가 필요하지 않은 다른 코드를 실행할 수 있다는 점에 있습니다. API 응답을 기다리는 동안 여전히 다른 요소의 클릭 메서드에 응답하거나 다른 데이터 원본에 있는 값을 계산할 수 있습니다. 지연된 정보를 기다리는 동안 코드가 멈춰버리지 않지요.

API 데이터를 구체적으로 다루는 방법은 좀 더 뒤에서 살펴볼 것입니다. 이번 팁에서는 비동기 데이터를 다룰 때 반복적으로 사용할 수 있는 기법인 프라미스를 알아봅니다.

프라미스가 등장하기 전에는 콜백 함수를 사용해 비동기 작업을 처리했습니다. 데이터 원본에 비용을 요청할 때 콜백 함수를 인수로 넘겨줍니다. 이 함수가 비동기 데이터를 가져온 후에는 콜백 함수를 호출합니다. 이에 대한 전통적인 예로는 setTimeout() 함수를 들 수 있습니다. 콜백 함수를 전달받고 설정한 밀리초 이후에 콜백 함수를 실행합니다.

바로 처리되지 않는 동작의 예시로 setTimeout()을 사용해보겠습니다. 예를 들어 getUserPreferences()라는 함수가 API에서 데이터를 가져온 후 콜백으로 데이터를 전달해준다고 생각해보세요.

자바스크립트가 비동기 언어이므로 getUserPreferences()를 호출하기 전이나 호출한 후에 다른 함수를 호출할 수 있고, 이렇게 호출한 함수들은 getUserPreferences()가 콜백 함수를 실행하기 전에 완료됩니다.

externalData/promises/problem.js

```javascript
function getUserPreferences(cb) {
  return setTimeout(() => {
    cb({
      theme: 'dusk',
    });
  }, 1000);
}

function log(value) {
  return console.log(value);
```

```
}

log('starting');
// starting

getUserPreferences(preferences => {
  return log(preferences.theme.toUpperCase());
});

log('ending?');
// ending?

// DUSK
```

콜백 함수는 비동기 데이터를 다루는 좋은 방법입니다. 그리고 오랫동안 표준적인 방법이었습니다. 문제는 비동기 함수에서 또 비동기 함수를 호출하고, 거기서 또 비동기 함수를 호출해 마침내 너무나 많은 콜백 함수가 중첩되는 경우가 생기는 것입니다. 이런 경우를 '콜백 지옥'에 빠졌다고 이야기합니다.

사용자의 취향에 맞는 음악 목록을 가져오려면 어떻게 해야 할까요? 콜백 함수인 getMusic()은 API를 호출해야 하고, 이어서 API 응답에 따라 실행될 콜백 함수도 있어야 합니다. 우리는 늘 이런 상황과 마주하게 되지요. 다음 getMusic() 함수를 한번 살펴봅시다.

externalData/promises/problem.js
```
function getMusic(theme, cb) {
  return setTimeout(() => {
    if (theme === 'dusk') {
      return cb({
        album: 'music for airports',
      });
    }
    return cb({
      album: 'kind of blue',
    });
```

```
    }, 1000);
  }
```

이제 사용자의 취향을 가져온 뒤에 앨범을 가져와야 합니다. 먼저 getUserPreferences()를 호출하면서 getMusic()을 콜백 함수로 전달합니다. getMusic()은 인수로 테마 설정(preferences.theme)과 콜백 함수를 받습니다. 다음 예제의 함수는 두 단계만 중첩되었지만 벌써 읽기가 힘들어졌습니다.

```
getUserPreferences(preferences => {
  return getMusic(preferences.theme, music => {
    console.log(music.album);
  });
});
```

이것만으로는 충분하지 않았는지, 여러 비동기 함수들은 두 개의 콜백 함수를 전달받습니다. 요청이 성공한 경우에 실행할 콜백 함수와 오류가 발생했을 때 실행할 콜백 함수가 필요하기 때문입니다. 이로 인해 문제가 빠르게 복잡해집니다.

프라미스를 사용하면 콜백 함수 문제를 해결할 수 있습니다. 프라미스는 콜백 함수를 인수로 받는 대신에 성공과 실패에 대응하는 메서드를 사용합니다. 이렇게 하면 시각적으로 코드가 평평하게 보입니다. 게다가 콜백 함수를 중첩하는 대신에 여러 개의 비동기 프라미스를 연결할 수도 있습니다. 즉, 모든 작업을 보기 좋게 쌓아올릴 수 있다는 의미입니다.

그러면 프라미스는 어떻게 작동할까요? 프라미스는 비동기 작업을 전달받아서 응답에 따라 두 가지 메서드 중 하나를 호출하는 객체입니다. 프라미스는 비동기 작업이 성공하거나 충족된 경우 then() 메서드에 결과를 넘겨줍니다. 비동기 작업에 실패하거나 거부되는 경우에는 프라미스가 catch() 메서드를 호출합니다. then()과 catch() 메서드에는 모두 함수를 인수로 전달합니다. 이때 두 메서드에 인수로 전달되는 함수에는 비동기 작업의 결과인 응답만이 인수로 전달됩니다.

프라미스는 두 개의 인수, resolve()와 reject()를 전달받습니다. resolve()는 코드가 의도대로 동작했을 때 실행됩니다. resolve()가 호출되면 then() 메서드에 전달된 함수가 실행됩니다. 다음 예제 코드의 getUserPreferences() 함수는 프라미스를 반환하도록 정의되었습니다. getUserPreferences()를 실제로 호출한 다음에 then() 또는 catch() 메서드를 호출할 것입니다.

externalData/promises/promises.js

```
function getUserPreferences() {
  const preferences = new Promise((resolve, reject) => {
    resolve({
      theme: 'dusk',
    });
  });
  return preferences;
}
```

다음 예제 코드는 비동기 작업이 성공한 경우에 then() 메서드를 이용해서 코드를 호출하는 경우입니다.

externalData/promises/promises.js

```
getUserPreferences()
  .then(preferences => {
    console.log(preferences.theme);
  });
// 'dusk'
```

위의 경우에는 비동기 작업이 의도대로 성공했지만, 언제나 플랜 B가 필요합니다. 프라미스를 설정할 때 then()과 catch() 메서드를 모두 사용할 수 있습니다. then() 메서드는 성공한 경우를 처리하고, catch() 메서드는 거절된 경우를 처리합니다.

다음 예제 코드는 실패하는 프라미스입니다. 인수에 있는 reject()가 호출되고 있습니다.

```
function failUserPreference() {
  const finder = new Promise((resolve, reject) => {
    reject({
      type: '접근 거부됨',
    });
  });
  return finder;
}
```

프라미스를 호출할 때 then() 메서드와 catch() 메서드를 연결해서 추가할 수
있습니다.

```
failUserPreference()
  .then(preferences => {
  // 이 부분은 실행되지 않습니다.
    console.log(preferences.theme);
  })
  .catch(error => {
    console.error(`실패: ${error.type}`);
  });
// 실패: 접근 거부됨
```

위 코드는 이미 중첩된 콜백 함수보다 훨씬 간결해 보이네요. 정말 재미있는 부
분은 여러 개의 프라미스를 연결할 때 시작됩니다.

앞서 살펴봤던 getMusic() 함수를 다시 떠올려봅시다. 프라미스로 바꿔보면 다
음과 같습니다.

```
function getMusic(theme) {
  if (theme === 'dusk') {
    return Promise.resolve({
      album: 'music for airports',
```

```
    });
  }
  return Promise.resolve({
    album: 'kind of blue',
  });
}
```

이렇게 하면 getUserPreferences()의 then( ) 메서드에 전달한 함수의 내부에서 getMusic()을 호출해 반환할 수 있습니다. 그 후에 연결된 또 다른 then( ) 메서드에서 getMusic()의 결과를 이용하는 함수가 호출됩니다.

externalData/promises/promises.js

```
getUserPreferences()
  .then(preference => {
    return getMusic(preference.theme);
  })
  .then(music => {
    console.log(music.album);
  });
// music for airports
```

다시 정리해보면, 여러 개의 중첩된 콜백 함수에 데이터를 전달하는 대신 여러 개의 then( ) 메서드를 통해 데이터를 아래로 내려주는 것입니다.

그리고 당연하지만 프라미스를 반환하기 때문에 암묵적인 반환을 이용하는 화살표 함수로 모든 코드를 한 줄로 만들 수 있습니다.

externalData/promises/promises.js

```
getUserPreferences()
  .then(preference => getMusic(preference.theme))
  .then(music => { console.log(music.album); });
```

끝으로, 프라미스를 연결하는 경우에는 catch() 메서드를 개별적으로 연결할 필요가 없습니다. catch() 메서드를 하나만 정의해서 프라미스가 거절되는 모든 경우를 처리할 수 있습니다.

연결된 catch() 메서드가 어떻게 실행되는지, 다음 예제 코드를 통해 살펴봅시다. 예술가의 앨범을 반환하는 프라미스입니다.

externalData/promises/promises.js

```javascript
function getArtist(album) {
  return Promise.resolve({
    artist: 'Brian Eno',
  });
}
```

안타깝게도 getMusic()이 거부될 것이므로 getArtists()를 사용할 기회가 없을 것입니다. 그렇다고 해서 코드가 멈춰버릴까 걱정할 필요는 없습니다. 맨 아래 catch() 메서드는 다른 then() 메서드보다 뒤에 정의되었지만, getMusic()이 거부될 때 실행될 것입니다.

externalData/promises/promises.js

```javascript
function failMusic(theme) {
  return Promise.reject({
    type: '네트워크 오류',
  });
}

getUserPreferences()
  .then(preference => failMusic(preference.theme))
  .then(music => getArtist(music.album))
  .catch(e => {
    console.log(e);
  });
```

여기서 살펴본 것처럼 프라미스를 이용하면 여러 가지 상황을 매우 쉬운 인터페이스로 처리할 수 있습니다. 심지어 프라미스가 담긴 배열을 받아 모든 프라미스가 종료되었을 때의 성공 또는 실패 결과를 반환하는 Promise.all이라는 메서드도 있습니다.*

프라미스는 자바스크립트 세계를 폭풍 속으로 밀어 넣었습니다. 프라미스는 너저분하게 작성되고 말았을 코드를 멋지고 읽기 좋게 만들 수 있는 훌륭한 도구입니다.

물론 도구는 언제나 발전합니다. TC39 위원회는 ES2017에서 비동기 함수를 다루는 새로운 방법을 승인했습니다. 이 새로운 방법은 실제로는 두 단계 과정이며 async/await라고 부릅니다. async/await는 비동기 데이터를 다루기 위한 새롭고 흥미로운 방향을 제시합니다.

다음 팁에서는 async/await를 탐구해보면서 비동기 코드의 가독성을 더 개선하는 방법을 살펴보겠습니다.

---

* https://developer.mozilla.org/ko/docs/Web/JavaScript/Reference/Global_Objects/Promise/all (단축 URL: https://mzl.la/2NK7ypw)

async/await로 함수를
명료하게 생성하라

이번 팁에서는 async/await를 이용해 프라미스를 효율적으로 처리하는 방법을
살펴봅니다.

이전 팁에서 프라미스가 얼마나 훌륭한지 확인했습니다. 프라미스는 콜백과 비
교하면 엄청난 발전이지만 인터페이스가 여전히 다소 투박합니다. 프라미스를
사용해도 여전히 메서드에서 콜백을 다뤄야 하지요. 다행히 언어는 계속 발전
합니다. 덕분에 비동기 프라미스 데이터를 단일 함수의 변수에 추가해서 콜백
사용을 완전하게 피할 수 있는 방법이 생겼습니다.

개발자들은 대개 새로운 문법인 async/await를 묶어서 이야기하지만, 실제로
이 둘은 분리된 두 개의 동작입니다. async 키워드를 이용해서 선언한 함수는
비동기 데이터를 사용한다는 것을 의미합니다. 비동기 함수의 내부에서 await
키워드를 사용하면 값이 반환될 때까지 함수의 실행을 중지시킬 수 있습니다.

시작에 앞서 미리 알아둬야 할 점이 있습니다. 첫째, async/await가 프라미스
를 대체하지는 않습니다. 단지 프라미스를 더 나은 문법으로 감싸는 것에 불과
합니다. 둘째, 현재는 브라우저 지원이 충분하지 않고 컴파일을 거쳐서 사용하

는 경우에는 약간의 버그가 있습니다. 서버 측 자바스크립트에 사용할 때는 안전하지만, 브라우저에서 사용할 때는 문제가 발생할 수 있습니다.*

이전 팁에서 작성한 코드를 리팩토링하면서 async/await가 어떻게 사용되는지 살펴보겠습니다. 다음은 getUserPreferences() 함수의 then() 메서드에 함수를 넘기는 코드입니다.

externalData/promises/promises.js

```
getUserPreferences()
  .then(preferences => {
    console.log(preferences.theme);
  });
// 'dusk'
```

먼저 getUserPreferences()를 호출하는 부분을 다른 함수에서 감싸도록 해야 합니다. 이를 위해 getTheme()라는 새로운 함수를 작성하세요. 이 함수는 모든 비동기 함수 호출을 담당할 것입니다. function 키워드 앞에 async 키워드를 추가해 비동기 함수를 호출한다는 점을 표시합니다.

getTheme() 함수 내부에서 getUserPreferences()를 호출할 수 있습니다. 함수를 호출하기 전에 await 키워드를 추가해서 getUserPreferences()가 프라미스를 반환한다는 것을 알려줘야 합니다. 이렇게 하면 프라미스가 완료되었을 때 반환되는 값이 새로운 변수에 담깁니다.

externalData/async/async.js

```
async function getTheme() {
  const { theme } = await getUserPreferences();
  return theme;
}
```

---

* 역주 현재는 대부분의 최신 브라우저에서 지원하고 있습니다. 상세한 지원 범위는 https://caniuse.com/#feat=async-functions(단축 URL: http://bit.ly/34CcOCn)에서 확인할 수 있습니다.

비동기 함수의 재미있는 점은 프라미스로 변환된다는 것입니다. 즉,
getTheme()를 호출해도 여전히 then() 메서드가 필요합니다.

```
getTheme()
  .then(theme => {
    console.log(theme);
  });
```

코드가 조금 정리된 것 같지만, 솔직히 엄청나게 바뀌지는 않았습니다. 사실
async 함수가 정말 빛나는 때는 여러 개의 프라미스를 다룰 때입니다.

이전 팁에서 여러 개의 프라미스를 연결했을 때를 떠올려보세요. 이런 경우에
async/await를 이용하면, 개별 프라미스에서 반환된 값을 변수에 먼저 할당하
고 다음에 이어질 함수로 전달할 수 있습니다. 즉, 연결된 프라미스를 하나의
함수로 감싸진 여러 개의 함수 호출로 변환할 수 있습니다. 다음 예제 코드처럼
여러 개의 비동기 함수를 호출하고 이전 함수로 가져온 데이터를 다음 함수의
인수로 전달하는 getArtistByPreference() 함수를 생성해봅시다.

```
async function getArtistByPreference() {
  const { theme } = await getUserPreferences();
  const { album } = await getMusic(theme);
  const { artist } = await getArtist(album);
  return artist;
}

getArtistByPreference()
  .then(artist => {
    console.log(artist);
  });
```

길게 연결된 메서드에 비하면 엄청나게 개선되었습니다.

이제 오류만 처리하면 됩니다. 이 경우 오류 처리는 비동기 호출을 감싼 함수의 밖으로 옮겨야 합니다. getArtistByPreference()를 실행할 때 catch() 메서드를 사용합니다. getArtistByPreference()를 실행하면 프라미스를 반환하므로, 내부의 비동기 함수가 오류를 일으킬 때를 대비해서 catch() 메서드를 추가하는 것입니다.

externalData/async/catch.js

```javascript
async function getArtistByPreference() {
  const { theme } = await getUserPreferences();
  const { album } = await failMusic(theme);
  const { artist } = await getArtist(album);
  return artist;
}

getArtistByPreference()
  .then(artist => {
    console.log(artist);
  })
  .catch(e => {
    console.error(e);
  });
```

async/await 함수를 이용하면 코드를 명료하게 정리할 수 있지만 여전히 사용할 때는 주의가 필요하며, 특히 코드를 이전 버전의 자바스크립트로 컴파일해 사용할 때는 더욱 그렇습니다.

이제 비동기 작업을 처리할 수 있는 몇 가지 도구를 다룰 수 있게 되었네요. 아마 이런 기능을 실제로 언제 사용하는지도 궁금할 것입니다. 프라미스는 여러 상황에서 사용하는데, 가장 흔한 것은 API에서 데이터를 가져오는 경우입니다.

다음 팁에서는 fetch를 이용해 API 끝점에 있는 데이터에 접근하는 방법을 살펴보겠습니다.

45

fetch로 간단한 AJAX 호출을 처리하라

이번 팁에서는 fetch()를 이용해 원격 데이터를 가져오는 방법을 알아봅니다.

규모가 있는 자바스크립트 앱을 개발할 경우에는 API를 다뤄야 합니다. API를 사용하면 현재 정보를 가져올 수 있고, 화면을 새로 고침하지 않고도 단일 요소를 갱신할 수 있습니다. 간단히 말해서 API를 이용하면 네이티브 소프트웨어처럼 작동하는 매우 빠른 애플리케이션을 만들어낼 수 있습니다.

단일 페이지 웹앱(single-page web app)은 자바스크립트가 인기를 끄는 이유 중 하나이지만, AJAX(Asynchronous JavaScript And XML)(비동기 자바스크립트와 XML)로 데이터를 가져오는 작업은 꽤 번거로웠습니다. 정말 귀찮은 일이라 대부분의 개발자는 복잡도를 낮추기 위해 jQuery 같은 라이브러리를 사용했습니다. AJAX에 대한 MDN의 문서*를 살펴보는 것도 좋습니다. AJAX를 다루는 것은 쉬운 작업이 아닙니다.

이제 AJAX 호출을 처리할 수 있는 fetch()라는 훨씬 간단한 도구가 생겼습니다. 이번 팁은 다른 팁들과 조금 다릅니다. fetch()는 자바스크립트 명세

---

* https://developer.mozilla.org/ko/docs/Web/Guide/AJAX/Getting_Started (단축 URL: https://mzl.la/2JXdqdY)

의 일부가 아닙니다. fetch( ) 명세는 WHATWG(Web Hypertext Application Technology Working Group)*가 정의합니다. 따라서 fetch( )는 대부분의 최신 브라우저에서 지원되지만 Node.js에서는 기본적으로 지원되지 않습니다. Node. js에서 fetch( )를 사용하려면 node-fetch 패키지**를 사용하세요.

사소한 정보는 충분히 살펴본 것 같습니다. 이제 fetch( )가 어떻게 작동하는지 살펴볼까요?

먼저 fetch( )를 사용하려면 API 끝점(endpoint)이 필요합니다. typicode는 https://jsonplaceholder.typicode.com/을 통해 가상의 블로그 데이터를 제공하고 있습니다. 또한, typicode에서 제공하는 JSON 서버(JSON Server)***라는 멋진 도구를 이용하면 로컬 환경에서 모의 API를 만들 수도 있습니다. JSON 서버는 모의 API를 만들 수 있는 훌륭한 도구로서 개발 환경을 비롯해 API 응답이 느린 경우, 인증이 필요한 경우, 호출 시마다 비용이 소요되는 경우에도 유용합니다. 꼭 사용해보길 바랍니다.

이제 API 끝점이 준비되었으니 여기에 요청을 보낼 차례입니다.

첫 번째로 처리해볼 요청은 간단한 GET 요청입니다. 데이터를 가져오는 것만 처리한다면 fetch( ) 호출은 간단합니다. 다음과 같이 끝점 URL을 인수로 해서 fetch( )를 호출하면 됩니다.

externalData/fetch/fetch.js

```
fetch('https://jsonplaceholder.typicode.com/posts/1');
```

끝점의 응답 본문은 블로그 게시물에 대한 정보를 담고 있습니다.

---

* https://fetch.spec.whatwg.org/
** https://www.npmjs.com/package/node-fetch (단축 URL: http://bit.ly/2PTMEqE)
*** https://github.com/typicode/json-server (단축 URL: http://bit.ly/2NRyjsl)

```
{
  userId: 1,
  id: 1,
  title: 'First Post',
  body: 'This is my first post...',
};
```

이보다 더 쉬울 수 있을까요? 요청을 보내고 나면 fetch()는 응답을 처리하는 프라미스를 반환합니다. 이어서 해야 할 작업은 then() 메서드에 응답을 처리하는 콜백 함수를 추가하는 것입니다.

결국 우리가 필요한 것은 응답 본문입니다. 그렇지만 응답 객체는 본문 외에도 상태 코드, 헤더 등 상당한 정보를 가지고 있습니다. 응답에 대해서는 곧 더 자세히 살펴보겠습니다.

응답 본문이 항상 사용할 수 있는 형식은 아닙니다. 자바스크립트에서 다룰 수 있는 형식으로 변환해야 할 수도 있습니다. 다행히 fetch()는 다양한 믹스인을 포함하고 있어서 응답 본문 데이터를 자동으로 변환해줍니다. 이 경우에는 JSON을 가져온다는 사실을 알고 있으므로 응답에 json()을 호출해 JSON으로 변환할 수 있습니다. json() 메서드도 프라미스를 반환하기 때문에 then() 메서드를 추가해야 합니다. 추가한 then() 메서드의 콜백에서 파싱된 데이터를 처리할 수 있습니다. 예를 들어, 다음과 같이 블로그 게시물 정보 중에서 제목만 필요한 경우에는 제목만 꺼내올 수 있습니다.

externalData/fetch/fetch.js

```
fetch('https://jsonplaceholder.typicode.com/posts/1')
  .then(data => {
    return data.json();
  })
  .then(post => {
    console.log(post.title);
  });
```

물론 세상에 쉬운 것은 없습니다. fetch() 프라미스는 상태 코드가 404여서 요청에 실패한 경우에도 응답 본문을 반환합니다. 즉, 요청이 실패하는 경우를 catch() 메서드만으로 처리할 수 없습니다.

응답에는 응답 코드가 200에서 299 사이인 경우 true로 설정되는 ok라는 필드가 있습니다. 이 필드를 이용해서 응답을 확인하고, 문제가 있으면 오류 처리로 넘어가도록 할 수 있습니다. 아쉬운 점은 ok 필드를 인터넷 익스플로러는 지원하지 않고, 엣지(Edge)만 지원한다는 점입니다. 인터넷 익스플로러를 지원해야 하는 경우에는 response.status를 이용해 200에서 299 사이의 값인지 확인하세요.

externalData/fetch/fetch.js

```
fetch('https://jsonplaceholder.typicode.com/pots/1')
  .then(data => {
    if (!data.ok) {
      throw Error(data.status);
    }
    return data.json();
  })
  .then(post => {
    console.log(post.title);
  })
  .catch(e => {
    console.log(e);
  });
```

우리가 다루는 대부분의 요청은 간단한 GET 요청입니다. 그렇지만 결국은 더 복잡한 요청을 처리하기 마련입니다. 만약 새로운 블로그 게시물을 추가해야 한다면? 간단하게 https://jsonplaceholder.typicode.com/posts로 POST 요청을 보내면 됩니다.

GET 요청 외의 다른 요청을 처리할 때는 몇 가지 조건을 추가로 설정해야 합니다. 지금까지는 fetch()에 인수로 URL 끝점 하나만 전달했습니다. 이제는

두 번째 인수로 설정 조건을 담은 객체를 전달해야 합니다. 설정 객체는 서로 다른 다양한 세부 사항을 담을 수 있습니다. 여기서는 가장 중요한 정보만 포함 시킬 것입니다.

POST 요청을 보내기 때문에 POST 메서드를 사용한다고 선언해야 합니다. 추 가로 새로운 블로그 게시물을 생성하는 JSON 데이터를 넘겨줘야 합니다. 그리 고 JSON 데이터를 보내기 때문에 헤더의 Content-Type을 application/json으 로 설정해야 합니다. 끝으로 JSON 데이터를 담은 문자열로 요청 본문을 추가 합니다.

최종적으로 작성된 요청은 두 번째 인수로 특별한 조건을 전달했다는 점을 제 외하면 앞서 처리했던 다른 요청과 동일합니다.

externalData/fetch/fetch.js

```js
const update = {
  title: 'Clarence White Techniques',
  body: 'Amazing',
  userId: 1,
};

const options = {
  method: 'POST',
  headers: {
    'Content-Type': 'application/json',
  },
  body: JSON.stringify(update),
};

fetch('https://jsonplaceholder.typicode.com/posts', options).
then(data => {
  if (!data.ok) {
    throw Error(data.status);
  }
  return data.json();
}).then(update => {
  console.log(update);
```

```
// {
//   title: 'Clarence White Techniques',
//   body: 'Amazing',
//   userId: 1,
//   id: 101
// };
}).catch(e => {
  console.log(e);
});
```

요청이 성공적이라면 새로운 ID와 블로그 게시물 객체를 담은 응답 본문을 받을 것입니다. API가 어떻게 설정되어 있는지에 따라 응답 본문은 달라질 수 있습니다.

요청 본문의 형식으로는 JSON 데이터가 가장 흔하지만 FormData와 같은 다른 방식도 있습니다. 또한, 요청을 필요에 따라 조정할 수 있는 다양한 방법이 있으며 모드(mode), 캐시 방법 등을 설정할 수 있습니다. 대부분 특별한 경우에 사용되지만, 언젠가는 필요할 때가 올 것입니다. 더 자세한 정보는 MDN 문서를 참고하길 바랍니다.[*]

끝으로 코드를 작성할 때는 AJAX 요청을 어디서 다룰지, 그 위치에 주의하세요. fetch()는 대부분의 경우 인터넷 연결이 필요하고 API 끝점이 프로젝트 진행 중에 바뀔 수 있다는 점도 놓치지 말아야 합니다. fetch() 작업을 한곳에 모아두는 것도 좋은 방법입니다. 이렇게 하면 수정과 테스트가 쉬워집니다. 예제 코드를 통해 services 디렉터리를 생성해서 fetch() 함수들을 모아놓고 다른 함수에서 사용하는 방법을 살펴보길 바랍니다.

다음 팁에서는 사용자 데이터를 localStorage에 보관하는 방법을 알아보겠습니다.

---

[*] https://developer.mozilla.org/ko/docs/Web/API/Fetch_API/Using_Fetch (단축 URL: https://mzl.la/2rlwZGu)

localStorage로
상태를 장기간 유지하라

이번 팁에서는 사용자 데이터를 localStorage에 저장하는 방법을 살펴봅니다.

사용자들은 애플리케이션을 자신의 취향에 맞게 바꾸는 것을 좋아합니다. 반면에 앱이나 페이지에 방문할 때마다 매번 같은 데이터를 입력하는 것은 싫어합니다. 프런트엔드 자바스크립트를 다루다 보면 갈피를 못 잡는 경우가 생기곤합니다. 어떻게 하면 최대한 간섭 없이 사용자 데이터를 유지할 수 있을까요?

확실한 해결책은 로그인 절차를 만드는 것입니다. 문제는 많은 사용자가 로그인이 필요한 사이트를 외면한다는 점입니다. 완벽하지는 않지만, 이에 대한 해결책으로 사용자 데이터를 브라우저에 저장할 수 있습니다. 데이터를 브라우저에 저장하면 특정 기기의 특정 브라우저에 정보를 유지할 수 있기 때문입니다.

물론 사용자는 여러 개의 기기를 사용합니다. 따라서 여러 가지 기기를 다루는 사용자에게는 브라우저에 데이터를 저장하는 것이 도움이 되지 않을 것입니다. 그렇지만 사용자 입장에서는 계정을 생성하는 것보다는 훨씬 덜 거슬릴 것입니다.

localStorage를 이용하면 사용자 정보를 쉽게 저장할 수 있습니다. localStorage는 브라우저에만 존재하는 작은 데이터베이스와 같습니다. localStorage에 정보

를 추가하거나 가져올 수 있지만, 브라우저의 자바스크립트에서 직접적으로 접근할 수는 없습니다.

TIP 13 맵으로 명확하게 키-값 데이터를 갱신하라에서 다뤘던 반려동물 입양 사이트를 다시 떠올려봅시다. 관련 있는 반려동물만 보여주도록 일련의 조건을 설정했었지요. 래브라도레트리버를 좋아하는 사람이 작은 반려견에 관심을 갖지 않는 것처럼, 반려동물 보호자들이 선호하는 동물이 정해져 있으므로 세션 간에 사용자가 검색한 것을 저장해두면 사용자에게 도움이 될 것입니다.

선호하는 견종을 저장하는 것부터 시작해봅시다. 견종을 저장하려면 localStorage 객체에 setItem() 메서드를 사용해서 값을 설정하면 됩니다. 첫 번째 인수에는 키, 두 번째 인수에는 값을 전달합니다. 문법은 어렵지 않습니다. 맵에 데이터를 추가하는 방법과 거의 동일합니다.

externalData/local/local.js

```
function saveBreed(breed) {
  localStorage.setItem('breed', breed);
}
```

사용자가 페이지를 떠났다가 다시 방문할 때는 비슷한 명령으로 데이터를 가져올 수 있습니다.

externalData/local/local.js

```
function getSavedBreed() {
  return localStorage.getItem('breed');
}
```

추가했던 항목을 삭제할 수도 있습니다.

externalData/local/local.js

```
function removeBreed() {
  return localStorage.removeItem('breed');
}
```

이제 localStorage의 강점이 무엇인지 생각해볼까요? localStorage를 사용하면 사용자에게 추가적인 노력을 요구하지 않고도 사용자 정보를 저장할 수 있습니다. 즉, 페이지를 떠났다가 다시 돌아오거나 새로 고침을 하더라도 이전과 동일하게 애플리케이션을 설정할 수 있습니다.

예를 들어, 조건을 초기화할 때 localStorage에 견종 정보가 있는 경우에는 이를 추가할 수 있지요.

externalData/local/local.js

```
function applyBreedPreference(filters) {
  const breed = getSavedBreed();
  if (breed) {
    filters.set('breed', breed);
  }
  return filters;
}
```

다른 객체와 마찬가지로 원하는 만큼 키를 추가할 수 있습니다. 사용자가 설정한 모든 조건을 저장하고 싶은 경우에는 항목별로 저장할 수 있지만, 그룹으로 묶어서 저장하면 훨씬 쉽습니다. 이미 구조화된 데이터이므로 분리해서 저장하느라 시간을 낭비하지 않아도 됩니다.

localStorage의 유일한 단점은 데이터가 반드시 문자열이어야 한다는 점입니다. localStorage에 배열이나 객체는 저장할 수 없습니다. 다행히 이 단점을 쉽게 해결할 수 있습니다. JSON.stringify()를 이용해 데이터를 문자열로 변환하고, 다시 가져올 때는 JSON.parse()를 이용해 자바스크립트 객체로 변환하면 됩니다.

사용자의 검색 조건을 모두 저장하려면 모든 조건을 문자열로 바꿔야 합니다. 조건을 처리할 때 맵을 사용했기 때문에 문자열로 바꾸려면 먼저 배열에 펼쳐 넣어야 한다는 것을 기억하세요.

externalData/local/local.js

```
function savePreferences(filters) {
  const filterString = JSON.stringify([...filters]);
  localStorage.setItem('preferences', filterString);
}
```

저장한 데이터를 다시 사용할 때는 localStorage에서 데이터를 가져와 다시 맵으로 변환하면 됩니다. 물론 객체나 배열을 저장하는 경우에는 문자열을 파싱하는 과정만 거치면 됩니다.

externalData/local/local.js

```
function retrievePreferences() {
  const preferences = JSON.parse(localStorage.
getItem('preferences'));
  return new Map(preferences);
}
```

그리고 localStorage를 비워야 하는 경우도 종종 있을 것입니다. 이런 경우에는 clear()를 이용해서 모든 키-값 쌍을 삭제할 수 있습니다.

externalData/local/local.js

```
function clearPreferences() {
  localStorage.clear();
}
```

localStorage는 간단하지만 매우 강력한 도구 중 하나이며, 사용자를 만족시킬 뿐만 아니라 사용 방법도 간단합니다. 여러 기기에서 데이터를 유지할 수 없다는 단점이 있지만, 로그인을 피할 수 있다는 이점이 훨씬 더 큽니다.

덧붙여서 sessionStorage를 사용해도 데이터를 임시로 저장할 수 있습니다.*

---

* https://developer.mozilla.org/ko/docs/Web/API/Window/sessionStorage (단축 URL: https://mzl.la/2NH4Wsk)

이 도구는 서버 측 렌더링과 클라이언트 측 기능이 혼합되어 있는 경우에 유용합니다. 페이지를 새로 고침하면 저장한 데이터가 유지되고, 사용자가 페이지를 떠났다가 다시 돌아오면 저장한 데이터가 없는 기본 상태를 보여줍니다.

이제 완전히 통합된 단일 페이지 애플리케이션을 만들어내는 도구를 다룰 수 있습니다. 브라우저에 저장된 정보와 API 접근을 이용하면 서버를 통한 페이지 렌더링을 한 번으로 줄일 수 있습니다. fetch()와 localStorage는 매우 단순하지만, 브라우저에서 강력한 소프트웨어를 만들 수 있는 무한한 가능성을 열어줍니다.

다음 장에서는 한 걸음 물러서서 규모 있는 애플리케이션을 개발할 때 코드를 설계하고 정리하는 방법을 살펴보겠습니다.

10장

컴포넌트 아키텍처를 이용해 관련 파일을 모아라

체스에서 전술과 전략은 다릅니다. 전술은 목표를 달성하기 위한 일련의 또는 조합된 행마법입니다. 따라서 단기적이며, 정의하고 설명하기가 꽤 쉽지요. 반면에 전략은 체스판의 특정한 구역에서 어느 쪽이 더 영향력을 가지는지에 대한 추상적인 개념입니다. 전술은 당면한 문제를 해결하고, 전략은 다가올 문제를 예상해 자원을 할당하는 것입니다.

이 책을 비롯해 코딩을 살펴보는 대부분의 책은 전술을 다룹니다. 예를 들면 배열을 변환하는 방법, 비동기 데이터를 처리하는 함수를 작성하는 방법 등을 설명합니다.

이제는 전략을 배울 차례입니다. 소프트웨어 개발 세계에서는 확장과 재사용이 쉽고 관리가 가능하도록 코드를 정리하는 것을 아키텍처라고 부릅니다. 당장의 명백한 문제를 해결하는 것을 넘어서서 클래스를 상속하고, 드물게 발생하는 특이한 문제를 해결하고, 버그를 찾아내는 등 장차 발생할 수 있는 문제를 쉽게 해결할 수 있도록 코드를 나누고 정리하는 방법을 이 장에서 살펴볼 것입니다. **TIP 32 테스트하기 쉬운 함수를 작성하라**에서 의존성 주입을 배우면서 코드 아키텍처를 한 차례 언급했습니다. 이때 처음으로 코드가 유연하면서 하나의 기능에 집중할 수 있게 분할하는 방법을 살펴봤지요.

아키텍처에 대해 논의하는 것은 골치 아픈 일이라 대부분의 책들이 다루지 않습니다. 해결법이 명확하지 않고, 대체로 뒤늦게(개발을 시작한 지 몇 달이 지나서 코드베이스의 구조를 바꾸기에는 비용이 너무 많이 들 때쯤) 문제를 인식하게 됩니다. 이 장에서는 프로젝트의 구조를 기초부터 다지는 방법을 살펴볼 것입니다. 최신 자바스크립트 도구를 활용해 여러 조각의 코드를 하나의 완성품으로 만드는 방법을 배워봅시다.

먼저 가져오기(import)와 내보내기(export)를 이용해서 코드를 서로 다른 파일로 분리하는 방법을 살펴봅니다. 이어서 npm을 이용해 서드파티 코드를 추가하는 방법을 배웁니다. 다음으로 컴포넌트 아키텍처 패턴을 이용해 애플리케이션을 훌륭하게 설계된 조각으로 나누는 방법을 배워봅시다. 컴포넌트 아키텍처

패턴이 유일한 아키텍처 패턴은 아니지만, 현재 가장 선호되는 방법이며 대부분의 서버 측 패턴과는 매우 다른 패턴입니다.

이어서 빌드 도구를 이용해 조각 파일을 최종적으로 사용할 수 있는 자원으로 병합하는 방법을 배울 것입니다. 끝으로 그동안 자바스크립트가 책임져온 애니메이션을 CSS를 이용해서 다루는 방법을 배웁니다.

이번 장은 좀 더 어려울 수 있습니다. 코드를 옮기는 경우도 더 많고 예제도 더 복잡하겠지만, 실무에서 접하는 문제에 비하면 여전히 단순화한 예시일 뿐입니다. 그렇지만 클린 아키텍처(clean architecture)가 클린 코드(clean code)만큼 중요하며 달성 가능하다는 점을 이해한다면, 여러분의 프로젝트를 진행하는 데도 도움이 될 것이라 확신합니다.

클린 아키텍처를 위한 첫 번째 단계는 가져오기와 내보내기를 이용해 코드를 재사용 가능하고 공유할 수 있는 조각으로 분리하는 것입니다.

47

가져오기와 내보내기를 기능을 분리하라

이번 팁에서는 파일 간에 코드를 공유하는 방법을 살펴봅니다.

자바스크립트가 쉽지 않았던 옛날에는 모든 코드를 파일 하나에 담아야 했습니다. 심지어는 모든 자바스크립트 코드를 <script> 태그 하나에 모두 넣어야 했던 적도 있습니다.

상황은 조금씩 나아졌습니다. 누군가가 파일을 압축하고 묶어주는 코드를 만든 것이 그 시작이었습니다. 덕분에 불러오기를 한 번은 사용할 수 있는 수준이 되었습니다. 그 뒤로 Require.js와 CommonJS 같은 프로젝트가 모듈을 이용해서 파일 간에 코드를 공유할 수 있는 방법을 제시했습니다. 마침내 자바스크립트 개발자들은 모듈 시스템을 이용해 프로젝트에서 코드를 쉽게 재사용할 수 있게 되었습니다.

모듈은 단순화되었고, 이제는 간단한 import 문과 export 문을 사용할 수 있습니다. 그리고 이 단순한 인터페이스를 이용하면 프로젝트 내의 파일 간에 코드를 공유할 수 있을 뿐만 아니라, 거의 동일한 문법을 이용해서 자바스크립트 커뮤니티에 공개된 코드도 사용할 수 있게 되었습니다. 커뮤니티 코드를 사용하는 방법은 다음 팁에서 더 살펴보기로 하고, 여기서는 먼저 코드를 가져오고 내보내는 방법부터 살펴볼 것입니다.

코드를 결합하고 압축해서 하나의 파일로 만드는 것은 여전히 좋은 방법입니다. 결과적으로 브라우저는 동적으로 코드를 불러올 수 있게 되겠지만, 현재로서는 여전히 번들이나 패키지라고 부르는 하나의 파일을 만들 필요가 있습니다. 하나의 파일을 만드는 방법은 **TIP 50 빌드 도구를 이용해 컴포넌트를 결합하라**를 통해 살펴보겠습니다.

사실 우리는 책을 살펴보는 내내 내보내기를 거친 코드를 사용했습니다. 책의 소스 코드를 직접 살펴봤다면, 책의 예제 코드에는 없었던 export 문을 봤을 것입니다. 불러오기와 내보내기는 그렇게 간단합니다. 기존 코드를 내보내려면 export 문만 작성하면 됩니다.

다음은 **TIP 36 화살표 함수로 문맥 혼동을 피하라**에서 살펴봤던 예제 코드입니다.

functions/context/method.js
```
const validator = {
  message: '는 유효하지 않습니다.',
  setInvalidMessage: field => `${field}${this.message}`,
};
```

코드를 공유하고 싶다면 간단한 export 문만 추가하면 됩니다.

functions/context/method.js
```
const validator = {
  message: '는 유효하지 않습니다.',
  setInvalidMessage: field => `${field}${this.message}`,
};
export { validator };
```

이것은 어떻게 동작할까요? 가장 기본적으로 우리가 해야 할 것은 공유하고자 하는 데이터를 내보내는 것뿐입니다. 함수, 변수, 클래스를 내보낼 수 있습니다. 모든 것을 내보낼 필요는 없으며, 여러 함수 중 일부 함수만 내보내는 경우에는 기본적으로 공개 함수와 비공개 함수를 생성한 것과 같습니다.

앞의 예제에서는 함수 하나를 내보냈습니다. 때로는 내보내지 않고 비공개로 두고 싶은 함수도 있습니다. 그럴 때는 원하는 함수만 내보낼 수 있습니다.

다음 코드를 보세요. 함수 두 개는 내보내고, 함수 한 개는 숨기는 경우입니다.

architecture/import/single/util.js

```javascript
function getPower(decimalPlaces) {
  return 10 ** decimalPlaces;
}

function capitalize(word) {
  return word[0].toUpperCase() + word.slice(1);
}

function roundToDecimalPlace(number, decimalPlaces = 2) {
  const round = getPower(decimalPlaces);
  return Math.round(number * round) / round;
}

export { capitalize, roundToDecimalPlace };
```

이제 함수를 내보냈으니 아마 사용하고 싶을 것입니다. 다른 파일에서 함수를 사용하려면 import 키워드를 작성하고 불러오려는 함수를 중괄호 안에 작성합니다. 그 뒤에 가져올 파일의 경로를 지정하는데, 현재 파일을 기준으로 상대 경로로 작성합니다.

라이브러리 코드도 불러올 수 있는데, 이에 대해서는 다음 팁에서 살펴볼 것입니다. 일단은 우리가 직접 작성한 다른 파일에서만 코드를 불러오겠습니다. 몇 가지 유틸리티 함수를 새로운 파일에 불러온다면 다음과 같이 작성할 수 있습니다.

architecture/import/single/bill.js

```javascript
import { capitalize, roundToDecimalPlace } from './util';

function giveTotal(name, total) {
```

```
  return `${capitalize(name)}님, 합계는 ${roundToDecimalPlace(total)}
입니다.`;
}

giveTotal('sara', 10.3333333);
// "Sara님, 합계는 10.33입니다."

export { giveTotal };
```

모든 것을 가져올 필요는 없습니다. 한 가지 항목만 필요하다면 그렇게 해도 됩니다.

architecture/import/single/name.js

```
import { capitalize } from './util';

function greet(name) {
  return `Hello, ${capitalize(name)}!`;
}

greet('ashley');
// Hello, Ashley!

export { greet };
```

또한, 내보내기는 함수만 가능한 것이 아닙니다. 변수와 클래스도 내보낼 수 있습니다.

architecture/import/single/math.js

```
const PI = 3.14;
const E = 2.71828;

export { E, PI };
```

위의 코드는 익숙할 것입니다. 내보내기와 가져오기는 해체 할당과 거의 동일한 문법을 사용합니다. 사실 가져오는 항목을 모두 객체의 속성으로 관리하면 변수명으로 모든 것을 가져올 수 있습니다.

해체 할당의 문법과 조금은 다릅니다. 별표(*)를 이용해서 모든 함수를 불러오고 변수명을 지정할 수 있습니다. 이렇게 하면 객체에 속한 함수처럼 호출할 수 있지요.

architecture/import/each/name.js

```
import * as utils from './util';

function greet(name) {
  return `Hello, ${utils.capitalize(name)}!`;
}

greet('ashley');
// Hello, Ashley!

export { greet };
```

해체 할당과 마찬가지로 가져오는 함수나 데이터의 이름을 바꿀 수도 있습니다. 문법은 조금 다른데요. 해체 할당에서 사용했던 콜론 대신 as 키워드를 이용해 새로운 변수에 데이터를 할당합니다.

내보내기는 이미 간단하지만, 문제를 더욱 쉽게 만들어주는 몇 가지 지름길이 있습니다.

선언한 객체를 파일의 끝에서 개별적으로 추가하는 대신, 각각의 함수 앞에 export 키워드를 추가합니다. 파일의 끝부분에 객체를 추가할 필요가 없으므로 코드가 훨씬 더 쉬워집니다.

architecture/import/each/util.js

```
function getPower(decimalPlaces) {
  return 10 ** decimalPlaces;
```

```
}

export function capitalize(word) {
  return word[0].toUpperCase() + word.slice(1);
}

export function roundToDecimalPlace(number, decimalPlaces = 2) {
  const round = getPower(decimalPlaces);
  return Math.round(number * round) / round;
}
```

위의 경우처럼 함수를 한 번에 하나씩 내보내더라도 불러서 쓰는 방법은 동일합니다. 여기서 설명된 어떤 방법을 써도 좋습니다.

코드를 분리할 수 있으니 단일 진입점을 가진 파일을 자주 만들게 될 것입니다. 또는 더 중요한 함수가 생길 수도 있습니다. 이때 해당 파일의 내보내기 기본값(export default)을 선언할 수 있습니다. 이렇게 하면 가져오기 과정이 좀 더 짧아집니다.

주소 객체를 문자열로 변환하는 파일이 있다고 가정해봅시다. 이 유틸리티의 목표는 객체를 변환하는 것입니다. 다음 예제 코드를 보면 export default가 잘 보입니다. 그럼에도 불구하고 몇 가지 헬퍼 함수를 공유하고 싶습니다.

다음 예제 코드를 보면, normalize() 함수를 내보내기 기본값으로 만들기 위해 export 키워드 뒤에 default 키워드가 추가되어 있습니다. 남아있는 다른 함수에도 export 키워드를 추가할 수 있습니다.

architecture/import/default/address.js

```
import { capitalize } from '../single/util';

export function parseRegion(address) {
  const region = address.state || address.providence || '';
  return region.toUpperCase();
}
```

```javascript
export function parseStreet({ street }) {
  return street.split(' ')
    .map(part => capitalize(part))
    .join(' ');
}

export default function normalize(address) {
  const street = parseStreet(address);
  const city = address.city;
  const region = parseRegion(address);
  return `${street} ${city}, ${region}`;
}
```

이제 normalize() 함수를 가져올 때는 앞서 살펴본 것과 같은 문법을 사용하지만 중괄호를 사용하지 않습니다. 중괄호를 사용하지 않으면 내보내기 기본값만 가져옵니다. 함수 이름을 똑같이 사용할 필요도 없습니다. 내보내기 기본값은 원하는 변수명으로 가져올 수 있습니다. 그렇지만 가독성을 위해 같은 이름을 사용하는 것이 좋습니다.

architecture/import/default/mail.js

```javascript
import normalize from './address';

function getAddress(user) {
  return normalize(user.address);
}

export default getAddress;
```

내보내기 기본값으로 정해진 함수와 함께 다른 함수도 가져와야 하는 경우에는 import 문을 혼합할 수 있습니다. 다음과 같이 쉼표를 이용해서 기본값과 중괄호를 분리합니다.

```
import normalize, { parseRegion } from './address';

function getAddress(user) {
  return normalize(user.address);
}

export function getAddressByRegion(users) {
  return users.reduce((regions, user) => {
    const { address } = user;
    const region = parseRegion(address);
    const addresses = regions[region] || [];
    regions[region] = [...addresses, normalize(address)];
    return regions;
  }, {});
}

const bars = [
  {
    name: 'Saint Vitus',
    address: {
      street: '1120 manhattan ave',
      city: 'Brooklyn',
      state: 'NY',
    },
  },
];
getAddressByRegion(bars);
// {
//   NY: ["1120 Manhattan Ave Brooklyn, NY"]
// }
```

가져오기 기본값은 특히 클래스를 불러올 때 유용합니다. 한 개의 파일에는 한 개의 클래스만 두는 것이 좋으므로 다른 코드를 내보낼 만한 이유가 없기 때문입니다.

```js
import { capitalize } from '../single/util';

export default class Address {
  constructor(address) {
    this.address = address;
  }

  normalize() {
    const street = this.parseStreet(this.address);
    const city = this.address.city;
    const region = this.parseRegion(this.address);
    return `${street} ${city}, ${region}`;
  }

  parseStreet({ street }) {
    return street.split(' ')
      .map(part => capitalize(part))
      .join(' ');
  }

  parseRegion(address) {
    const region = address.state || address.providence || '';
    return region.toUpperCase();
  }
}
```

살펴본 것처럼, 가져오기와 내보내기는 매우 직관적이므로 별로 이야기할 것이 없습니다. 그렇지만 한 가지 작은 문제도 있습니다. 코드를 쉽게 분리할 수 있기 때문에 프로젝트가 성장하기 시작할 것이라는 점입니다. 그렇지만 걱정하지 않아도 됩니다. 프로젝트가 성장함에 따라 코드를 서로 다른 여러 파일로 분리할 수 있기 때문입니다. 이렇게 하면 코드를 좀 더 효율적이고 논리적으로 정리할 수 있습니다. **TIP 49 컴포넌트 아키텍처를 이용해 애플리케이션을 만들어라**를 통해 코드를 정리하는 방법을 살펴볼 것입니다. 그렇지만 그에 앞서 우리의 코드베이스 밖에 있는 코드를 안으로 가져와서 사용하는 방법부터 알아볼 필요가

있습니다. 다행히도 요즘은 그 어느 때보다도 쉽게 외부의 코드를 가져올 수 있습니다.

다음 팁에서는 npm을 이용해 커뮤니티 코드를 사용하는 방법을 살펴보겠습니다.

npm으로 커뮤니티 코드를 끌어와라

이번 팁에서는 npm을 이용해 외부 코드를 가져오는 방법을 알아봅니다.

이전 팁에서 다른 파일의 코드를 사용하는 방법을 살펴봤습니다. 이번 팁에서는 전 세계 개발자들이 만든 커뮤니티 코드를 사용하는 방법을 배워봅니다.

불과 몇 년 전만 해도 오픈 소스 라이브러리를 사용하려면 코드를 복사해서 내부에 붙여넣거나, 프로젝트에 라이브러리 코드를 내려받거나, 외부의 의존성을 <script> 태그를 이용해 포함시키는 방법밖에 없었습니다.

외부의 소스 코드를 불러올 수 없는 경우만 제외하면 어쨌든 원하는 코드를 사용할 수 있었지만, 의존성을 최신으로 유지하기는 어려웠고 특히나 프로젝트 내부에 저장하는 경우에는 더욱 문제가 되었습니다. 유지 보수가 어려웠을 뿐만 아니라 라이브러리 코드가 있다고 가정한 코드를 작성해야 했으니까요. 라이브러리 코드를 명시적으로 포함하지 않기 때문에 코드를 읽고 테스트를 작성하는 것은 정말 힘든 일이었습니다.

그런 시절은 지나갔습니다. 이제 라이브러리 코드를 여러분의 프로젝트에 직접 내려받고, 버전을 관리하고, 익숙한 규칙에 따라 개별 파일에서 코드를 가져와 사용할 수 있습니다.

npm(node package manager)(Node 패키지 관리자)이라는 도구를 이용해 이런 작업을 할 수 있습니다. 페이스북(Facebook)이 만든 yarn처럼 npm을 대체할 수 있는 도구도 있습니다. 대체·도구도 대체로 같은 방식으로 작동하기 때문에 그 차이점은 염려하지 않아도 됩니다.

npm은 중요한 프로젝트이며 대부분 코드를 가져오기 위해 사용하지만, 그 외에도 할 수 있는 일이 많습니다. npm을 이용해서 프로젝트의 메타데이터와 구성 정보를 설정하고, 명령줄 스크립트를 실행하고, 다른 사람들이 쓸 수 있도록 프로젝트를 게시할 수도 있습니다.

npm을 사용하려면 Node.js를 설치해야 합니다. Node.js를 설치했다면 더 해야 할 작업은 없습니다. Node.js를 설치할 때 npm도 설치되기 때문입니다.

Node.js와 npm을 설치한 후에는 프로젝트를 초기화해야 합니다. 터미널을 열고 프로젝트 디렉터리의 가장 상위로 이동한 후 npm init을 실행합니다. 이 명령은 package.json 파일의 생성을 도와주는 구성 도구를 실행합니다.

package.json 파일에는 이름, 설명, 라이선스 등과 같은 프로젝트의 메타데이터 정보뿐 아니라, 모든 외부 의존성 코드도 포함되어 있습니다. npm init 명령은 단지 package.json 파일만 생성한다는 점을 알아두세요. 다른 숨김 파일이나 디렉터리는 생성하지 않습니다. 파일 시스템을 어지럽히지 않으니 걱정하지 마세요.

메타데이터로 입력할 것을 아직 정하지 못했다 해도 괜찮습니다. 모든 정보는 나중에 수정할 수 있습니다. 아직 확신이 없다면 모두 기본값으로 둬도 좋습니다. 파일 생성이 끝나면 다음과 같은 내용을 확인할 수 있습니다.

architecture/npm/defaults/package.json

```
{
  "name": "test",
  "version": "1.0.0",
  "description": "",
  "main": "index.js",
  "scripts": {
```

```
      "test": "echo \"Error: no test specified\" && exit 1"
    },
    "author": "",
    "license": "ISC"
  }
```

간단하지요? 그저 조금 전에 입력한 정보를 담고 있는 객체일 뿐입니다. 조금 신기한 부분은 scripts 필드입니다. 이 필드는 명령줄 스크립트를 추가하는 곳입니다. 이에 대해서는 뒤에서 더 살펴보겠습니다.

파일에 특별한 것이 없다고 무시하지는 마세요. 이 파일은 대규모 자바스크립트 애플리케이션의 가장 중요한 진입점입니다. 또한, 외부 의존성에 대한 정보를 저장하는 곳이기도 합니다.

맵 객체를 이용해서 컬렉션을 생성할 때 객체를 맵 객체로 변환해야 하는 경우를 가정해봅니다. 객체를 맵 객체로 변환하는 코드를 작성하는 방법도 있지만, 그저 빠른 해결책이 필요할 수도 있지요. 조금 탐색해보면 데이터 변환에 사용할 수 있는 도구 모음인 로대시(Lodash)*를 발견할 수 있는데, 어떻게 하면 로대시 코드를 프로젝트에 사용할 수 있을까요?

npm은 프로젝트 구조를 갖출 수 있을 뿐만 아니라 코드를 공유할 때도 사용할 수 있습니다. 더욱더 좋은 점은 다운로드 수, 수정되지 않은 버그의 수, 버전 등에 대한 정보도 추적할 수 있다는 것입니다.

로대시 패키지의 npm 웹 페이지**를 보면 한 달 평균 다운로드 횟수가 5,000만 번입니다. 즉, 5,000만 개의 프로젝트에서 로대시를 승인한다는 의미입니다. npm이 수집한 데이터는 거대한 자바스크립트 커뮤니티의 암묵적인 지지를 보여줍니다. 사용 빈도가 낮은 프로젝트의 코드를 피할 필요까지는 없지만, 여러분의 코드베이스에 추가하기 전에 조사는 해봐야겠지요? 다행히도 항상 원본 코드를 확인할 수 있는 링크가 있으므로, 필요하면 확인할 수 있습니다.

---

* https://lodash.com/
** https://www.npmjs.com/package/lodash (단축 URL: http://bit.ly/34Hv3pV)

Note ≡　오픈 소스 코드의 검토

세계에는 수많은 오픈 소스 코드가 있습니다. 그렇지만 모든 코드가 사용하기에 적절한 것은 아닙니다. npm이 악의적인 코드를 제거하지만, 코드 게시를 위한 승인 절차가 있지는 않으므로 프로젝트에 포함할 코드에 대한 검증은 여러분의 몫입니다.

평가할 때는 우선 다운로드 횟수를 보세요. 월간 다운로드 수가 상당히 많다면 아마도 안전한 코드일 것입니다. 커뮤니티가 우리보다 먼저 조사를 마쳤으니 믿어볼 만합니다.

다음으로는 진행 중인 이슈의 수를 확인해보세요. 만약 이슈가 상당히 많다면 유지 보수가 잘 이뤄지지 않는다는 신호입니다. 그래도 버그가 많은 이유를 확인해야 합니다. 다운로드 수가 많은 대규모 프로젝트는 순전히 규모 때문에 버그가 많을 수도 있습니다.

이어서, 오픈 소스 코드를 직접 살펴보는 방법이 있습니다. npm에는 항상 코드를 확인할 수 있는 링크가 있습니다. 코드는 대체로 깃허브에 저장되어 있지만, 깃랩(Gitlab)이나 빗버킷(Bitbucket)을 저장소로 사용하는 경우도 있습니다. 저장소로 이동해서 프로젝트를 살펴봅시다. 이때 살펴봐야 할 가장 중요한 두 가지는 최근 커밋 시점(the latest commit date)과 풀리퀘스트(pull request)입니다.

만약 최근 6개월간 커밋된 기록이 없다면 다른 것을 찾아보는 것이 좋습니다. 그 코드는 더 이상 관리되지 않을 가능성이 높습니다.

풀리퀘스트는 누군가가 코드 업데이트를 보내는 것이며, 유지 보수를 담당하는 사람이 승인해야 코드에 추가됩니다. 오래된 코드 병합 요청이 있다면 코드가 잘 관리되지 않고 있다는 또 다른 증거입니다. 병합 요청을 보내고 몇 달 또는 몇 년간 지켜보는 것보다 더 불만스러운 일은 없지요.

끝으로 의심스러운 부분이 있다면 실제 코드를 살펴보세요. 때때로 코드를 알기 어려울 수도 있지만, 좋은 공부가 될 뿐만 아니라 대부분의 경우 코드의 구조가 좋은지 한눈에 알 수 있습니다. 코드가 단정하고 잘 정리되어 있으며 표준 컨벤션을 따르고 있다면 아마 사용해도 안전할 것입니다. 코드에 문법 오류가 있다면 사용하지 않는 것이 좋습니다. 여러분의 코드베이스로 담을 수 없는 코드라면 프로젝트에도 추가하지 말아야 합니다. 코드를 가져오는 것은 결국 여러분의 코드베이스에 담는 것이기 때문입니다.

여러분의 직관을 믿으세요. 문제가 있거나 버그가 있는 프로젝트를 추가하기보다는 다른 프로젝트를 찾아보거나 오픈 소스 프로젝트의 일부만 복사–붙여넣기로 가져다 쓰는 것이 나을 수도 있습니다.

조사해본 결과, 코드를 가져와서 쓸 만큼 만족스럽다면 npm install --save lodash 명령을 실행해 프로젝트에 설치합니다. --save 플래그를 반드시 써야 하는 것은 아니지만 습관이 되면 좋습니다. 설치할 코드는 크게 두 종류인데, 이에 대해서는 뒤에서 더 살펴보겠습니다.

npm install 명령은 몇 가지 작업을 수행합니다. 프로젝트에 node_modules 디렉터리가 없는 경우에는 디렉터리를 생성하고 패키지를 내려받습니다. 그다음에는 설치하는 패키지의 버전 번호로 package.json 파일을 갱신합니다. 끝으로, 설치하는 코드의 버전에 대한 세부 정보를 담은 package-lock.json 파일을 생성합니다. package-lock.json 파일에는 해당 코드가 필요로 하는 다른 라이브러리에 대한 정보도 담겨 있습니다.

하나의 패키지를 설치할 때 실제로는 여러 개의 패키지를 설치하는 경우도 있습니다. 함께 설치되는 패키지는 package-lock.json 파일이나 node_modules 디렉터리에서 확인할 수 있습니다. package.json 파일에는 우리가 원래 설치했던 로대시만 표시됩니다. 이를 통해 다른 개발자들은 의존성을 상세하게 살펴보지 않아도 필요한 최상위 프로젝트를 확인할 수 있습니다.

갱신된 package.json 파일은 다음과 같으며, dependencies 필드가 추가된 것을 확인할 수 있습니다.

architecture/npm/save/package.json

```
{
  "name": "test",
  "version": "1.0.0",
  "description": "",
  "main": "index.js",
  "scripts": {
    "test": "echo \"Error: no test specified\" && exit 1"
  },
  "author": "",
  "license": "ISC",
  "dependencies": {
```

```
    "lodash": "^4.17.15"
  }
}
```

이제 원하는 코드를 추가했으니 사용해볼 차례입니다. 코드를 가져오는 것은 간단합니다. 이전 팁에서 살펴본 import 문을 사용합니다. 하지만 라이브러리를 설치했기 때문에 경로는 작성하지 않아도 됩니다.

다음은 로대시를 가져오는 예제 코드입니다. fromPairs() 같은 개별 함수를 불러오거나 기본 객체를 불러올 수도 있습니다. 사실 로대시의 가져오기 기본값은 fromPairs()를 포함하고 있지만, 일부 라이브러리는 분리해두는 경우도 있습니다.

architecture/npm/utils/merge.js

```
import lodash, { fromPairs } from 'lodash';

export function mapToObject(map) {
  return fromPairs([...map]);
}

export function objectToMap(object) {
  const pairs = lodash.toPairs(object);
  return new Map(pairs);
}
```

코드가 꽤 익숙하지요? 무엇보다 프로젝트의 어느 곳에서든 동일한 문법으로 코드를 가져올 수 있다는 점이 좋습니다. 그리고 코드를 읽을 때 어떤 함수가 코드베이스 외부에서 가져온 것인지 쉽게 확인할 수 있습니다. 상대 경로를 사용하지 않고 불러온 코드는 외부 코드입니다.

npm이 의존성만 추적한다 해도 충분히 훌륭한 프로젝트이지만, 다른 기능도 있습니다. 종종 코드베이스에 필요하지만 실환경을 위한 빌드에서는 제외해야 하는 코드를 다뤄야 할 때가 있지요?

예를 들어 테스트 실행기가 필요하지만 실환경 코드에도 테스트 실행기가 필요하지는 않습니다. 이런 경우 npm을 이용하면 개발 의존성을 다루고 실행할 수 있는 깔끔한 인터페이스를 제공합니다.

예를 들어 프로젝트에 Prettier*를 추가한다고 합시다. Prettier는 스타일 가이드에 맞게 코드 서식을 수정해주는 도구입니다. 이 도구는 개발 작업에는 필요하지만, 실환경 코드에 필요한 의존성은 아닙니다.

실환경에 필요하지 않은 의존성이므로 npm install --save-dev prettier로 설치합니다. 설치에 --save-dev 플래그를 사용했습니다. 이 플래그를 사용해도 package.json 파일을 갱신하지만, --save 플래그를 사용한 경우와는 의존성을 추가하는 필드가 다릅니다.

architecture/npm/saveDev/package.json

```json
{
  "name": "test",
  "version": "1.0.0",
  "description": "",
  "main": "index.js",
  "scripts": {
    "test": "echo \"Error: no test specified\" && exit 1"
  },
  "author": "",
  "license": "ISC",
  "dependencies": {
    "lodash": "^4.17.15"
  },
  "devDependencies": {
    "prettier": "^1.19.1"
  }
}
```

---

* https://prettier.io

설치를 완료했으니 실행해야 합니다. Prettier는 node_modules 디렉터리에 설치되었기 때문에 명령줄에서 직접 접근할 수는 없습니다. 서식으로 탭 간격을 공백 네 칸으로 하고 싶은 경우를 가정해봅시다. 문서를 살펴보면 prettier --tab-width=4 --write ./code/*.js 명령을 실행해 코드를 변환할 수 있습니다.

Prettier를 지역 모듈로만 설치한 경우에는 터미널에서 바로 명령을 실행할 수 없습니다. npm install -g prettier를 실행해서 Prettier를 전역 모듈로 설치한 경우에는 바로 명령어를 실행할 수 있지만, 이 경우에는 Prettier 패키지가 프로젝트의 일부가 되지는 않습니다. 따라서 이렇게 전역 모듈로 사용하는 경우에는 Prettier를 전역에 설치해 사용한다는 점을 다른 개발자에게 알려야 합니다.

npm 스크립트를 이용하면 이런 문제를 해결할 수 있습니다. npm 스크립트는 동일한 명령을 실행할 때 node_modules 디렉터리에 설치한 패키지를 실행합니다. 명령을 실행하려면 package.json 파일의 scripts 필드에 명령을 추가합니다. scripts 필드에 새로운 항목으로 clean을 추가해 prettier--tab-width=4--write./code/*.js를 실행할 수 있게 합니다.

이제 package.json 파일이 있는 디렉터리에서 npm run clean을 실행하면 프로젝트에 설치한 Prettier 패키지를 npm이 실행해줍니다.

architecture/npm/script/package.json

```
{
  "name": "test",
  "version": "1.0.0",
  "description": "",
  "main": "index.js",
  "scripts": {
    "clean": "prettier --tab-width=4 --write ./code/*.js"
  },
  "author": "",
  "license": "ISC",
  "dependencies": {
```

```
    "lodash": "^4.17.15"
  },
  "devDependencies": {
    "prettier": "^1.19.1"
  }
}
```

각자 실행해봅시다. 이 책의 코드를 내려받아서 architecture/npm/script 디렉터리로 이동한 후 npm install과 npm run clean 명령을 실행합니다. 그러면 Prettier가 코드를 업데이트해서 탭 간격이 공백 네 칸이 되도록 수정해줄 것입니다.

이제 개별 프로젝트가 필요로 하는 의존성을 정리할 수 있을 뿐만 아니라, 다른 개발자들이 빌드 과정, 의존성, 패키지 정보를 하나의 파일에서 확인할 수 있게 되었습니다.

자바스크립트 개발에 npm이 얼마나 유용한지 이야기하자면 끝이 없습니다. 새로운 프로젝트를 살펴봐야 한다면 package.json 파일부터 시작하는 것이 좋습니다.

이제 오픈 소스 프로젝트에서 여러 개의 파일과 코드를 가져오는 도구를 사용할 수 있게 되었습니다. 다음으로는 우리의 코드를 구조화하는 방법을 생각해봅시다.

다음 팁에서는 컴포넌트 아키텍처를 이용해 하나의 디렉터리에 프로젝트 자원을 구조화하는 방법을 살펴보겠습니다.

컴포넌트 아키텍처를 이용해 애플리케이션을 만들어라

이번 팁에서는 컴포넌트 아키텍처(component architecture)로 흩어져 있는 HTML, 자바스크립트, CSS를 모으는 방법을 살펴봅니다.

파일을 구조화하는 것은 어려울 수도 있습니다. 특히나 HTML, CSS, 자바스크립트와 같은 프런트엔드 코드는 서로 다른 언어와 파일 형식으로 만들어지기 때문에 더욱 그렇습니다.

파일 형식에 따라 코드를 분류하나요? CSS가 하나의 HTML 파일에 관련되어 있을 때는 어떻게 할까요? 서로 다른 디렉터리에 비슷한 파일명으로 보관하고 있나요?

오랫동안 개발자들은 파일을 형식에 따라 분류하곤 했습니다. 최상위 디렉터리에 css, js, img 디렉터리를 만들고 분류해 넣었습니다.

파일을 이렇게 정리하는 것은 좋은 의도에서 시작되었습니다. 모두 서로 다른 관심사를 분류해두고자 했습니다. 웹사이트의 내용을 담는 HTML 마크업과 어떻게 보여줄지를 설명하는 CSS는 다릅니다. 웹사이트가 어떻게 응답할지를 다루는 자바스크립트와도 다릅니다. 이런 시각으로 보면 서로 다른 디렉터리에 있어야 할 것 같았습니다.

문제는 이렇게 분리해둔 조각이 실제로 분리된 관심사는 아니라는 점이었습니다. 몇몇 전역 스타일을 제외하면 CSS는 특정한 마크업에 작동하기 위해 작성되었습니다. 마크업이 없어지면 CSS가 무슨 소용이 있을까요? 규칙을 잘 따르는 개발자라면 관련 있는 CSS를 삭제했을 것입니다. 그렇지만 대부분 삭제되지 않고 그대로 남아있습니다. 절대 사용되지 않고 자리만 차지할 뿐입니다.

개발자 도구가 발전하면서 새로운 패턴이 나타났습니다. 바로 컴포넌트 아키텍처라는 패턴입니다. 컴포넌트는 관련 있는 모든 코드를 조합해 하나의 디렉터리에 담은 것입니다. 이렇게 하면 조각을 하나씩 추가하는 방법으로 웹 페이지나 애플리케이션을 만들 수 있습니다. 페이지에 있는 사이드바의 버튼처럼 말이죠. 이렇게 해서 작동하는 애플리케이션이 될 때까지 컴포넌트를 추가합니다.

컴포넌트 아키텍처에 문제가 없는 것은 아닙니다. 가장 큰 문제는 빌드 도구에 의존한다는 점이며, 그보다 덜하기는 하지만 프레임워크에 의존한다는 문제도 있습니다. 이번 팁에서는 리액트 코드를 살펴볼 것입니다. 여기서는 create-react-app*으로 개발된 기본 구조를 이용할 것입니다. 그러므로 빌드 시스템에 대해서는 걱정하지 마세요. 빌드 시스템은 다음 팁에서 더 살펴보겠습니다.

그렇지만 컴포넌트 아키텍처가 리액트에 국한되지는 않는다는 점을 이해하는 것이 중요합니다. 이 개념은 다양한 프레임워크에 적용할 수 있습니다. 코디 린들리(Cody Lindley)는 이에 대해 훌륭한 글**을 블로그에 작성하기도 했습니다. 그렇지만 여전히 프레임워크를 이용하면 기초를 다질 때 생기는 어려움을 줄일 수 있습니다.

컴포넌트 아키텍처의 실제 사례를 살펴보겠습니다. 저작권을 표기할 수 있는 기본적인 컴포넌트를 만들어봅시다. 저작권 표기를 위해서는 현재 연도, 저작

---

* https://github.com/facebookincubator/create-react-app (단축 URL: http://bit.ly/36KCHIA)

** https://www.telerik.com/blogs/front-end-application-frameworks-component-architectures (단축 URL: http://bit.ly/36IfsZ6)

권 선언과 약간의 스타일이 필요합니다. 컴포넌트 아키텍처를 이용하면 간단한 패키지 하나에 모든 것을 결합할 수 있습니다. 다음 예제를 살펴봅시다.

architecture/component/simplifying-js-component/src/components/Copyright/Copyright.js

```
import React from 'react';
import './Copyright.css';

export default function CopyrightStatement() {
  const year = new Date().getFullYear();
  return (
    <div className="copyright">
      Copyright {year}
    </div>
  );
}
```

먼저 return 문에 마크업이 있고, CSS 클래스는 className에 작성되어 있습니다. 이에 대해 걱정할 필요는 없습니다. 이는 리액트 프레임워크의 일부인 JSX라고 부르는 특별한 마크업입니다. HTML과는 다른 것이라고 생각해도 좋습니다. JSX와 HTML은 사실상 별개입니다. 이 팁에서는 그저 자바스크립트 함수에 포함된 마크업이라고 생각하길 바랍니다.

다음으로 예제 코드의 위에 있는 파일 경로를 살펴봅시다. 대부분 무시해도 되지만, 이 경우에는 확인할 필요가 있습니다. simplifying-js-component가 프로젝트의 최상위 디렉터리입니다. 코드는 src/components 디렉터리에 담겨 있습니다. 또한, 결과적으로 컴파일된 코드가 담기는 public 디렉터리도 있습니다. 브라우저가 컴포넌트를 다룰 수 없기 때문에 모든 것은 결국 더 간단한 컴포넌트로 결합됩니다.

components 디렉터리는 우리가 다뤄야 할 모든 컴포넌트를 담고 있습니다. 각 컴포넌트는 개별 디렉터리에 나눠져 있고요. 이 경우 Copyright.css, Copyright.js, Copyright.spec.js 파일이 담긴 Copyright 디렉터리가 있습

니다. 디렉터리 이름이 대문자로 시작하는 것은 리액트에서 사용하는 컨벤션입니다.

Copyright 디렉터리는 저작권 표기 컴포넌트에 필요한 모든 것을 담고 있습니다. 컴포넌트를 공유하고 싶다면 별도의 저장소로 옮기거나 다른 프로젝트로 복사해갈 수 있습니다. 저작권 표기가 더 이상 필요치 않다면 디렉터리 전체를 삭제할 수도 있습니다. 불필요한 CSS가 어딘가에 남아있는 것은 걱정하지 않아도 됩니다. 저작권 표기에 관련된 모든 파일이 모여 있기 때문입니다.

CSS 이야기가 나온 김에 이 파일에서 CSS를 어떻게 직접 가져오는지도 살펴봅시다. CSS에서 객체를 가져오는 것이 아니므로 그저 전체 파일을 포함시켰습니다. 빌드 도구는 CSS 파일을 어떻게 다룰지 알고 있습니다. 예제 코드의 CSS 파일은 매우 짧습니다. 여기에는 font-size, margin, float 속성이 적용되어 있습니다.

architecture/component/simplifying-js-component/src/components/Copyright/Copyright.css

```css
.copyright {
  font-size: 10px;
  margin: 1em 1em 1em 0;
  float: left;
}
```

자바스크립트 파일에 작성된 마크업에 현재 연도를 추가할 수도 있습니다. 정말 단순합니다. 저작권 표기와 관련해 알아야 할 모든 것이 한 곳에 모여 있습니다. 연도가 계산된 것인지, 아니면 하드 코딩된 것인지 추측하지 않아도 됩니다. 마크업에서 바로 확인할 수 있습니다. 간격을 조절하기 위해 CSS를 검색할 필요도 없습니다. 같은 디렉터리에 모두 담겨 있기 때문입니다.

좀 더 복잡한 컴포넌트는 어떨까요? 아이콘이 있는 버튼을 생각해봅시다. 버튼에는 스타일과 마크업이 필요하고, 이미지와 클릭 시의 동작도 처리해야 합니다.

이번에는 컴포넌트를 재사용할 수 있도록 만들려고 합니다. 즉, 최대한 하드 코딩하는 설정이 없어야 합니다. 클릭할 때에 어떤 동작이 필요한지는 명시적으로 작성하지 않습니다. 대신 클릭할 때의 동작을 컴포넌트에 주입하세요. 동작이나 자원을 컴포넌트에 전달하는 것은 다른 형태의 의존성 주입입니다. 의존성 주입은 **TIP 32 테스트하기 쉬운 함수를 작성하라**에서 살펴봤습니다. 의존성 주입을 이용하면 유연하고 재사용 가능한 코드를 작성할 수 있습니다.

architecture/component/simplifying-js-component/src/components/IdeaButton/IdeaButton.js

```
import React from 'react';
import './IdeaButton.css';
import idea from './idea.svg';

export default function IdeaButton({ handleClick, message }) {
  return (
    <button
      className="idea-button"
      onClick={handleClick}
    >
      <img
        className="idea-button__icon"
        src={idea}
        alt="idea icon"
      />
      { message }
    </button>
  );
}
```

리액트에서는 주입된 의존성을 함수의 인자를 통해 접근할 수 있습니다. 또한, 해체 할당을 이용해서 꺼내올 수 있습니다. 버튼의 메시지는 주입된 값에 따라 다르게 표시됩니다. 중괄호는 템플릿 문법이고, 변수 정보를 감싸고 있습니다. 즉, 변수 message의 값이 곧 버튼에 표시되는 메시지입니다.

또한, 이미지도 가져오고 있습니다. CSS를 가져올 때는 변수를 사용하지 않았지만, 여기서는 이미지를 변수에 담았습니다. 변수에는 이미지의 경로가 담겨 있습니다. 중괄호를 이용해 이미지 경로가 담긴 변수를 src 속성으로 설정합니다.

이제 버튼 컴포넌트가 준비되었으니 페이지를 만들 차례입니다. 이 경우 페이지도 다른 컴포넌트입니다. 이 페이지에는 좋은 생각 버튼과 저작권 표기가 있는 꼬리말이 있습니다. 여전히 리액트의 영역이므로 특별한 HTML 속성을 이용해서 메시지를 주입할 수 있습니다. 다른 프레임워크는 데이터를 주입할 때 다른 컨벤션을 따를 것입니다. 그렇지만 어떤 방식을 통해서든 정보를 전달할 수 있도록 한다는 점은 같습니다. 바로 이 점이 컴포넌트를 강력하게 만듭니다.

architecture/component/simplifying-js-component/src/App.js

```
import React from 'react';

import './App.css';
import IdeaButton from './components/IdeaButton/IdeaButton';
import Copyright from './components/Copyright/Copyright';

function logIdea() {
  console.log('누군가 좋은 생각이 있네!');
}
export default function App() {
  return (
    <div className="main">
      <div className="app">
        <IdeaButton
          message="나한테 좋은 생각이 있어!"
          handleClick={logIdea}
        />
      </div>
      <footer>
        <Copyright />
        <IdeaButton
          message="꼬리말에도 좋은 생각이 있어!"
```

```
          handleClick={logIdea}
        />
      </footer>
    </div>
  );
}
```

App.js는 주 컴포넌트이므로 소스 코드의 최상위에 위치하고 있습니다. 그 외에는 다를 것이 없습니다. 코드를 가져오고 다른 조각을 모두 포함하며 모든 것을 결합합니다. 이 경우에는 버튼 컴포넌트를 두 번 재사용하고, 각 버튼이 서로 다른 메시지를 표시합니다. 다음 그림에서 보듯이, 결과물이 엄청나지는 않지만 서로 다른 모습으로 노출되고 있습니다.

▼ 그림 49-1 IdeaButton 컴포넌트를 재사용한 App.js

소스 코드를 내려받아서 직접 실행해봅시다. 코드에는 README.md가 있고, 설치와 실행을 위한 두 개의 명령을 확인할 수 있습니다. 실행에 성공하면 CSS를 수정해보고 이미지도 추가해봅시다. 하나의 논리적인 장소에 모든 것이 모여 있을 때 컴포넌트를 다루는 것이 정말 간단하다는 점을 알 수 있을 것입니다.

페이지를 검사해보면 흥미로운 것을 발견할 수 있습니다. 나뉜 CSS 파일이 하나의 파일로 결합되어 별도의 css 디렉터리로 옮겨져 있습니다. 이미지도 마찬가지입니다. 이 경우에는 빌드 도구가 서로 다른 디렉터리에 파일을 분리해뒀습니다. 훌륭합니다! 사용자 수준에서는 조각을 분리해두는 것이 아무런 문제가 없지요. 우리의 목표는 개발을 좀 더 쉽게 만드는 것입니다.

컴포넌트 아키텍처는 직관적으로 이해하기 쉽습니다. 관련된 파일을 한곳에 모으는 것이죠. 유일한 어려움은 모든 것을 연결하기가 쉽지 않다는 점입니다. 컴포넌트 아키텍처가 동작하는 유일한 이유는 코드를 영리하게 결합하는 훌륭한 도구가 있기 때문입니다.

다음 팁에서 빌드 도구를 이용해 프런트엔드 코드를 컴파일하는 방법을 배워봅시다.

빌드 도구를 이용해 컴포넌트를 결합하라

이번 팁에서는 자바스크립트 코드와 자산을 빌드 도구를 이용해 컴파일하는 방법을 배워봅니다.

이전 팁에서 컴포넌트 아키텍처의 이점을 살펴봤습니다. 또한, 컴포넌트 아키텍처의 대표적인 문제점 한 가지도 배웠습니다. 컴포넌트 아키텍처는 브라우저의 내장 기능만으로 지원되지 않는 문제가 있지요.

또한, 이전 팁에서는 프로젝트의 컴파일과 실행을 위해 create-react-app이 제공하는 도구를 사용했습니다.* create-react-app은 훌륭한 도구입니다. 처음에는 항상 미리 설계된 빌드 도구가 가져다주는 이점을 챙기는 것이 좋습니다. 리액트뿐만 아니라 다른 프레임워크들도 자체 빌드 도구가 있습니다. 경우에 따라서는 공식적으로 빌드 도구를 제공하기도 합니다. angular-cli나 EmberCLI처럼 말이죠. 공식적인 빌드 도구가 없다면 깃허브에서 스타터 팩 (Starter Pack)을 찾아보는 것도 도움이 됩니다. 그렇지만 결국은 빌드 도구를 직접 다뤄야 하는 순간이 옵니다.

---

* https://github.com/facebookincubator/create-react-app (단축 URL: http://bit.ly/36KCHIA)

이번 팁에서는 기본적인 빌드 프로세스를 구축해볼 것입니다. 빌드 도구는 다루기 힘들고, 최신 경향과 도구를 계속해서 따라가기가 어려울 수 있습니다. 그렇지만 용기를 잃지 마세요. 빌드 도구는 단지 코드를 한 번에 하나씩 처리하는 방법일 뿐이니까요.

시작하기에 앞서 이전 팁에서 살펴봤던 컴포넌트를 더 단순하게 만든 버전을 준비합니다. JSX 양식으로 작성한 HTML과 약간의 자바스크립트만 남기고 나머지 코드를 모두 삭제합니다. 다뤄야 할 자산이 적으면 빌드 도구를 만드는 것도 쉬워집니다. 다음은 기본적인 컨테이너 컴포넌트입니다.

architecture/build/initial/src/App.js

```
import React from 'react';

import Copyright from './components/Copyright/Copyright';

export default function App() {
  return (
    <div className="main">
      <footer>
        <Copyright />
      </footer>
    </div>
  );
}
```

다음은 축약된 Copyright 컴포넌트입니다.

architecture/build/initial/src/components/Copyright/Copyright.js

```
import React from 'react';

export default function CopyrightStatement() {
  const year = new Date().getFullYear();
  return (
    <div className="copyright">
      Copyright {year}
```

```
      </div>
    );
  }
```

이 파일들이 단순하기는 하지만 브라우저에서 바로 실행할 수는 없습니다. 실행할 수 있는 브라우저가 있다고 하더라도 구형 브라우저에서는 실행이 불가능합니다. import 문, export 문 등의 ES6 문법과 JSX로 작성한 코드를 브라우저에 호환되는 코드로 바꿀 수 있는 도구가 필요합니다.

다행히도 바벨(Babel)*이라는 환상적인 도구를 사용하면 최신 자바스크립트를 브라우저에서 실행 가능한 코드로 변환할 수 있습니다. 바벨은 최신 자바스크립트를 다루는 데 필요한 가장 중요한 도구입니다. 바벨은 ES6 이후의 문법으로 작성한 자바스크립트를 변환할 수 있을 뿐만 아니라, 아직 논의 단계에 있는 문법도 사용할 수 있도록 구성할 수 있습니다.

먼저 바벨의 명령줄 인터페이스와 함께 ES6 이후의 문법을 변환할 때 필요한 @babel/preset-env, 리액트 코드를 변환하기 위한 @babel/preset-react도 설치합니다. 설치 명령이 그리 낯설지 않을 것입니다. 이번에는 세 개의 패키지를 한 번에 설치해봅시다.

```
npm install --save-dev @babel/cli @babel/preset-env @babel/preset-react
```

다음으로 구성 정보를 담기 위해 .babelrc 파일을 설정합니다. 이 파일은 바벨이 다룰 코드의 종류와 변환 방법을 지정하기 위해 사용합니다. 다음 정보에서 "env"를 보고 ES6 코드가 있다는 것을 알 수 있습니다. 그리고 "react"를 보고 리액트 코드도 변환한다는 것을 알 수 있지요.

architecture/build/initial/.babelrc

```
{ "presets": ["@babel/preset-env", "@babel/preset-react"] }
```

---

* https://babeljs.io/

이제 package.json 파일에 스크립트를 추가하면 컴파일 준비는 끝납니다. 컴파일한 결과는 파일 하나로 출력되어 build 디렉터리에 bundle.js로 저장됩니다. 완성된 package.json 파일은 다음과 같습니다.

architecture/build/initial/package.json

```json
{
  "name": "initial",
  "version": "1.0.0",
  "description": "",
  "main": "index.js",
  "scripts": {
    "build": "babel src/index.js -o build/bundle.js"
  },
  "keywords": [],
  "author": "",
  "license": "ISC",
  "devDependencies": {
    "babel-cli": "^6.26.0",
    "babel-preset-env": "^1.6.1",
    "babel-preset-react": "^6.24.1"
  },
  "dependencies": {
    "react": "^16.1.1",
    "react-dom": "^16.1.1"
  }
}
```

끝으로 컴파일된 코드를 사용하기 위해 index.html 파일을 수정합니다.

architecture/build/initial/index.html

```html
<!DOCTYPE html>
<html lang="en">
  <head>
    <title>Sample</title>
  </head>
  <body>
```

```
    <div id="root">
    </div>
    <script src="./build/bundle.js"></script>
  </body>
</html>
```

브라우저에서 컴파일된 bundle.js를 실행하려고 하면 문제가 발생합니다. 콘솔에 Uncaught ReferenceError: require isn't defined.(처리되지 않은 참조 오류: require는 정의되지 않았습니다.)라는 오류가 표시됩니다.

바벨은 코드를 변환하지만 가져오기와 내보내기를 처리하는 모듈 로더(module loader)는 내장되어 있지 않습니다. 모듈 로더는 몇 가지 중에 선택할 수 있습니다. 현재 가장 인기 있는 모듈 로더는 웹팩(webpack)(https://webpack.js.org)과 롤업(rollup.js)(https://rollupjs.org/)입니다. 여기서는 웹팩을 사용하겠습니다.

웹팩을 이용하면 자바스크립트 병합뿐만 아니라 CSS와 Sass 처리, 이미지 변환도 해결할 수 있습니다. 웹팩에서는 로더(loader)라고 부르는 방법을 이용해 파일 확장자에 따라 필요한 다른 동작을 선언할 수 있습니다. 따라서 다양한 파일 형식을 다룰 수 있지요.

웹팩을 실행하려면 먼저 설치해야 합니다. 웹팩을 위한 바벨 로더도 설치해야 합니다. 웹팩의 공식 문서에 따르면, 로더는 다른 빌드 도구의 '작업(task)'이라고 생각할 수 있습니다.* 바벨로 코드를 컴파일하는 것은 브라우저에서 실행 가능한 자바스크립트를 생성하는 과정이며, 이를 위해서는 babel-loader가 필요합니다. 웹팩과 babel-loader를 설치하는 명령은 다음과 같습니다.

```
npm install --save-dev babel-loader webpack-cli
```

---

* https://webpack.js.org/concepts/#loaders (단축 URL: http://bit.ly/2PRHn2K)

또한, webpack.config.js 파일도 생성해야 합니다. 이 파일에는 원본 코드의 진입점과 컴파일이 완료된 파일이 출력될 경로를 선언합니다. 다음으로 웹팩이 코드를 어떻게 처리할지도 설정해야 합니다. 이제 로더를 사용할 차례입니다.

이쯤 되면 슬슬 머리가 복잡해지겠네요. 여기서 기억해야 할 점은 전체 시스템을 생각하는 것이 아니라, 각 단계에 대해서만 신경을 쓰는 것입니다. 처음에는 ES6와 리액트 코드를 변환하기 위해 바벨을 설치했습니다. 다음으로 모든 코드를 결합하기 위해 웹팩을 설치했습니다. 이제 웹팩이 구체적으로 자바스크립트를 어떻게 다룰지도 설정해야 합니다. 다음으로는 스타일과 자산을 처리하는 방법을 선언할 것입니다.

웹팩은 정규 표현식을 사용해 로더마다 처리해야 할 파일을 정합니다. 자바스크립트를 다루기 때문에 확장자가 .js인 파일만 처리하려고 합니다. 웹팩이 Copyright.js와 같이 확장자가 .js인 파일을 발견했을 때 어떤 로더가 이것을 처리할지 설정해줘야 합니다. 여기서는 .js 파일에 babel-loader를 실행해야 합니다.

architecture/build/webpack/webpack.config.js

```
const path = require('path');

module.exports = {
  entry: './src/index.js',
  module: {
    rules: [
      {
        test: /\.js?/,
        use: 'babel-loader',
      },
    ],
  },
  output: {
    filename: 'build/bundle.js',
    path: path.resolve(__dirname),
  },
};
```

마지막 단계는 웹팩을 실행하기 위해 package.json 스크립트를 수정하는 것입니다. 웹팩은 우리가 설정한 webpack.config.js 파일을 확인하기 때문에 별도의 플래그나 인수가 필요하지 않습니다. 다음과 같이 스크립트에서 바벨을 실행하던 부분을 수정해 웹팩을 사용하도록 하는 것이 전부입니다.

수정 전:

```
"scripts": {
    "build": "babel src/index.js -o build/bundle.js"
}
```

수정 후:

```
"scripts": {
    "build": "webpack"
}
```

수정된 스크립트를 실행하면 마침내 브라우저에서 코드가 실행될 것입니다. 직접 확인해보세요.

이제 브라우저에서 자바스크립트를 실행할 수 있게 되었으니 더욱 흥미로운 일을 살펴볼 차례입니다. 기억하고 있겠지만, 우리의 목표는 모든 의존성을 처리하는 컴포넌트를 만드는 것입니다. 웹팩으로는 자바스크립트를 컴파일할 수 있을 뿐만 아니라, CSS를 컴파일하고 이미지를 불러올 수도 있습니다.

먼저 CSS부터 살펴봅시다. Copyright.js 파일로 돌아가서 CSS를 가져옵니다. 이전 팁에서 살펴본 것과 동일합니다.

architecture/build/css/src/components/Copyright/Copyright.js

```
import React from 'react';
import './Copyright.css';

export default function CopyrightStatement() {
```

```
  const year = new Date().getFullYear();
  return (
    <div className="copyright">
      Copyright {year}
    </div>
  );
}
```

이제 css-loader를 설치하고 webpack.config.js 파일을 업데이트할 차례입니다. CSS를 다룰 수 있는 도구는 많이 있지만, 여기서는 간단한 방법을 살펴보겠습니다. 두 가지 로더를 설치하고 추가합니다. CSS 파일을 해석하기 위한 css-loader와 스타일을 페이지의 \<head\> 요소에 주입할 때 사용하는 style-loader입니다.

```
npm install --save-dev css-loader style-loader
```

로더를 설치했으면, 웹팩 설정에서 확장자가 css로 끝나는 파일을 위한 로더를 추가합니다. 이번에는 로더를 하나만 사용하는 것이 아니라 css-loader와 style-loader를 함께 적용하므로, 로더 이름을 문자열로 작성하지 않고 배열에 두 개의 로더 이름을 작성합니다. style-loader를 먼저 추가하고 나서 css-loader를 추가하세요.

architecture/build/css/webpack.config.js

```
module: {
  rules: [
    {
      test: /\.css$/,
      use: [
        'style-loader',
        'css-loader',
      ],
    },
    {
      test: /\.js?/,
      use: 'babel-loader',
```

```
      },
    ],
  },
```

빌드 스크립트를 실행하고 나서 index.html을 열면, 컴포넌트에 올바른 스타일이 적용된 것을 확인할 수 있습니다.

인상적이지 않나요? 개발자들이 웹팩을 사랑하는 이유랍니다. 모든 자산을 묶고 파일 형식에 따라 서로 다른 동작이나 일련의 동작을 호출할 수 있습니다.

마지막 단계는 이미지를 처리하는 것입니다. 이미지는 컴파일하지 않습니다. 대신에 웹팩으로 파일을 옮기고 고유한 이름으로 파일명을 바꿉니다. 웹팩은 마크업에 있는 경로를 파일이 옮겨진 경로로 자동으로 바꿔줍니다.

이미지를 불러오는 컴포넌트를 다시 한 번 살펴봅시다.

architecture/build/img/src/components/IdeaButton/IdeaButton.js
```
import React from 'react';
import './IdeaButton.css';
import idea from './idea.svg';

export default function IdeaButton({ handleClick, message }) {
  return (
    <button
      className="idea-button"
      onClick={handleClick}
    >
      <img
        className="idea-button__icon"
        src={idea}
        alt="idea icon"
      />
      { message }
    </button>
  );
}
```

이미지에 특별한 조작을 하지 않으므로 file-loader를 사용해서 파일을 옮기고 경로를 갱신하세요. 웹팩 설정에 svg 파일을 위한 조건을 추가합니다.

이번에는 로더를 단순히 선언하지 않고, 로더에 옵션도 전달합니다. 즉, 객체를 담은 배열을 전달하는 것입니다. 객체에는 로더와 설정 옵션이 포함됩니다. 우리에게 필요한 옵션은 이미지를 옮길 디렉터리뿐입니다. 이 디렉터리는 브라우저에서 이미지를 찾는 경로이므로 build 디렉터리를 재사용하는 것이 가장 좋습니다.

옵션에서 outputPath를 build 디렉터리로 설정합니다.

architecture/build/img/webpack.config.js

```js
module: {
  rules: [
    {
      test: /\.svg?/,
      use: [
        {
          loader: 'file-loader',
          options: {
            outputPath: 'build/',
          },
        },
      ],
    },
    {
      test: /\.css$/,
      use: [
        'style-loader',
        'css-loader',
      ],
    },
    {
      test: /\.js?/,
      use: 'babel-loader',
```

```
      },
    ],
  },
```

설정을 마친 뒤 build 스크립트를 실행합니다. index.html을 열어보면 컴포넌트를 확인할 수 있습니다.

생각보다 어렵지 않습니다! 물론 기업용 애플리케이션이라면 서버도 필요하겠지요. 아마 SVG 외에도 더 많은 이미지가 필요할 것입니다. CSS를 ⟨style⟩ 태그에 추가하는 대신, 스타일시트 파일을 생성해야 할 수도 있습니다. 빌드 도구를 사용하면 이런 문제들을 해결할 수 있습니다.

빌드 도구를 다룰 때 가장 중요한 것은 천천히 한 번에 하나씩 추가하는 것입니다. 큰 프로젝트에 설정을 추가하는 것은 한 번에 하나씩 추가하는 것보다 훨씬 어렵습니다. 웹팩과 롤업은 복잡한 프로젝트가 될 수 있습니다. 웹팩은 공식 문서를 작성하는 데 많은 노력을 기울이고 있으므로, 더 자세히 알고 싶다면 공식 문서를 살펴보는 것을 권합니다.[*]

이제 우리는 최신 자바스크립트 애플리케이션을 작성하기 위한 모든 도구를 손에 쥐었습니다. 마지막 팁은 지금까지 살펴본 것과 조금 다릅니다. CSS와 HTML도 자바스크립트만큼이나 진화하고 있습니다. 자바스크립트가 필요했던 동작들을 이제는 CSS만으로도 해결할 수 있습니다. 이러한 경우라면 행복한 마음으로 자바스크립트를 떠나 다른 도구들을 사용해야 합니다.

다음 팁에서는 CSS를 이용해 페이지 요소에 애니메이션을 구현하는 방법을 살펴보겠습니다.

---

[*] https://webpack.js.org/concepts (단축 URL: http://bit.ly/34Em3Cg)

CSS 애니메이션을 활용하라

이번 팁에서는 애니메이션에 CSS를 사용하는 방법을 배워봅니다.

마지막 팁은 자바스크립트 팁이 아닙니다. 그 대신에 자바스크립트 사용을 피해야 하는 경우를 살펴볼 것입니다.

읽기 쉬운 코드를 작성하는 비법은 문제 해결에 가장 적합한 도구를 사용하는 것입니다. 예전에는 자바스크립트가 애니메이션을 다루는 가장 좋은 도구였습니다. 실제로 자바스크립트를 이용해 슬라이드나 펼침 메뉴를 만드는 전용 라이브러리도 있었습니다.

지금은 훨씬 쉬워졌습니다. 간단한 애니메이션은 자바스크립트 대신 CSS로 대체되고 있지요. 잘됐네요! 이제 정확한 종료 시점이나 홀수 계산이 필요 없습니다. CSS가 이런 문제를 모두 처리해주니까요. 복잡한 애니메이션이라면 여전히 자바스크립트가 필요하겠지만, 대부분의 일반적인 작업이라면 CSS만으로도 훌륭히 해낼 수 있습니다.

우측에 메뉴가 있는 간단한 페이지를 만들어봅시다. 마크업은 매우 간단합니다. 메뉴와 약간의 본문, 우측 메뉴를 여닫을 수 있는 버튼을 추가합니다.

```html
<!doctype html>
<html lang="en">
    <head>
        <link href="main.css" rel="stylesheet">
    </head>
    <body>
        <div class="main">
            <h1>Moby Dick</h1>
            <button id="show">See More</button>
            <section class="menu" id="sidebar">
                <h2>Other Works</h2>
                <ul>
                    <li>Bartleby, the Scrivener</li>
                    <li>Billy Budd</li>
                </ul>
            </section>
            <section class="content">
                <p>
                    Call me Ishmael.
                    <!-- More content -->
                </p>
            </section>
        </div>
    </body>
</html>
```

간단하게 CSS를 추가해서 메뉴를 본문 위에 배치합니다.

```css
.main {
    width: 1000px;
    margin: 0 auto;
    overflow: hidden;
    position: relative;
}
```

```
button {
    border: black solid 1px;
    background: #ffffff;
}

.menu {
    width: 300px;
    padding: 0 2em;
    float: right;
    border: black solid 1px;
    position: absolute;
    top: 0;
    right: 0;
    height: calc(100% - 2px);
    background: #ffffff;
}
```

그림 51-1과 같이 메뉴를 완전히 열면 본문 일부가 가려지는데, 곧 수정할 것입니다.

이제 페이지가 준비되었으니 CSS 애니메이션을 추가해 메뉴를 열고 닫아봅시다.

가장 먼저 우측 메뉴를 숨깁니다. .menu 클래스에 다음 속성을 추가하세요.

```
transform: translateX(calc(300px + 4em + 2px));
```

transform: translateX 속성과 값은 감싸고 있는 div 밖으로 페이지를 이동시키고 안 보이게 만듭니다. 메뉴의 너비(width)에 안쪽 여백(padding)과 외곽선(border)의 크기를 더합니다.

메뉴는 숨겼으니 다음으로 트랜지션(transition)(전환)을 추가합니다. CSS 트랜지션은 속성 변화를 이용한 애니메이션입니다. 즉, 애니메이션은 같은 이름을 가진 두 속성 간의 시각적인 전환일 뿐입니다.

Moby Dick

[See More]

Call me Ishmael. Some years ago—never mind how long precisely—having little or no
interest me on shore, I thought I would sail about a little and see the watery part of th
spleen and regulating the circulation. Whenever I find myself growing grim about the
in my soul; whenever I find myself involuntarily pausing before coffin warehouses, and
especially whenever my hypos get such an upper hand of me, that it requires a strong
stepping into the street, and methodically knocking people's hats off—then, I account
my substitute for pistol and ball. With a philosophical flourish Cato throws himself upo
nothing surprising in this. If they but knew it, almost all men in their degree, some tim
towards the ocean with me.

There now is your insular city of the Manhattoes, belted round by wharves as Indian is
her surf. Right and left, the streets take you waterward. Its extreme downtown is the b
waves, and cooled by breezes, which a few hours previous were out of sight of land. L

Circumambulate the city of a dreamy Sabbath afternoon. Go from Corlears Hook to Co
northward. What do you see?—Posted like silent sentinels all around the town, stand t
ocean reveries. Some leaning against the spiles; some seated upon the pier-heads; son
some high aloft in the rigging, as if striving to get a still better seaward peep. But thes
and plaster—tied to counters, nailed to benches, clinched to desks. How then is this? A

But look! here come more crowds, pacing straight for the water, and seemingly bound
but the extremest limit of the land; loitering under the shady lee of yonder warehouse
the water as they possibly can without falling in. And there they stand—miles of them
and alleys, streets and avenues—north, east, south, and west. Yet here they all unite. T
of the compasses of all those ships attract them thither?

Once more. Say you are in the country; in some high land of lakes. Take almost any pa
down in a dale, and leaves you there by a pool in the stream. There is magic in it. Let
his deepest reveries—stand that man on his legs, set his feet a-going, and he will infal
that region. Should you ever be athirst in the great American desert, try this experimer
metaphysical professor. Yes, as every one knows, meditation and water are wedded fo

Other Works

- Bartleby, the Scrivener
- Billy Budd

좋습니다. 그럼 속성은 어떻게 변경할까요? 이를 위해서는 자바스크립트가 약
간 필요합니다. 버튼에 클릭 이벤트 리스너(event listener)를 추가하세요. 버튼을
클릭할 때마다 콜백 함수가 메뉴에 .display 클래스를 추가하거나 제거합니다.
버튼을 한 번 클릭하면 클래스를 추가하고, 다시 클릭하면 제거합니다.

architecture/css/middle/open.js

```js
const sidebar = document.getElementById('sidebar');
document.getElementById('show')
  .addEventListener('click', () => {
    sidebar.classList.toggle('display');
  });
```

다음으로 스타일시트에 .menu.display 클래스를 추가합니다.

```css
.menu {
    /* 메뉴를 숨기기 위한 스타일 */
    transform: translateX(calc(300px + 4em +  2px));
}
.menu.display {
    transform: translateX(0);
}
```

클래스를 추가하면 transform 속성이 calc(300px + 4em + 2px)에서 0으로 바뀝니다. 브라우저는 속성이 변경되는 것을 알고 있으므로 애니메이션을 작동시킬 수 있습니다. 이제 필요한 것은 속성이 변경될 때 요소가 어떻게 반응할지 알려주는 것뿐입니다.

CSS 트랜지션은 최초의 속성값에서 마지막 속성값으로 바뀔 때 페이지가 어떻게 처리할지를 알려주는 명령의 모음입니다. MDN 문서를 통해 적용할 수 있는 여러 옵션을 확인해보길 바랍니다.[*]

먼저 transition-property에 트랜지션을 적용해야 할 속성을 입력하세요. 이 경우 transform 속성만 애니메이션이 필요하기 때문에 속성값으로 transform을 입력합니다. 다음으로 transition-duration 속성에 애니메이션 지속 시간을 입력합니다.

트랜지션 시간은 얼마나 급격한 전환인지에 따라 매우 빠르거나 느리게 보일 수 있습니다. 1초간 0px에서 10px로 바뀌는 것은 0px에서 100px로 바뀌는 것보다는 훨씬 느리게 보일 것입니다. 여기서는 600밀리초(ms)로 지정합니다.

끝으로, 트랜지션이 어떻게 동작할지를 transition-timing-function 속성에 설정합니다. 이는 조금 까다롭습니다. 처음에 더 빠르게 움직이거나, 마지막에 더 빠르게 움직이거나, 그것도 아니면 내내 같은 속도로 움직이도록 할 수 있습

---

[*] https://developer.mozilla.org/ko/docs/Web/CSS/CSS_Transitions/Using_CSS_transitions (단축 URL: https://mzl.la/2OOMf3l)

니다.* 값을 linear로 설정하면 전체적으로 부드럽게 미끄러지도록 유지할 수 있습니다.

지금까지의 내용을 반영해 .menu.display 클래스를 수정하면 다음과 같습니다.

architecture/css/animate/main.css

```
.menu.display {
    /* 메뉴를 보여주기 위한 스타일 */
    transform: translateX(0);
    transition-property: transform;
    transition-duration: 600ms;
    transition-timing-function: linear;
}
```

버튼을 클릭하면 메뉴가 미끄러져 들어오는 것을 확인할 수 있습니다. 그렇지만 버튼을 한 번 더 클릭하면 메뉴가 바로 사라져버립니다. 트랜지션을 .display 클래스가 추가되는 경우에만 선언한 것이 문제의 원인입니다. .display 클래스를 제거할 때는 적용된 트랜지션 속성이 없는 상태입니다.

해결법은 간단합니다. 기본이 되는 .menu 클래스에 트랜지션을 추가하기만 하면 됩니다. 그렇지만 이번에는 트랜지션 속성을 축약해서 작성해봅시다. 세 가지 속성 transition-property, transition-duration, transition-timing-function을 transition 속성 하나로 모두 작성할 수 있습니다. 또한, all을 입력해 모든 속성에 트랜지션을 적용할 수도 있습니다.

스타일시트를 업데이트하면, 최소한의 자바스크립트만 사용해서 만든 메뉴를 확인할 수 있습니다. 메뉴는 버튼을 클릭할 때 미끄러지며 나타났다가, 다시 버튼을 누르면 화면 밖으로 사라집니다.

---

* https://developer.mozilla.org/en-US/docs/Web/CSS/transition-timing-function (단축 URL: https://mzl.la/2rdZzt9)

```css
.menu {
    /* 메뉴를 숨기기 위한 스타일 */
    transform: translateX(calc(300px + 4em +  2px));
    transition: all 600ms linear;
}
```

사실 메뉴가 나타날 때와 사라질 때의 모습이 달라야 하는 경우가 아니라면 transition 속성은 .menu 클래스에만 추가하면 됩니다. transition 속성도 다른 속성과 같습니다. 좀 더 특별한 선택자로 덮어 쓰지 않는다면, 요소에 다른 클래스가 추가되어도 동일하게 적용됩니다.

예전에는 간단한 슬라이드 효과에도 상당한 양의 자바스크립트 코드가 필요했습니다. 그렇지만 이제 CSS 한 줄과 간단한 클래스 조작만으로 해결할 수 있습니다. 사용하는 도구들이 꾸준히 개선되는 점은 웹 개발이 주는 기쁨 중 하나입니다. HTML은 의미를 더 잘 표현할 수 있게 되었고, 스타일이 더 유연해졌습니다. 자바스크립트는 더 단순해졌고 읽기도 쉬워졌습니다.

자바스크립트는 훌륭한 언어입니다. 여러분이 자바스크립트를 사랑하는 법을 터득했길 바랍니다. 자바스크립트는 단순하며 표현력이 뛰어나고 매우 우아합니다. 가장 훌륭한 점은 항상 더 나아지고 있다는 점이지요. 이제 여러분은 스스로 자랑스러워할 만한 자바스크립트를 작성할 수 있는 모든 도구를 갖췄습니다. 남은 일은 개발을 시작하는 것뿐입니다. 자바스크립트와 함께 꽃길만 걷길 바랍니다.

- 『함수형 자바스크립트(Functional JavaScript)』, 마이클 포거스, 한빛미디어, 2014.

- 『You Don't Know JS: this와 객체 프로토타입(You Don't Know JS: this & Object Prototypes)』, 카일 심슨, O'Reilly & Associates, Inc., Sebastopol, CA, 2014.

- 『Test-Driving JavaScript Applications』, 벤컷 수브라마니암, The Pragmatic Bookshelf, Raleigh, NC, 2016.

추천사

이 책을 읽는 여러분은 책에서 찾은 팁을 포스트잇 메모지에 옮겨 적은 뒤 책상 곳곳을 도배할 지도 모르겠습니다. 이 책이 전하는 간단하고 실용적인 조언들이 여러분의 자바스크립트 코드를 간결하게 하는 데 매우 큰 영향을 줄 것입니다.

카일 심슨 | 『You Don't Know JS』 저자, 오픈 웹 에반젤리스트

자바스크립트의 쓴 맛을 본 개발자에게 추천하고 싶은 훌륭한 책입니다. 이 책을 통해 최신 자바스크립트를 익히면 자바스크립트 비판자에서 옹호자로 거듭날 것입니다. 또한, 이 책은 누구나 이해할 수 있도록 쉽게 설명했기 때문에 신입 개발자가 읽기에도 적합합니다. 지나치게 기술적인 용어를 사용해 이해하기 어려운 많은 개발 서적과는 다릅니다.

새라 하인스 | 국제 연설가, 장고걸스 캔자스시티 프로그램 관리자, 빅 6 미디어(Big 6 Media) 선임 웹 개발자

저자는 자바스크립트의 핵심 개념을 숙달할 수 있는 확실하고 체계적인 방법을 제시합니다. 이 책은 지루하지 않습니다. 최신 자바스크립트를 작성하는 실용적이고 실무적인 접근법으로 가득 찬 비법서입니다.

코리 하우스 | 플러럴사이트(Pluralsight) 강사, 국제 연설가, reactjsconsulting.com 컨설턴트

초심자는 물론 그 이상의 중급자에게도 이상적인 책입니다.

슈리랑 패트와단 | 『Mastering jQuery Mobile』 저자, 메이시즈(Macy's) 사 시니어 소프트웨어 엔지니어

나는 팀 동료들에게 이 책을 강력히 추천합니다. 팀 동료 대부분에게 도움이 되리라 믿습니다.

닉 맥기니스 | 다이렉트 서플라이(Direct Supply) 소프트웨어 엔지니어

독자의 1초를
아껴주는 정성을
만나보세요!

세상이 아무리 바쁘게 돌아가더라도 책까지 아무렇게나 빨리 만들 수는 없습니다.

인스턴트 식품 같은 책보다 오래 익힌 술이나 장맛이 밴 책을 만들고 싶습니다.

땀 흘리며 일하는 당신을 위해 한 권 한 권 마음을 다해 만들겠습니다.

마지막 페이지에서 만날 새로운 당신을 위해 더 나은 길을 준비하겠습니다.

 길벗 IT 도서 열람 서비스

도서 일부 또는 전체 콘텐츠를 확인하고 읽어볼 수 있습니다.
길벗만의 차별화된 독자 서비스를 만나보세요.

더북(TheBook) ▶ https://thebook.io

더북은 (주)도서출판 길벗에서 제공하는 IT 도서 열람 서비스입니다.